Sous la direction
de Gilles TOULEMONDE et Dorothée REIGNIER

Droit constitutionnel

Licence 1

- L'État
- La souveraineté et la démocratie
- La Constitution
- La séparation des pouvoirs
- Les régimes étrangers
- L'histoire constitutionnelle française
- Le président de la Ve République
- Le gouvernement sous la Ve République
- Le Parlement sous la Ve République
- Le Conseil constitutionnel
- Les moyens d'expression du peuple sous la Ve République
- La révision de la Constitution

Gualino
un savoir-faire de Lextenso

Dans la même collection :

- ***Introduction générale au droit***, 4e édition, 2020-2021, Druffin-Bricca (S.)
- ***Droit des personnes et de la famille***, 4e édition 2020-2021, Lasserre (M.-C)
- ***Droit administratif***, 4e édition 2020-2021, Pollet-Panoussis (D.)
- ***Droit des obligations***, 4e édition, 2020-2021, Boustani (D.), Goujon-Bethan (T.), Lanzara (D.), Lasserre (M.-C)

Grande Arche - 1 Parvis de La Défense
92044 Paris La Défense Cedex
ISBN 978-2-297-09124-4

Suivez-nous sur **www.gualino.fr**

Contactez-nous sur **gualino@lextenso.fr**

Sous la direction de Gilles TOULEMONDE et Dorothée REIGNIER

Gilles TOULEMONDE est Maître de conférences HDR en Droit public à l'Université de Lille. Chargé des cours de principes fondamentaux de droit constitutionnel et de droit constitutionnel de la Ve République en première année de licence à la Faculté des sciences juridiques, politiques et sociales, il assure parallèlement des cours et conférences de méthode à Sciences Po Lille en droit constitutionnel. Il est, notamment, l'auteur de « *L'essentiel des principes fondamentaux de droit constitutionnel* » (avec I. Thumerel) et « *L'essentiel des institutions de la Ve République* », publiés aux éditions Gualino (coll. Les Carrés).

Dorothée REIGNIER est Maître de conférences en Droit public à Sciences Po Lille et membre du CERAPS. Elle enseigne le droit constitutionnel comparé et le droit constitutionnel de la Cinquième République. Sa thèse de doctorat portait sur la discipline de vote dans les assemblées parlementaires sous la Cinquième République et depuis elle poursuit l'étude du droit parlementaire et du droit des groupes politiques.

Avec la participation et les contributions de :

- **François ABOUADAOU**
  Doctorant et chargé d'enseignements à l'Université de Lille
- **Dominique BLANCHET**
  Maître de conférences HDR en droit public à l'Université des Antilles
- **Amandine BLANDIN**
  Docteure et chargée d'enseignements à l'Université de Lille
- **Edward CHEKLY**
  Doctorant et chargé d'enseignements à l'Université de Lille et à Sciences Po Lille
- **Camille CRESSENT**
  Doctorante et ATER à l'Université de Lille
- **Thomas DELANLSSAYS**
  Docteur et chargé d'enseignements à l'Université de Lille
- **Nicolas DEMONTROND**
  Docteur et chargé d'enseignements à l'Université du Littoral
- **Marie GLINEL**
  Doctorante et chargée d'enseignements à l'Université Toulouse 1
- **Lucile GONOT**
  Doctorante à l'Université de Rouen et ATER à l'Université de Lille
- **Luis-Miguel GUTIERREZ**
  Docteur en droit et enseignant contractuel à l'Université de Lille

- **Tao HOEFFNER**
  Doctorant et chargé d'enseignements à l'Université Côte d'azur
- **Annabel LE MOAL**
  Doctorante et chargée d'enseignements à l'Université de Lille
- **Églantine MORFOUACE**
  Doctorante et chargée d'enseignements à l'Université de Lille
- **Nina PALY**
  Doctorante et ATER à l'Université de Lille
- **Claire PARJOUET**
  Doctorante à l'Université de Pau et ATER à l'Université de Lille
- **Jenifer PRADES**
  Doctorante et chargée d'enseignements à l'Université de Lille
- **Emilien QUINART**
  Maître de conférences en droit public à l'Université Paris 1 Panthéon-Sorbonne
- **Basile RIDARD**
  Maître de conférences en droit public à l'Université de Poitiers
- **Beverley TOUDIC**
  Doctorante et ATER à l'Université de Lille

SOMMAIRE

Dossier : 3 copies réelles notées et annotées

35 annales corrigées et commentées

1 – L'État

2 – La souveraineté et la démocratie

3 – La Constitution

4 – La séparation des pouvoirs

SOMMAIRE

SOMMAIRE

Pourquoi ce dossier et comment l'utiliser ?

Pourquoi ce dossier ?

Lorsque vous traitez un sujet lors d'un examen ou d'un TD, vous avez parfois du mal à comprendre la note qui vous a été attribuée et à savoir ce que vous auriez dû faire pour en obtenir une meilleure. L'objectif de ce dossier est justement de remédier à cette situation et de vous faire passer de l'autre côté de la « barrière », en vous permettant de mieux comprendre ce qu'attend votre correcteur : la reproduction intégrale de trois copies réelles de valeur différente sur un même sujet, les indications générales de correction ainsi que les appréciations détaillées portées dans les marges de chaque copie vont vous permettre d'adopter une démarche comparative et de comprendre ce qui fait la différence de notation.

La reproduction d'une excellente copie (récompensée par un 15/20) vous permet également de vous rendre compte que le sujet était « faisable » et quels étaient les points incontournables de son traitement. Elle constitue clairement un exemple à suivre et vous prouve que la réussite est à votre portée.

Comment utiliser ce dossier ?

Afin que vous puissiez visualiser les pistes que vous devez mettre en œuvre pour améliorer votre note, chacune des trois copies réelles est annotée, en marge, de toutes les « recettes », de nombreux conseils méthodologiques et de « petits plus » qui feront passer votre note de 8/20 à 11/20 puis, avec l'entraînement, de 12/20 à 15/20.

Sujet : Dissertation juridique

Durée de l'épreuve : 3 heures
Aucun document n'est autorisé

Vous traiterez le sujet suivant :

« Le président des États-Unis »

Indications de correction

Par Gilles Toulemonde et Dorothée Reignier

Il s'agit de réaliser une dissertation juridique sur le sujet suivant : « Le président des États-Unis ».
Le sujet est ainsi un sujet de cours, classique, qui fait sans doute l'objet d'une section ou d'un paragraphe entier d'un cours de droit constitutionnel.

Indications générales

- les copies inachevées ou sans plan apparent sont lourdement sanctionnées : note entre 0 et 06/20 en fonction du contenu ;
- le risque le plus important avec un tel sujet de cours est de n'avoir qu'une récitation de cours, de connaissances, mais sans aucune problématique. **Il faut impérativement que les étudiants développent une problématique. Un plan (1-Statut du Président, 2-Pouvoirs du Président) qui ne serait fondé sur aucune problématique ne peut prétendre avoir répondu aux exigences demandées**. Il ne s'agit pas à proprement parler d'une **dissertation, laquelle est une réponse argumentée à une problématique soulevée dans l'introduction**. ATTENTION, note maximale de 08/20 seulement si la copie contient néanmoins les éléments de connaissance ;
- les copies qui maîtrisent les connaissances dans le cadre d'une réponse à une problématique sont valorisées. Celles qui en restent à des connaissances de base en répondant à une problématique correcte obtiennent 12 ou 13/20. **Une très bonne note sera attribuée aux copies qui multiplient les connaissances et les illustrations dans leur réponse à la problématique** ;
- la présence ou non d'une problématique est l'élément discriminant des copies. Le plan doit y apporter une réponse. Si tel est le cas, cela signifie que les étudiants ont compris la méthode de dissertation et obtiendront donc la moyenne, à moins que la copie ne présente trop d'erreurs ;
- les lacunes méthodologiques sont lourdement sanctionnées : introduction incomplète et ne réunissant pas les éléments que l'on peut en attendre ; absence ou insuffisance notable de problématique ; plan ne répondant pas à la problématique ;
- sont également sanctionnées les copies qui ne permettent pas de voir le cheminement de la pensée de l'étudiant, c'est-à-dire les copies sans annonce de plan, sans chapeaux introductifs en début de partie et sans transitions ;
- les copies avec des fautes d'orthographe importantes (en nombre ou en qualité), des fautes de syntaxe ou encore les copies mal rédigées seront sanctionnées. Le défaut de soin rédactionnel peut entraîner une diminution de note (en principe jusqu'à -2 points) ;
- en revanche, les copies qui témoignent d'un respect des règles formelles et méthodologiques et manifestent par-là les efforts attendus sont valorisées. Tout comme les copies qui tiennent compte de l'actualité juridique, des éléments doctrinaux et font preuve de réflexion.

Points essentiels à retrouver dans la copie (introduction et plan) :

L'élection du président des États-Unis se déroule de manière indirecte : ce sont les grands électeurs, élus par les citoyens dans chacun des États, qui élisent ensuite le Président (ou plus exactement le ticket présidentiel). Une élection indirecte peut laisser croire à une faible participation populaire dans le processus de désignation et ainsi à une légitimité populaire peu importante de l'élu, le Président. Pourtant il n'en est rien pour plusieurs raisons. D'abord, parce que les grands électeurs sont tenus à un mandat impératif dans environ la moitié des États et doivent donc voter pour le candidat qu'ils ont annoncé soutenir et, dans les autres, sans que leur mandat soit impératif, le résultat est de fait quasi-identique pour ne pas violer la parole donnée. Ensuite, le mode de scrutin, majoritaire de liste à un tour, employé dans la quasi-totalité des États, aboutit généralement à ce que le soir de l'élection des grands électeurs l'identité du Président soit d'ores et déjà connue. Enfin, parce que les électeurs interviennent aussi, en amont, dans le choix des candidats des partis à cette élection (caucus, primaires). Le résultat est une élection quasi directe du Président.

Toutefois, ce constat fréquemment observé peut être contesté. D'une part, les primaires et caucus favorisent les premiers États à les organiser et la course présidentielle perd des candidats au fur et à mesure, si bien que les citoyens des États intervenant tardivement ne pèsent pour rien dans le choix des candidats. D'autre part, l'électorat étant finalement assez stable, ce sont surtout les citoyens des « swing states » qui font le Président. En outre, le Président n'est pas choisi par le peuple américain en cas d'égalité des candidats en mandats de grands électeurs (il est choisi par le Congrès). Enfin, le phénomène de divagation peut aboutir à ce qu'un candidat minoritaire en voix soit majoritaire en mandats de grands électeurs (comme D. Trump).

Les **pouvoirs présidentiels** sont essentiellement des pouvoirs exécutifs en raison de la nature présidentielle du régime. Exécutif monocéphale, le Président décide seul de la politique qu'il entend mener. Il dispose d'un pouvoir réglementaire, d'un large pouvoir de nomination (« spoil system »), de pouvoirs importants en matière de défense (chef des armées ; envoi de troupes à l'étranger) et d'affaires étrangères (négociation et signature des traités ; existence d'« executive agreements »). Il propose le budget au Congrès. Il peut même s'opposer à une loi votée par le Congrès (droit de veto ; pocket veto).

Mais le **système des « checks and balances »** organisé par les constituants américains aboutit à ce que le Congrès puisse contrôler les actions présidentielles. Il le fait en votant les lois et en disposant seul de leur initiative (même si par les messages au Congrès, le Président peut tenter d'influencer les parlementaires). Il le fait aussi en contrôlant l'usage des pouvoirs militaires du Président, sa gestion des affaires étrangères (déclaration de guerre ; War powers act 1973 ; Case act 1972) et plus généralement par ses commissions et commissions d'enquête. Le Sénat est compétent pour valider les nominations envisagées par le Président et autoriser la ratification des traités.

En outre, le Président peut être destitué selon la procédure d'*impeachment* après une mise en accusation par la Chambre des représentants et un vote du Sénat, selon une procédure qui mélange une incrimination qui apparaît pénale et une appréciation politique.

À cette séparation horizontale des pouvoirs, s'ajoute une séparation verticale en vertu du **fédéralisme**. Cela vient encore limiter les pouvoirs du Président dans la mesure où la Constitution américaine ne reconnaît qu'une compétence d'attribution aux institutions fédérales. Néanmoins, par l'intermédiaire d'une interprétation extensive des dispositions constitutionnelles, notamment de la clause de commerce, les institutions fédérales, et donc le Président, ont tendance à accroître leur champ d'intervention.

Au regard de ces éléments, les copies pourraient, par exemple, envisager l'une des deux **problématiques** suivantes :

- une problématique pourrait porter sur la puissance de cet individu malgré une légitimité populaire assez faible, ce qui pourrait permettre un plan statut/pouvoirs en qualifiant, bien entendu, chacun d'eux avec des adjectifs bien choisis ;
- une autre problématique pourrait s'atteler à la célèbre phrase de John Kennedy, selon laquelle le Président exerce des pouvoirs extraordinaires dans des limites extraordinaires, et voir dans quelle mesure c'est le cas. Si les limites semblent effectivement extraordinaires (contrôle parlementaire bien plus poussé que dans les régimes européens car le régime est de type présidentiel : sur les nominations, les traités, les pouvoirs de guerre…), les pouvoirs du Président apparaissent en réalité peu extraordinaires : il ne peut intervenir dans le domaine législatif que par une faculté d'empêcher (le veto) et non par une faculté de statuer (sauf en matière budgétaire où il peut proposer le budget).

Proposition de plan

I - Un Président en apparence tout puissant

A. Une grande légitimité lui conférant l'autorité

1) Un mode de désignation quasi directe
2) De rares exceptions

B. De larges pouvoirs pour décider de la politique menée

1) *Les pouvoirs exécutifs du président*
2) *Des pouvoirs plus limités mais réels vis-à-vis du Congrès*

II - Les limites extraordinaires à l'action du Président

A. Un Congrès capable de s'opposer

1) *Les moyens d'action du Congrès dans son ensemble*
2) *Les moyens d'action du Sénat en particulier*

B. Un cadre d'action fédérale limité

1) *Une répartition des compétences défavorable aux institutions fédérales*
2) *Un contrôle nuancé de celle-ci par la Cour suprême*

Copie réelle notée 8/20

OBSERVATIONS DU CORRECTEUR (A. Blandin)

Devoir essentiellement descriptif dans l'ensemble. Il manque un fil conducteur.

Les pouvoirs du président auraient pu être davantage développés.

Le plan apparaît peu adapté au sujet. Les connaissances sont parfois approximatives.

« *The president is at liberty, both in law and conscience, to be as big a man as he can* ». Cette phrase du vingt-huitième président des États-Unis, Woodrow Wilson, témoigne d'un président fort.

> Très bien.

La constitution de 1787 des États-Unis met en place un régime présidentiel avec une séparation stricte des pouvoirs. Après la déclaration d'indépendance des États-Unis, le 4 juillet 1776, les présidents apparaissent très vite.

> Que voulez-vous dire ?

Aux États-Unis, le président possède le pouvoir exécutif. Il est élu pour quatre ans par une procédure électorale longue d'un an se divisant en quatre étapes. Ces quatre étapes consistent à la sélection du candidat par des caucus et des primaires de janvier à juin, puis il y a la désignation du ticket c'est-à-dire le candidat à la présidence et à la vice-présidence. Les dernières étapes correspondent à l'élection des grands électeurs qui élisent le président, qui rentre en fonction le 20 janvier.

Il convient alors de se demander comment la fonction du président de la République est organisée aux États-Unis.

> Ce n'est pas une problématique.

Il est intéressant d'étudier d'abord l'élection avec une certaine légitimé du président qui ne peut pas être destitué politiquement. Ensuite, il est intéressant de voir l'encadrement des pouvoirs du président par la séparation stricte des pouvoirs du régime présidentiel.

1 • Un président élu avec une certaine légitimité ne pouvant pas être destitué politiquement.

Certains auteurs ont pensé que l'élection par les grands électeurs était quasi-directe (A).

Une fois élu et entré en fonction, le président n'est pas responsable politiquement mais il peut quand même être destitué (B).

> Quel est le sens de cette partie au regard du sujet de la citation ?

A) Une élection quasiment directe : les grands électeurs

D'abord, le peuple des États fédérés élisent les grands électeurs. Il y a 538 mandats à pourvoir.

Dans la moitié des États, les grands électeurs sont tenus par un mandat impératif et dans les autres États, ne pas voter pour le candidat choisi mènerait au lynchage du grand électeur d'après Abraham Lincoln. Pour certains auteurs, les élections indirectes du président se transforment en quasi-directes puisque les grands électeurs sont tenus de suivre ce qu'ils ont annoncé.

Benjamin Harrison.

Tirez-en des conséquences pour le sujet.

Cependant, l'élection des grands électeurs se fait par le scrutin uninominal majoritaire de liste. Ceci mène donc à un choix radical appelé « the winner takes all ». Ce concept a mené certains présidents comme Donald Trump à être élu alors que Hillary Clinton avait plus de voix, mais moins de mandats.

?????

B) La destitution pour des actes immoraux : l'*impeachment*

Premièrement, l'article 2 section 4 de la constitution de 1787 indique que la destitution peut se produire si le président a commis des actes « de trahison, de corruption et tout autres crimes et délits majeurs » La constitution indique que le président n'est pas responsable politiquement, conformément au régime présidentiel.

Bien.

Cette procédure a été utilisée trois fois dans l'histoire des États-Unis. D'abord en 1868, la chambre des représentants ont voulu condamner A. Adams pour des raisons purement politiques, elle n'a donc pas abouti. En 1974, Richard Nixon est condamné pour le Watergate. La chambre des représentants a voté sa condamnation à la majorité de ses membres. Cette condamnation mène donc au vote du Sénat, qui juge la destination ou non par le vote des deux-tiers de ses membres. R. Nixon a démissionné avant ce vote.

A. Jonhson.

Non, il démissionne avant la mise en accusation.

Le dernier fut B. Clinton en 1998 pour le Monicagate, la destitution n'a pas abouti.

Oui.

Une fois le président élu, il est donc pratiquement impossible de le destituer conformément à la séparation stricte des pouvoirs du régime présidentiel. De plus, ce régime confie au président des pouvoirs exécutifs précis.

2 • Des pouvoirs du président puissants encadrés par la séparation stricte des pouvoirs.

Le régime présidentiel donne au Président la faculté de statuer et celle d'empêcher. Aux États-Unis, la faculté d'empêcher consiste au droit de veto du président sur les lois du Congrès (A).

Il peut statuer sur de nombreux domaines qui sont souvent contrôlés par le pouvoir législatif (B).

A) Une faculté d'empêcher puissante : le droit de veto

D'après l'article 1 section 7 de la constitution de 1787, il existe deux types de véto. D'abord, il y a véto suspensif qui correspond au véto explicite. Une fois le véto posé, les chambres ont deux solutions : soit elles acceptent les objections du président et revote une nouvelle loi, soit elles décident de faire passer la loi quand même et il faudra donc la majorité des deux-tiers pour la faire passer. Si cette majorité n'est pas atteinte, alors le Président gagne.

F. Roosevelt a utilisé 935 fois le droit de véto suspensif et les chambres n'ont réussi à le surmonter que 9 fois.

Il a utilisé au total 635 fois le veto et le pocket veto (372 fois le veto explicite).

Le deuxième type de véto est le pocket veto qui correspond au véto implicite. Une loi, une fois transmise au Président, doit être promulguée dans les dix jours. Une absence de promulgation est considérée comme une promulgation normalement.

Cependant, quand la loi est transmise moins de dix jours avant l'ajournement des chambres, l'absence de promulgation est égale au pocket veto.

B) Une faculté de statuer sur de nombreux domaines controlée par le pouvoir législatif.

Le président dispose du pouvoir règlementaire et de la faculté de statuer dans les domaines des affaires étrangères et de la défense nationale. Il est également chef des armées et peut négocier des traités.

Cependant, avec le concept de « checks and balances », il peut y avoir un contrôle dans certain domaine.

Comme dit précédemment, il est le chef des armées mais doit rendre des comptes aux Chambres sur ce qu'il fait. Les chambres peuvent demander un retrait des troupes dans les soixantes jours qui viennent. Le président ne peut pas également nommer ses conseillers ou ratifier un traité, c'est le Sénat qui doit voter au deux-tiers de ses membres.

Ainsi, certains traités comme le Traité de Versailles n'ont pas été ratifié par les États-Unis même si la ratification était voulue par le Président.

Copie réelle notée 11/20

OBSERVATIONS DU CORRECTEUR (S. Dumaine)

Formulez votre problématique.

Qualifiez vos intitulés de sous-parties.
Des connaissances que vous ne mettez pas au service d'une démonstration.
Il faut développer le concept de check & balances que vous effleurez en conclusion.

Impasse sur la légitimité du président.

Il y a du sens à votre propos même si les intitulés gagneraient à être expressifs.
Vous ne traitez pas de la limitée que constitue le fédéralisme.

Connaissances parfois un peu approximatives.

Bien.

Phrase trop longue.

Vous évoquez ici la nature présidentielle du régime mais cela est assez mal amené alors que ce que vous dites est plutôt juste.

Quand il évoquait le pouvoir du président américain, A. Lincoln disait « sept oui et un non, les non l'emportent ». En effet, cette phrase parait juste lorsqu'on sait que le président des États-Unis y est le seul chef du pouvoir exécutif. Cet état est organisé autour d'un système fédéral qui prend naissance avec la constitution de 1787 élaborée à Philadelphie et entrée en vigueur le 4 mars 1789. Établir un état fédéral suppose de fonder l'organisation de l'État sur plusieurs constitutions de sorte que chacun des états fédérés dispose de son propre document qui se doit d'être conforme à celui de l'état fédéral. Organiser les institutions est une compétence d'attribution de l'état fédéral qui va alors les réglementer aux États-Unis de sorte que l'exécutif soit monocéphale ce qui veut dire que le chef de l'état est aussi le chef du gouvernement, qu'il n'y ait ni de responsabilité politique du gouvernement envers le parlement, ni de droit de dissolution du parlement par le gouvernement, et enfin que les différents organes ne puissent intervenir dans la sphère d'activités des uns et des autres que par une faculté d'empêcher.

C'est alors un régime de type présidentiel qui est mis en place aux États-Unis. Les institutions que sont le président et son gouvernement ainsi que le Congrès, qui comporte en son sein la chambre des représentants ayant pour but de représenter la Nation américaine et le Sénat ayant quant à lui pour but de représenter les États fédérés au niveau fédéral, vont fonctionner de la sorte. Le président sera élu pour quatre ans, le Sénat pour six ans avec un renouvellement par tiers tous les deux ans et la chambre des représentants pour deux ans. Si l'on reprend les dires de A. Lincoln concernant les pouvoirs du président, ce dernier aurait en réalité le monopole du pouvoir en ce qui concerne les décisions à prendre au sein du gouvernement.

Effort de problématisation.

Est-il juste de considérer que le président américain gouverne seul les États-Unis ?

Il convient alors de démontrer que les pouvoirs importants sont conférés au Président des États-Unis (I) mais que ceux-ci sont équilibrés par la mise en place d'un contre-pouvoir (II).

1 • Des pouvoirs importants conférés au président des États-Unis

Le président des États-Unis dispose d'importants pouvoirs qui vont lui permettre de gouverner le pays, notamment des pouvoirs exécutifs (A) et des pouvoirs vis-à-vis du Congrès (B).

Maladroit.

A) Les pouvoirs exécutifs du président

Qualifiez-les pour donner du sens à votre propos.

Le président des États-Unis dispose de prérogatives qui lui sont propres conformément au régime présidentiel qui est mis en place. Ainsi, il est le seul chef du pouvoir exécutif de type monocéphale. Le président est alors le chef de l'État, mais aussi le chef du gouvernement. Un vice-président est désigné, on peut donc penser qu'il aurait pu tenir ce rôle mais en réalité il est seulement appelé à succéder au Président s'il ne peut pas assurer ses fonctions. Toutefois, il est également président du Sénat. Ensuite, le président américain est entouré de ses ministres qu'il va désigner lui-même sans qu'aucune condition ne soit exigée. Cependant, ces ministres que l'on appelle des « secrétaires » n'ont aucun pouvoir particulier si ce n'est conseiller et recommander le président.

Déjà dit.

Utile ?

Ce dernier dispose également du pouvoir réglementaire. Il choisit de promulguer ou non les lois votées par le Congrès. Le chef d'État américain négocie et signe les traités internationaux. Il est le chef des armés, c'est donc lui qui décide des interventions à mener et enfin, il a le pouvoir de nommer les juges de la Cour Suprême dont les attributions sont d'être la garante du fédéralisme, de juger de la conformité des attributions fédérées à la Constitution Fédérale et d'être la plus haute juridiction du pays. Ses membres sont au nombre de neuf et aucune condition n'est exigée pour être nommé par le président.

Conforme à l'intitulé du A ?

C'est un catalogue, non une analyse.

Ainsi on peut voir que les compétences du président sont très étendues en matière exécutive, mais chaque organe dispose d'un moyen d'intervenir dans la sphère d'activités de l'autre par une faculté d'empêcher d'où l'existence de pouvoirs vis-à-vis du Congrès.

B) Les pouvoirs du président vis-à-vis du Congrès

Le congrès dispose du pouvoir législatif, c'est-à-dire du pouvoir de faire les lois.

Toutefois, ce pouvoir n'est pas sans limites puisque le président va pouvoir poser son véto à la promulgation des lois. Ce véto est de deux types. Il y a tout d'abord le plus répandu qui est le véto exprès. Lorsque le président reçoit le texte de loi à promulguer, il dispose d'un délai de dix jours pour le faire. Passé ce délai, on parlera de promulgation implicite. Cependant, durant ces dix jours, le président peut également étudier le texte de loi et refuser de le promulguer si certaines modifications ne sont pas apportées. Ainsi, il renverra alors le texte de loi au congrès qui peut soit accepter de voter un nouveau texte en suivant les recommandations, soit surmonter ce véto en revotant le premier texte à la majorité des deux tiers chacune des instances.

De quoi ?

Bien.

Non c'est le plus utilisé statistiquement.

Le deuxième type de véto est plus rare, il s'agit du véto de poche ou du « pocket veto ». Il aura lieu si le président reçoit le texte à promulguer dans les dix jours avant que le Congrès ne se sépare pour les vacances parlementaires. On va considérer ici que c'est de la faute des parlementaires s'ils ont envoyé le texte de loi trop tard et que le président n'a pas promulgué la nouvelle loi. Ce véto est insurmontable.

À nuancer.

Ainsi on voit qu'en plus de pouvoirs très importants, le président dispose d'une possibilité de contrôler l'action du pouvoir législatif par son véto. Qu'en est-il du contrôle de l'action exécutive dans ce cas ?

2 • La mise en place d'un contrepouvoir

Comme le disait Montesquieu, « le pouvoir arrête le pouvoir » d'où la mise en place d'un contrepouvoir assez important au sein des régimes de séparation des pouvoirs. Ainsi, des mécanismes ont été instaurés pour contrôler l'action d'un président américain qui semble au premier abord tout puissant tels que la procédure de destitution (A) ou le fait que le Congrès ait un droit de regard sur certaines actions présidentielles (B).

Sans doute en raison de l'actualité vous survalorisez cette procédure.

A) La procédure de destitution

Oui.

Une procédure de destitution du président des États-Unis peut être engagée par le Congrès pour des cas de trahison, corruption ou autres crimes et délits majeurs. Il s'agit de la procédure d'*impeachment*, qui peut également être engagée envers le Vice-Président ou des fonctionnaires civils. Une procédure a récemment été lancée envers Donald Trump. On peut voir que l'on condamne à une sanction politique, qui est la destitution, pour des comportements qui sont pénalement répréhensibles. Si la procédure aboutit, rien n'empêche par la suite d'engager des poursuites pénales. C'est la chambre des représentants qui est à l'initiative de la procédure devant être votée à la majorité des deux tiers de ses membres. Ensuite, le président, vice-président ou encore fonctionnaire civil accusé doit être jugé par le Sénat à la majorité des deux tiers de ses membres. Dans cette hypothèse, c'est le président de la cour suprême qui préside l'assemblée afin d'éviter le conflit d'intérêts puisqu'il s'agit normalement du vice président qui pourrait alors y voir un intérêt personnel puisqu'il prend la place du président si celui-ci est destitué. De plus, dans le cas où la procédure serait dirigée contre lui, il pourrait essayer de tout mettre en œuvre pour empêcher le sénat de voter pour. En ce qui concerne la procédure initiée contre Donald Trump, ce dernier se défend en disant que la majorité des sénateurs appartient à l'opposition. La procédure d'*impeachment* envers des présidents n'a jamais abouti. Il y en a eu en tout trois comme par exemple en 1975 avec l'affaire du Watergate contre R. Nixon. On lui reprochait de véritables infractions pénales comme l'espionnage et la mise sur écoute mais il a démissionné juste avant d'être jugé par le Sénat. En revanche, la procédure a déjà fonctionné lorsqu'elle était dirigée contre des fonctionnaires impériaux.

Non.

Non des représentants.

Pas vraiment.

Et même d'être mis en accusation par la chambre.

Que voulez-vous dire ?

On voit donc ici qu'une procédure permet au Congrès de contrôler le président, or elle est difficile à mettre réellement en œuvre et d'autres pouvoirs lui sont donc attribués.

B) Un droit de regard sur certaines actions présidentielles

Même s'il est vrai que les pouvoirs exécutifs du président des États-Unis sont assez nombreux, il en existe certains dont la mise en œuvre doit être validée par le Sénat.

Ainsi, le Sénat va devoir vérifier les nominations des secrétaires du président, en se questionnant sur leur moralité par exemple. Certes aucune condition n'est requise pour être nommé mais il faut être validé par le Sénat. De la même manière, les neuf juges de la Cour Suprême nommés à vie par le Président sont aussi l'objet d'une validation du Sénat qui va en grande parties s'assurer qu'ils s'y connaissent en droit en leur posant des questions très pointilleuses. C'est pourquoi même si une fois de plus aucune condition n'est exigée, il vaut mieux que le président désigne des professionnels du droit. Ensuite, le Sénat peut surmonter un véto du Président. Même si le président est le chef des armées, le war power act de 1973 vient restreindre ce pouvoir en l'obligeant à informer le Sénat de chaque intervention et s'il n'approuve pas alors le président devra rapatrier les troupes dans les soixante jours. Enfin, nous savons que le président des États-Unis négocie et signe les traités internationaux, mais ces traités doivent être ratifiés par le Sénat à la majorité des deux tiers de ses membres.

Congrès.

C'est ainsi que les États-Unis n'auront jamais été partie au pacte de la société des Nations de 1919.

Oui.

Ainsi, on peut voir que même le président des États-Unis dispose de pouvoirs majeurs, ceux-ci peuvent être contrés par le congrès dans un système que l'on nomme « checks and balances ».

C'était à développer et à sortir du cadre par votre réflexion.

Copie réelle notée 15/20

OBSERVATIONS DU CORRECTEUR (K.-J. Kouakou)

Il est dommage que vous ne réutilisiez pas la citation du sujet dans l'introduction. En revanche, vous reformulez bien la problématique. Les intitulés sont évocateurs, c'est bien. Les connaissances sont bonnes. Le fédéralisme largement évoqué en introduction aurait mérité quelques développements (peut-être en II B où vous survalorisez la procédure d'*impeachment*).

Bonne compréhension du sujet, maîtrise de la méthodologie.

Depuis plusieurs années, le régime politique des États-Unis est qualifié de « présidence impériale ». Cette qualification semble indiquer une prédominance, une supériorité du Président des États-Unis au sein de l'État. Pourtant, c'est une institution fédérale parmi d'autres. Pour pouvoir étudier cette qualification et voir si elle est justifiée, il nous faut d'abord comprendre comment fonctionne schématiquement le régime des États-Unis. Premièrement, c'est un Etat fédéral, ce qui suppose la superposition des deux ordres juridique complet : l'ordre fédéral et l'ordre fédéré. Montesquieu parle de l'état fédéral comme une société de sociétés qui en fait une nouvelle ».

Bien.

Cette superposition repose sur une constitution « fédérale ». Les treize colonies d'Amériques ont d'abord formé une confédération avant d'adopter une constitution fédérale en 1787. Ainsi, par la volonté de devenir plus forts, puis puissants, un Etat fédéral est créé ainsi que l'ensemble des constitutions nécessaires. Les États dits « fédérés » qui ont souhaité instauré au-dessus d'eux un Etat fédéral souhaitent conserver leur autonomie, du moins une partie. Pour cela, ils disposent de leur propre constitution, de leurs propres institutions, tels un gouverneur et un Parlement bicaméral majoritairement, de leur propre droit. C'est la constitution fédérale qui répartit les compétences entre Etat fédéral et États fédérés. Les États fédérés participent de différentes façons au pouvoir fédéral notamment via le Sénat, l'une des chambres du Congrès qui les représente. Cependant ces États sont bien soumis au droit fédéral qui est supérieur. Le régime politique des États-Unis est un régime présidentiel, de séparation des pouvoirs mais à un double niveau horizontal et vertical. Ainsi les organes fédéraux sont à la fois indépendants juridiquement et spécialisés, de manière relative. L'exécutif fédéral, monocéphale est constitué du président de la République. S'il dispose de certains pouvoirs, le Congrès fédéral semble lui aussi très puissant. On a remarqué aussi que par une interprétation large de la Constitution, le Président des États-Unis avait récupéré de nombreuses compétences. Cependant, cela est-il suffisant pour parler d'une « présidence impériale ».

C'est le principe de superposition.

Bien.

Si les États-Unis ont une forme républicaine, le titre du chef de l'exécutif est « Président ».

Ainsi, nous verrons quelle est la place du président au sein des institutions fédérales américaines. Est-il réellement tout puissant ?

Dans un premier temps, nous étudierons la puissance considérable du Président (I). Puis, dans un second temps, nous analyserons le contrôle et la limitation du pouvoir présidentiel (II).

1 • La puissance considérable du Président

La puissance considérable du Président est dûe à plusieurs facteurs. On peut tout d'abord la mettre en relation avec son élection, et parler d'un Président puissant par sa légitimité (A). Mais les pouvoirs du Président sont surtout considérables par leur domaine d'exercice. On pourra parler d'un Président aux pouvoirs étendus (B).

Attention aux nombreuses fautes d'orthographe, prenez le temps de vous relire, cela peut être préjudiciable lors de la notation.

A) Un président puissant par sa légitimité

Si on a pu parler auparavant d'un « régime congressionnel » ou d'un « gouvernement des juges », aujourd'hui on parle bien d'une « présidence impériale ».

On se rend compte que si ces changements sont relatifs à la séparation des pouvoirs : un organe ne peut prendre le dessus sur les autres de façon définitive, l'opinion publique y est aussi pour quelque chose. La forte médiatisation et l'opposition de l'opinion publique provoquée par un bipartisme exacerbé ont fait de l'élection présidentiel un évènement incontournable et d'une importance capitale. C'est un processus long, qui commence bien des mois avant la prise de fonctions du Président. L'élection commence tout d'abord avec une phase locale de sélection des différents candidats dans chaque fédéré. Les partis politiques américains, principalement démocrates et les républicains vont organiser cette élection par deux procédés différents : le caucus et les primaires. Le caucus correspond au choix de répartition des délégués chargés de soutenir tel ou tel candidat par les militants, parfois les chefs locaux des partis. Les primaires correspond au même choix mais qui est cette fois effectuée par des citoyens.

Oui.

Les primaires peuvent être ouvertes : tous les citoyens peuvent y participer ; ou fermées : seuls les sympathisant au parti le peuvent. Ensuite, les partis vont organiser des conventions dans lesquelles ils vont sélectionner un ticket : un candidat pour la présidence et un autre pour la vice-présidence. En général, le choix est déjà réduit car de nombreux candidats ont abandonné faute de budget ou principalement de soutien. Une fois les tickets formés, peut se dérouler l'élection des grands électeurs au niveau local. Il s'agit d'un suffrage majoritaire de liste à un tour. Les grands électeurs sont répartis proportionnellement à la population des différents États fédérés. Les électeurs votent pour ces grands électeurs qui ont déclaré pour quel candidat présidentiel ils allaient voter par la suite. Il s'agit bien d'un suffrage indirect. Enfin, le candidat vainqueur est celui qui obtient la majorité absolue des votes des grands électeurs. Si c'est un suffrage indirect, on peut considérer que ce sont les citoyens qui choisissent le président puisque les grands électeurs sont choisis pour leur vote, qu'ils sont normalement censés respecter. Cette élection entraine donc une forte légitimité du président, accordée par l'opinion publique, mais limitée parfois. Lorsque comme en 2016, le président est élu par la majorité absolue des votes des grands électeurs mais pas pour celle du peuple.

Bien.

Il manque une transition.

B) Un président aux pouvoirs étendus

Mis à part le pouvoir accordé par l'opinion publique, le Président est surtout compétent grâce à ses vastes domaines d'exercice. Il dispose d'abord du pouvoir exécutif. Contrairement à ce que l'on pourrait penser, le vice-président ne participe pas réellement au pouvoir exécutif, principalement chargé de remplacer le président s'il décède, démissionne, ou est destitué. Le président est tout de même entouré de « secrétaires » qui le conseillent mais n'ont aucun pouvoir règlementaire, celui d'exécuter les lois votées par le congrès.

Il contrôle les nombreuses administrations et est chef des armées. Il s'agit des facultées de statuer du Président, évoqué dans la Théorie de la séparation des pouvoirs de Montesquieu. Il intervient aussi dans le domaine législatif par sa faculté d'empêcher, notamment par son droit de véto. Lorsque le congrès vote une loi, elle est ensuite soumise au Président qui la promulgue. Sous 10 jours, il peut envoyer la loi avec ses modifications. Le congrès peut surmonter le véto si les deux chambres revotent à la majorité des deux tiers la loi, ce qui est fréquent. Lorsque la loi est transmise au Président moins de 10 jours avant l'ajournement du Congrès, le président ne pouvant renvoyer la loi au Congrès, s'il ne la promulgue pas, cela équivaut à un véto : on parle alors du « pocket veto ». Le Président peut aussi proposer des projets de loi par des messages transmis au Congrès ou par un « Parlementarisme de couloirs ». Il peut convaincre des parlementaires de voter/proposer une de ses lois par différents manœuvres. Il peut aussi faire des déclarations publiques pour effectuer une pression sur le Congrès. De plus, il dispose aussi d'un certain pouvoir dans le domaine judiciaire. Il dispose du droit de grâce, comme de nombreux autres chefs d'États, mais aussi de nomination des membres de la Cour suprême, la plus haute juridiction des États-Unis. Le Président peut sélectionner des personnes selon leurs compétences mais aussi d'autres considérations, notamment politiques. Ces nominations sont cependant soumises à l'approbation du Sénat. Ainsi, on remarque qu'effectivement, le président dispose de pouvoirs très importants dans de nombreux domaines. Cette puissance est possible grâce à l'opinion publique qui est en sa faveur.

> Bien, vous avez bien compris le mécanisme.

> Pourquoi ne pas avoir évoqué son rôle en matière de traités et de défense ?

Après avoir vu l'étendue des pouvoirs du Président, qui en font un organe très puissant, nous allons étudier le contrôle et la limitation de ceux-ci qui existent et influent sur la place du Président au sein des institutions.

2 • Le contrôle et les limitations du pouvoir présidentiel

En effet, le pouvoir du Président est controlé et limité par des systèmes de contre-pouvoirs. On étudiera d'abord les limitations et controles de la part des autres organes (A) pour ensuite étudier plus spécifiquement la responsabilité présidentielle (B).

A) Les limitations et controles de la part des autres organes

Le Congrès n'a pas pour seule tache d'élaborer et de voter la loi. Il a un rôle de représentation : la chambre des représentants représente la nation américaine et le Sénat les États fédérés. Il est aussi chargé de voter le budget, proposé par le Président, ce qui constitue une limitation fondamentale de son pouvoir. S'il y a un désaccord cela peut entrainer ce qu'on appelle des « shutdowns » lorsque les administrations sont fermées faute de rentrée d'argent. Il contrôle aussi l'exécutif, les règlements par exemple. Le sénat, plus particulièrement, dispose de prérogatives qui restreignent le Président. C'est la loi qui ratifie les Traités, même si le Président trouve des moyens détournés à certaines occasions. C'est aussi lui qui approuve la nomination du Président des différents milieux. D'ailleurs, l'une des missions de la Cour Suprême est de vérifier la juste répartition des compétences entre les États fédérés et l'État fédéral. Le Président ne peut donc pas tout faire malgré ses pouvoirs. De plus, au milieu du mandat présidentiel, sont organisées l'élection (« midterms ») d'un tiers du Sénat et de l'intégralité de la Chambre des représentants. Cela peut entrainer la mise en place d'une majorité du parti adverse du Président. Si cela se produit, le pouvoir du Président est restreint de manière considérable. C'est ce qu'il s'était passé lors du second mandat de Barack Obama. Le président dispose alors

> Cela arrive souvent ?

> Il faudrait expliquer. C'est la technique des executive agreement.

> Je ne comprends pas la liaison ici !

d'une marge de manœuvre bien plus réduite. Le pouvoir présidentiel dans le milieu législatif pourrait devenir pratiquement inexistant : le Congrès ne vote plus de projets de lois. Le Sénat peut refuser les nominations présidentielles etc… Si le pouvoir présidentiel est toujours soumis à un contrôle et limité par différents organes, il peut l'être bien plus dans certaines circonstances. Les « midterms » assurent une sécurité démocratique : si les citoyens ne sont pas satisfaits de la politique menée par le Président, ils peuvent décider de la restreindre plus et en même temps montrer l'opinion publique. Nous avons cité quelques mécanismes de contrôle et de limitation du pouvoir exécutif mais l'un des principaux reste la procédure d' « *impeachment* » liée à la responsabilité pénale du Président

B) La responsabilité présidentielle

Le Président possède en effet une responsabilité uniquement pénale, et non pas politique. Par le principe d'indépendance juridique des organes, la responsabilité politique n'est pas possible dans un régime présidentiel. Cependant, il y a tout de même une influence politique. Si la responsabilité est uniquement pénale, elle est jugée par des organes politiques. La constitution déclare que la responsabilité pénale peut être invoquée pour trahison, corruption et tout autre délit ou crime majeur. On ne parle pas aux États-Unis de « Haute-trahison » comme en France. Le Président est mis en accusation par la chambre des représentants à la majorité absolue puis jugé par le Sénat, présidé par le président de la Cour Suprême. Durant des procédures, des enquêtes sont en cours, des témoignages sont entendus, des preuves apportées. Les députés de la chambre des représentants sont informés de la situation afin de prendre la bonne décision. Cela est d'autant plus vrai lors du procès tenu au sénat. La destitution peut être provoquée par le vote des deux/ tiers des sénateurs à l'issue du procès. Si la destitution est la sentence immédiate, le Président peut aussi faire l'objet d'une poursuite judiciaire après celle-ci. Cette procédure, nommée « *impeachment* » aux États-Unis a été menée deux fois sans aboutir. En ce moment, une telle procédure est entamée à l'encontre du Président actuel : Donald Trump qui aurait effectué des pressions sur l'Ukraine afin d'obtenir des informations sur un adversaire politique. La procédure est en cours et on ne peut savoir si elle aboutira. Différents témoins ont été entendus par le Congrès, mais d'autres sous les pressions de la Maison-Blanche ont refusé de témoigner. Cette procédure reste un exemple des limitations imposées au Président qui ne peut pas faire comme il veut, ce que sous-entendait la formule « présidence impériale ». Il ne dispose pas d'un pouvoir absolu.

Pour conclure, le Président des États-Unis possède de grands pouvoirs, légitimés par l'opinion publique. Ils portent sur de nombreux domaines et permettent au Président d'avoir une influence sur de nombreux organes. Cependant, il est contrôlé et limité. Des contrepouvoirs ou « checks and balances » existent afin d'éviter l'arbitraire et une trop grande concentration des pouvoirs entre les mains d'un organe. L'adoption du « Power War Act » en 1973 en est l'illustration. Si le Sénat était chargé de déclarer la guerre, c'est le Président le chef des armées. Il intervenait ainsi dans des conflits internationaux sans l'accord du Sénat, ne s'agissant pas de « guerres » à proprement dites le texte impose au Président, au delà de 60 jours d'intervention armée dans un conflit à demander au Sénat le maintien des troupes. Ainsi, si le Président dispose de puissants pouvoirs au sein des institutions, il n'en reste pas moins soumis à leur contrôle de leur part. On peut d'ailleurs se demander, si le président occupe une place très importante aujourd'hui, est-il possible que cela change et de revenir à un « gouvernement des juges » ou à « régime congressionnel » ?

On peut être d'accord avec vous, il n'empêche que l'appréciation portée par le Congrès peut présenter un caractère politique.

Vous survalorisez le mécanisme à cause de l'actualité.

Bien.

On en parle plus depuis 2007.

L'expression aurait pu être employée plus tôt.

Maladroit et inexact. C'est le Congrès qui déclare la guerre.

Congrès.

35 annales corrigées et commentées

Ces 35 sujets développent les différents types d'exercices que vous devez traiter en TD ou le jour de l'examen **(dissertation juridique, commentaire d'arrêt et de jugement, commentaire de textes, cas pratique ou consultation, QRC)** ; ils ont été posés au cours de l'année précédente dans les facultés de droit et sont enrichis de quelques sujets d'actualité.

Les corrigés, spécialement écrits pour ce livre, sont adaptés à vos capacités et à vos connaissances réelles, vous qui êtes étudiant de première année de Licence Droit, Science Politique et AES ; c'est dire qu'ils ne constituent pas un cours mais **une copie que vous pouvez réaliser dans le temps imparti.**

Comme dans le dossier consacré aux trois copies réelles sur un même sujet développé au début de ce livre, chacun de ces corrigés fait l'objet de **nombreuses annotations en marge** pour mettre en exergue les « bonnes pratiques », les « mauvaises pratiques », « ce qu'il faut faire », « ce qu'il ne faut pas faire », des « rappels de points de méthode », les « points-clés qui font gagner des points », etc.

Sujet 1

Dissertation juridique

Durée de l'épreuve : 3 heures

Aucun document n'est autorisé

Vous traiterez le sujet suivant :

« Le fédéralisme, un compromis face à la sécession ? »

OBSERVATIONS DU CORRECTEUR (C. Parjouet)

Le sujet pose ici deux difficultés. La première vient de la formulation interrogative. La problématique formulée par l'étudiant ne doit pas se contenter de reprendre le sujet. L'introduction doit lui permettre de répondre au sujet et d'en faire découler une problématique. La seconde vient de l'emploi du concept de « sécession », qui n'a pas nécessairement fait l'objet d'une sous-partie au sein du cours magistral. Là encore, le travail de problématisation en introduction est important : il doit permettre à l'étudiant d'orienter son argumentation vers les caractéristiques du fédéralisme.

« *Voulez-vous que la Catalogne soit un État indépendant sous la forme d'une République ?* » Telle est la question qui a été posée aux citoyens catalans le 1er octobre 2017, et à laquelle ils ont majoritairement répondu « oui ». S'ouvre alors un débat constitutionnel, concernant notamment l'impact potentiel de cette consultation sur l'organisation étatique espagnole. Dès lors, le fédéralisme pourrait-il être une solution de compromis, entre la volonté du pouvoir madrilène de protéger l'unité étatique et les volontés indépendantistes des citoyens catalans ?

Utiliser l'actualité en accroche est une bonne idée ! Attention cependant à bien vous rattacher au sujet ensuite.

Certes, mais la formulation est un peu lourde ici.

S'interroger à ce sujet demande au préalable un important travail de définition. Résultant d'une volonté de prise en considération des particularités territoriales ou identitaires, la sécession est généralement entendue comme un processus devant conduire une population à se dissocier de son État d'origine pour fonder son propre État. Ainsi, l'objectif est la création d'un « *sujet de droit international public caractérisé par un territoire, une population et l'existence d'un ordre juridique souverain* » selon la définition de Pierre Avril et Jean Gicquel. La sécession est dès lors associée à l'idée de souveraineté étatique, au sens de pouvoir absolu d'exercer une autorité.

Or, bien souvent, les partisans de l'indépendantisme sont confrontés aux défenseurs de l'intégrité de l'État en place. Plusieurs arguments sont avancés par ces derniers : la protection d'une minorité, l'existence d'une nation ou plus pragmatiquement, les besoins économiques de chaque partie. Trouver un compromis entre ces deux positions suppose dès lors de parvenir à conférer une importante autonomie aux entités territoriales tout en évitant la fragmentation de l'État.

Pour répondre à cette double exigence, certains États unitaires ont choisi de conférer de plus en plus de pouvoir aux localités concernées. Ils ont donc eu recours à des processus de décentralisation ou de régionalisation. Ces différentes formes d'État confèrent une autonomie plus ou moins importante aux collectivités territo-

Attention, la régionalisation comme la déconcentration, la décentralisation ou la dévolution ne sont que des variantes de l'État unitaire. Il ne s'agit donc pas, à proprement parler d'une forme d'État.

riales, lesquelles disposent de leur propre personnalité juridique. Pour autant, ces entités ne sont pas entièrement indépendantes : elles restent sous le contrôle du gouvernement central, seul titulaire de la souveraineté. En ce sens, ces solutions paraissent généralement insuffisantes pour les partisans de l'indépendance. Elles ne seront donc pas abordées ici.

Le respect des étapes de l'introduction vous permet de réaliser une introduction « en entonnoir » et ainsi de bien amener votre problématique.

Le fédéralisme quant à lui, se présente comme un compromis plus acceptable car assurant une réelle autonomie des entités territoriales. Pour reprendre les termes de Pierre Pactet, l'État fédéral « *associe et superpose des collectivités étatiques distinctes, à l'étage inférieur des États membres ou fédérés, à l'étage supérieur l'État fédéral* ». Plus précisément, Bernard Chantebout parle d'un « *État composé de plusieurs autres États avec lesquels il partage des compétences qu'exerce ailleurs l'État unitaire* ». Deux niveaux étatiques semblent donc se « superposer », exerçant ainsi une « *souveraineté partagée* » selon Alexis de Tocqueville. En cela, l'État fédéral permettrait « *d'accommoder la pluralité [...] en évitant la fragmentation* », pour prendre les termes de François Vergniolle De Chantal, et serait donc un compromis envisageable face à la sécession.

Une telle réflexion présente plusieurs intérêts. D'une part, il s'agit d'une question d'actualité, comme le démontrent les récents évènements en Espagne. D'autre part, le fédéralisme semble reposer sur des principes constitutionnels atypiques, permettant un « partage » de la souveraineté de l'État, qui initialement est une et indivisible.

Apparaît dès lors l'interrogation suivante : comment l'organisation constitutionnelle fédérale parvient-elle à créer une unité dans la diversité ? À quelles conditions permet-elle de contenter l'ensemble des parties ?

Bien ici, car la seconde question précise la première, mais attention : il vaut mieux formuler une seule interrogation, afin d'éviter de mener deux argumentations au lieu d'une.

Les trois principes de fonctionnement de l'État fédéral définis par Georges Scelle dans son Précis de droit des gens dès 1932 expliquent cette capacité d'« accommodation », et leur mise en œuvre est la clé du compromis recherché. En effet, la protection de l'autonomie des États fédérés, l'assurance de leur participation à la gestion des affaires fédérales et l'organisation de la superposition entre les deux niveaux étatiques permettent de répondre aux attentes des régions sécessionnistes et du gouvernement central (1). D'autant que la mise en œuvre de ces principes peut être adaptée à chaque contexte, faisant du fédéralisme un compromis « sur mesure » (2).

Bien ! En répondant directement à votre problématique, vous indiquez le sens de votre argumentation.

1 • Le fédéralisme, un compromis adapté face à la sécession

Reprendre les termes du sujet dans vos titres est une bonne idée, cela vous permet d'éviter le hors-sujet.

Se démarquant de la régionalisation et de la décentralisation, le fédéralisme se définit par la coexistence d'États fédérés au sein d'un État fédéral. Dès lors, comme leur nom l'indique, les entités fédérées peuvent être considérées comme disposant d'une certaine souveraineté, ce qui peut correspondre aux attentes des sécessionnistes (A). Pour autant, l'intégrité de l'État originel est maintenue par l'inclusion des États au sein d'un « super-État » (B).

A) L'État fédéral, un État composé d'États

Au sein d'un État fédéral, les États fédérés peuvent être assimilés à des États, disposant d'un réel pouvoir de décision sur leur territoire et leur population. C'est ce qui différencie le fédéralisme de la décentralisation. Ce pouvoir de décision résulte du principe d'autonomie défini par Georges Scelle.

Ce dernier permet à chaque État fédéré de détenir sa propre constitution et son propre système politico-juridique. Chaque entité fédérée a son gouvernement, son parlement et ses juges ; l'ensemble étant régi par la Constitution fédérée. À l'inverse, au sein d'un État unitaire décentralisé, il n'y a qu'une constitution : les entités locales sont régies par des normes infra-constitutionnelles, tels que les Statuts des communautés autonomes en Espagne.

Cet exemple est bienvenu ! Il vous permet en l'occurrence de montrer que l'Espagne n'est pas un État fédéral.

À cette organisation institutionnelle propre s'ajoute un domaine de compétences exclusives plus ou moins important, précisé au sein de la Constitution fédérale. En conséquence, les États fédérés détiennent seuls la capacité de prendre des décisions dans un ensemble de domaines, sans que l'État fédéral ne puisse intervenir. Ils sont donc autonomes pour la gestion de certaines questions, ce qui peut s'apparenter à la possession d'une souveraineté.

La doctrine constitutionnelle peine à s'entendre sur la nature voire l'existence même de la souveraineté des États fédérés : pour certains, la souveraineté serait partagée, pour d'autres elle ne relèverait que de l'État fédéral car seule la nation fédérale serait souveraine. À l'inverse, certains auteurs proposent de distinguer la souveraineté interne de la souveraineté externe, en fonction du domaine d'intervention de chaque entité étatique. Les États fédérés ne disposeraient que de la souveraineté interne, car ne gérant que leurs affaires propres. La compétence en matière de relations internationales relevant nécessairement de l'État fédéral, la souveraineté externe appartient donc à ce dernier.

Cette question de la souveraineté révèle la nature compromissoire de l'État fédéral : ni l'État fédéral, ni les États fédérés ne sont pleinement souverains, ce qui permet aux partisans de l'union comme de la fragmentation d'y trouver leurs comptes.

Vous rattacher à votre problématique au terme de chacun de vos paragraphes est une bonne initiative. Ainsi, vous ne perdez pas le fil de votre démonstration.

De fait, si conformément aux attentes des partisans de l'indépendance, la nouvelle entité territoriale dispose donc bien d'une autonomie, elle reste sous la coupe de l'État fédéral.

B) L'État fédéral, un « super-État »

Par définition, au sein d'un État fédéral deux niveaux étatiques se juxtaposent pour un même territoire : le niveau fédéral et le niveau fédéré. L'État fédéral peut alors être considéré comme un « super-État », composé d'autres États. Pour assurer son bon fonctionnement et protéger l'autonomie des entités fédérées tout en assurant l'unité de l'État fédéral, deux autres principes constitutionnels s'ajoutent : celui de superposition et de participation.

Le principe de superposition signifie que le droit de l'État fédéral se superpose au droit des États fédérés, et prime sur ce dernier. Il existe ainsi une Constitution fédérale, dont la suprématie est affirmée. En effet, l'État fédéral se distingue de la Confédération, qui est quant à elle fondée sur un traité international. Cela signifie par exemple que les législations des États fédérés ne peuvent contrevenir aux droits et libertés fondamentales reconnus par la Constitution fédérale. De plus, l'État fédéral peut prendre des décisions qui sont immédiatement et uniformément applicables à l'ensemble des citoyens et des territoires de tous les États fédérés réunis. Ainsi, bien que les États fédérés soient en partie autonomes, il existe un socle législatif commun à l'ensemble des États fédérés, permettant à l'État fédéral de conserver les caractéristiques d'un État unitaire en apparence du moins : un gouvernement pour une population sur un territoire.

Cette distinction est importante et aurait pu figurer dans l'introduction.

Une illustration aurait été bienvenue, afin de soutenir votre argumentation.

Attention à la longueur de vos phrases.

Le principe de participation doit, quant à lui, permettre aux États fédérés de pouvoir participer à la prise de décisions au niveau de l'État fédéral. Ce principe assure leur « sécurité » et leur « intégration ». Il leur garantit une intervention dans l'élaboration de la législation fédérale, dans la procédure constituante fédérale, dans la procédure de désignation de l'exécutif fédéral, et exceptionnellement à l'exercice du pouvoir exécutif fédéral (seule la Fédération suisse le leur permet). Cette participation des États fédérés se traduit par le bicaméralisme fédéral. Le Parlement est composé d'une chambre représentant les intérêts de la nation fédérale, et d'une chambre défendant les intérêts des États fédérés. Ainsi, aux États-Unis, le Congrès comprend la Chambre des Représentants et le Sénat. Les principes constitutionnels structurant l'État fédéral permettent donc de répondre aux attentes des forces centrifuges et centripètes. En cela, elle paraît être une solution adaptée face au risque de sécession. Mais la mise en œuvre de ces principes varie d'un État fédéral à l'autre, faisant du fédéralisme une solution adaptable à chaque cas d'espèce.

2 • Le fédéralisme, un compromis adaptable face à la sécession

Tous les États fédéraux sont différents, ce qui résulte d'une mise en application individuelle des trois principes du fédéralisme. Cette adaptation à chaque cas d'espèce est le résultat d'une négociation entre les parties, portant notamment sur la répartition des compétences entre les différentes entités étatiques (A), dont le fruit est protégé par la Constitution fédérale (B).

Vous auriez également pu aborder la question des modalités de participation des États fédérés au sein des institutions fédérales.

A) La répartition des compétences, un compromis négocié

L'organisation de la répartition des compétences entre l'État fédéral et les États fédérés est la traduction réelle de la mise en œuvre des principes définis par Georges Scelle. C'est elle qui révèle le degré réel d'autonomie des États fédérés, et l'importance de l'intervention du niveau fédéral dans leurs affaires. Il faut distinguer d'une part les compétences attribuées des compétences de droit commun (ou résiduelles/résiduaires), et d'autre part les compétences exclusives des compétences concurrentes ou partagées.

L'usage des parenthèses doit être évité dans la mesure du possible au sein d'une rédaction.

Les compétences attribuées sont identifiées et expressément confiées à l'État fédéral ou aux États fédérés. À l'inverse, les compétences de droit ne sont pas identifiées : il s'agit de toutes les compétences « restantes » une fois les compétences d'attribution écartées. Les compétences exclusives ne peuvent être employées que par leur titulaire, alors que les compétences partagées ou concurrentes sont exercées par les deux niveaux étatiques. Dans cette dernière hypothèse, soit, comme c'est le cas en Allemagne, l'État fédéré peut intervenir tant que l'État fédéral n'est pas intervenu. Soit, l'État fédéral pose le principe et l'État fédéré se charge de l'application, tel qu'en Autriche.

Cette répartition des compétences peut être symétrique ou asymétrique, révélant ainsi la dynamique réelle de la fédération. En effet, malgré les principes d'autonomie et de participation, il est possible qu'au sein d'un État fédéral, les États fédérés n'aient qu'une indépendance limitée, ou inversement. Il doit donc s'agir d'un point de négociation important, afin de construire un équilibre constitutionnel convenant à l'ensemble des parties.

La définition de la symétrie et de l'asymétrie aurait été bienvenue.

Les exemples canadiens et belges révèlent l'importance de cette question. Résultant d'un processus de dissociation, le fédéralisme belge confère d'importantes compétences aux entités fédérées comme l'indique l'article 35 de la Constitution.

Attention à prendre en compte l'ensemble du texte constitutionnel, et notamment l'article 39 qui précise que « *La loi attribue aux organes régionaux qu'elle créé [...] la compétence de régler les matières qu'elle détermine* ». Cela aurait été intéressant pour approfondir l'idée de recherche d'équilibre entre les deux niveaux.

Cette disposition précise que « [l]'autorité fédérale n'a de compétences que dans les matières que lui attribue formellement la Constitution » tandis que « [l]es communautés ou les régions, chacune pour ce qui la concerne, sont compétentes pour les autres matières ». À l'inverse, les articles 91 à 95 de la Loi constitutionnelle du Canada de 1867 confèrent la compétence de droit commun au Parlement fédéral. Les compétences des territoires et provinces sont donc initialement limitées, révélant une volonté de maintenir l'union avant tout.

Attention, ici, vous n'assurez pas convenablement la transition avec la sous-partie suivante. Une phrase de lien aurait été bienvenue.

B) La Constitution fédérale, un compromis sanctuarisé

L'équilibre trouvé entre les différentes parties doit être protégé et respecté, d'où sa sanctuarisation au sein de la Constitution fédérale.

Le choix de la norme constitutionnelle fédérale pour protéger le compromis, et assurer son respect s'explique tout d'abord par les principes de superposition et de participation. S'appliquant et primant sur l'ensemble des législations, la Constitution fédérale est la norme suprême au sein de l'État fédéral. Cette suprématie est d'autant plus acceptée que l'ensemble des composantes de l'État fédéral doivent participer à sa rédaction comme à sa révision. L'État fédéral ne pourra donc modifier seul la Constitution fédérale, ce qui protège l'autonomie des États fédérés. Ainsi aux États-Unis un amendement à la Constitution doit-il être approuvé dans au moins les trois-quarts des États.

En êtes-vous sûr(e) ? Attention à ne pas formuler vos idées de manière trop affirmative. Il y a bien souvent des exceptions !

De plus, le caractère fondamental de la norme constitutionnelle est assuré par l'existence d'un arbitre constitutionnel. Ce dernier joue un rôle clé au sein d'une fédération : il lui revient d'assurer le respect du compromis fédéral. La Cour suprême aux États-Unis ou la Cour suprême au Canada sont par exemple chargées de cette fonction.

Dès lors, la Constitution fédérale assure l'union des États fédérés au sein de l'État fédéral. Elle détermine le mode d'organisation du système institutionnel de l'État fédéral, orchestre les relations entre État fédéral et États fédérés et définit la répartition des compétences mentionnée plus haut. Elle comprend donc les termes du compromis trouvé entre forces centrifuges et forces centripètes.

Pour conclure, le fédéralisme se trouve être un compromis possible face à la sécession en raison de sa flexibilité et de la protection rapprochée dont bénéficie la Constitution fédérale. Mais cette adaptabilité du modèle ne paraît pas être seulement une solution en cas de désagrégation : elle peut également soutenir une dynamique d'agrégation.

Cette ouverture est bienvenue : elle vous permet d'amener les notions de fédéralisme par association et dissociation que vous n'aviez pas réellement mentionnées jusque-là.

Dissertation juridique

Sujet 2

Durée de l'épreuve : 3 heures

Aucun document n'est autorisé

Vous traiterez le sujet suivant :

« L'État régional »

OBSERVATIONS DU CORRECTEUR (T. Hoeffner)

Le sujet porte sur une forme d'État particulière. On attend de l'étudiant une certaine rigueur dans l'analyse de la notion, afin de la situer par rapport à la dualité des formes d'État en droit constitutionnel. À cette fin, une connaissance minimale des constitutions italiennes et espagnoles est nécessaire pour traiter le sujet, et enrichir le raisonnement. Dès lors, l'écueil principal à éviter est le hors sujet : il conviendra d'éviter les plans abordant dans une première partie l'État unitaire et dans une seconde l'État fédéral.

En 2017, les rêves d'indépendance de la Catalogne, communauté autonome d'Espagne, ont failli aboutir. En l'espace d'un an, l'indépendance de la région a été prononcée, avant d'être niée par l'Espagne qui dissoudra le Parlement catalan. Cet exemple illustre la particularité de l'État régional.

> Dans quelle mesure illustre-t-elle cette « particularité » ? Développez davantage et faites le lien avec le paragraphe suivant.

L'État est l'objet d'étude du droit constitutionnel. Bien que la notion d'État n'ait pas de définition précise, il est défini traditionnellement par ses éléments constitutifs : un territoire sur lequel réside une population, et où s'exerce une autorité souveraine. Ses frontières sont déterminées et les règles de l'État s'appliquent à des sujets déterminés (la population ou le peuple). À ces fins, l'État doit bénéficier, selon Max Weber, « *du monopole de la contrainte organisée* ». Le droit constitutionnel distingue deux formes d'État : d'une part, l'État unitaire et d'autre part l'État fédéral. Le premier implique un centre unique de décision politique sur un territoire donné. Néanmoins, ce centre n'est pas aussi absolu en pratique : de nombreux États décentralisent leurs administrations en créant des entités infra-étatiques. Celles-ci bénéficient de plus ou moins d'autonomie afin d'exercer certaines prérogatives. L'État fédéral, au contraire, implique l'existence de plusieurs États, décidant de se doter d'une constitution commune. Chaque État conserve sa propre constitution nationale, et le soin de s'organiser politiquement.

La région possède elle aussi plusieurs définitions. Elle renvoie à un territoire possédant une certaine unité : historique, géographique, linguistique ou culturelle. Cette unité implique parfois une identité régionale, propre à chaque population. Le droit appréhende également cette notion, l'Union européenne pouvant être considérée comme étant une organisation régionale. La région en droit positif français renvoi à l'idée d'une collectivité territoriale, une personne morale de droit public distincte de l'État. L'État régional renvoie à l'idée d'un État fondé sur des entités administratives

> Renvoie. Prenez le temps de vous relire, vous pouvez perdre des points.

régionales. L'Espagne, l'Italie, ou encore le Royaume-Uni possèdent une telle organisation administrative : les différentes régions de ces États peuvent légiférer, dans des domaines qui leur sont propres, sur l'ensemble de leur territoire.

La singularité de l'État régional réside précisément dans le fait que les collectivités infra-étatiques, dans le respect de la Constitution, peuvent bénéficier de prérogatives régaliennes. L'octroi de ces prérogatives est le plus souvent justifié par des considérations historiques, précisément du fait de l'identité régionale existante. Juridiquement parlant, cela les rapproche davantage du statut d'un État au sein d'un État fédéral, que d'une entité simplement infra-étatique. Ce rapprochement avec l'État est accentué par le fait que les institutions régionales représentent généralement la population de la région. Cela peut mener à certaines revendications indépendantistes : par exemple, le Gouvernement catalan s'appuyait sur sa légitimité à suivre la volonté d'indépendance du peuple catalan. Ces revendications montrent l'ambiguïté de la notion d'État régional : alors que les institutions d'un État régional semblent se décentraliser au point de ressembler à un État fédéral, la réaction de l'Espagne à l'encontre de la déclaration d'indépendance de la Catalogne a été de tout faire pour préserver l'unité de l'État. Dans ces conditions, il convient donc d'analyser quelle est la nature de l'État régional et plus particulièrement l'autonomie laissée à ces entités.

S'il est indéniable que l'État régional demeure un État unitaire (1), il s'en distingue dans la mesure où les régions disposent d'une large autonomie (2).

1 • Le nécessaire rattachement à l'État unitaire

L'État régional est avant tout un État unitaire. Il se distingue en effet de l'État fédéral en ce qu'il n'existe qu'une seule Constitution nationale (A). L'analyse des constitutions italiennes et espagnoles montre que la logique d'organisation de l'État régional n'est pas différente de celle d'un État unitaire décentralisé (B).

Il n'est pas certain que l'existence d'une constitution unique sur un territoire implique nécessairement l'existence d'un État unitaire. Par exemple, la Belgique est un État fédéral. Pourtant, il n'existe qu'une seule constitution : la constitution fédérale.

A) L'existence avérée d'une Constitution unique

L'État fédéral se caractérise par plusieurs États se dotant d'une Constitution commune et d'un gouvernement commun. Les États fédéraux naissent de la dissociation d'un État unitaire ou de l'union de plusieurs États, qui se dotent d'un gouvernement commun afin de renforcer la coopération entre eux. La Constitution commune fixe la répartition des compétences entre le niveau national et le niveau fédéral. Dans cette hypothèse, chaque État demeure souverain au plan interne, et s'organise comme il l'entend sur le plan politique et administratif.

L'État unitaire, lui, n'implique l'existence que d'un seul centre d'impulsion politique, soit un seul gouvernement national et un seul parlement sur l'ensemble du territoire. Ainsi, sur un territoire donné s'applique une seule constitution, coïncidant avec l'existence d'un seul gouvernement. En France, il n'existe qu'un seul gouvernement, assurant l'unité et l'indivisibilité de la République française.

À l'image d'un État unitaire, les États régionaux n'ont qu'une constitution et qu'un seul gouvernement. Dans ce cas, le cadre étatique et unitaire d'un État régional semble conservé. Notamment, l'article 2 de la Constitution espagnole précise « *l'unité indissoluble de la nation* ». De la même manière, la République italienne est « *une et indivisible* » en application de l'article 5 de la Constitution italienne. Quand bien même une certaine autonomie est laissée aux entités infra-étatiques, le cadre unitaire ne semble pas pouvoir être dépassé. La Constitution espagnole interdit ainsi aux communautés autonomes de se fédérer entre elles, afin d'éviter une concurrence avec l'État central.

L'existence d'un unique texte constitutionnel, et d'un seul gouvernement national, semble indiquer que l'État régional demeure bien un État unitaire. Cette position est confirmée par le fait que l'État régional n'est qu'un aboutissement de la décentralisation.

B) Une logique décentralisatrice identique

La majorité des États unitaires s'organise selon le principe de décentralisation. Ce principe implique de transférer des compétences à des personnes morales de droit public distinctes de l'État, infra-étatiques, et bénéficiant d'une certaine autonomie vis-à-vis de l'État. En effet, si l'unité de l'État est un principe, il n'implique que rarement une administration unique qui aurait à s'occuper de toutes les affaires du pays y compris locales. La décentralisation territoriale permet à ces entités infra-étatiques de gérer ces affaires au plus proche de la population concernée.

Pensez à détailler ce genre de formulation et expliciter les États auxquels vous faites référence.

Ainsi, par exemple, l'organisation de la République française est décentralisée. L'administration est donc divisée d'une part entre l'État, et d'autre part entre les collectivités territoriales. Cette seconde catégorie est distincte de l'État. Les collectivités peuvent librement exercer leurs compétences dans le cadre prévu par la Constitution, mais l'État veille au respect de cette autonomie par le biais du contrôle de légalité du préfet, du juge administratif ou des chambres régionales des comptes.

L'État régional procède de la même logique. Compte tenu du cadre unitaire dans lequel il s'inscrit, les régions d'un tel État peuvent s'analyser comme un aboutissement de la décentralisation. En effet, bien que bénéficiant d'une autonomie plus étendue qu'une simple collectivité territoriale, les institutions des communautés espagnoles sont soumises à un certain contrôle par l'État, notamment par la Cour constitutionnelle, le Gouvernement, la juridiction administrative ou encore la Cour des comptes. Cela confirme la subordination de ces entités à l'État, et donc leur absence de caractère étatique.

Cet argument n'est pas tout à fait exact. Dans un État fédéral, les entités fédérées sont aussi contrôlées par le niveau fédéral notamment dans la mise en œuvre du principe de participation. Ce n'est pas pour autant qu'ils ne sont pas États. De plus, votre phrase porte à confusion puisque si elles procèdent de l'État, les collectivités n'en sont pas pour autant « subordonnées » au niveau central : c'est précisément l'utilité du processus de décentralisation que d'externaliser certaines compétences au profit d'autres personnes publiques.

Ainsi, l'État régional s'analyse *a priori* comme un État unitaire. D'une part, l'État régional ne possède qu'une seule Constitution, d'autre part, la logique décentralisatrice relève de la même idée : il s'agit d'attribuer à des entités infra-étatiques certaines prérogatives, ainsi qu'une certaine autonomie. Pourtant, ces seuls aspects ne sauraient définir l'État régional, dès lors que les régions bénéficient d'une large autonomie.

2 • La reconnaissance d'un droit à l'autonomie régionale

L'État régional et l'État unitaire se rapprochent, en ce que le premier ne serait qu'un approfondissement du second. Pour autant, l'État régional offre un droit à l'autonomie à ses régions, remettant ainsi en cause l'égalité entre les collectivités (A) et impliquant nécessairement un partage des compétences (B).

A) Une égalité entre les collectivités remise en cause

Les États unitaires décentralisés prévoient généralement une égalité de statut entre les différentes collectivités territoriales. En France par exemple, les collectivités agissent en vertu du principe de libre administration. Ce principe assure une égalité entre l'ensemble des collectivités territoriales. À ce titre, aucune collectivité ne peut exercer une tutelle sur une autre collectivité : la région n'exerce aucun contrôle sur le département, qui n'exerce lui-même aucun contrôle sur la commune. Elles peuvent déroger à ce principe d'égalité par l'usage de leur droit à l'expérimentation, leur permettant d'adapter les lois et règlements nationaux aux situations locales. Néanmoins, cette expérimentation ne peut être que temporaire, et doit être prévue par un texte national (constitution ou loi). De plus, ce droit à l'expérimentation ne permet pas aux collectivités de prendre des lois locales : il ne peut se concrétiser que par l'édiction d'actes administratifs, puisque les collectivités ne disposent que d'un pouvoir réglementaire. En ce qui concerne les collectivités d'outre-mer ou bénéficiant d'un statut spécial, la différence est justifiée au regard de la situation objectivement différente de ces territoires. Seul le cas de la Nouvelle-Calédonie, bénéficiant d'un parlement local pouvant prendre des lois de pays, permet la comparaison avec un État régional.

Vous montrez bien dans quelle mesure le droit à l'expérimentation garanti aux collectivités territoriales se distingue de la faculté de légiférer offerte aux régions d'un État régional. Cette idée s'insère bien dans celle que vous défendez dans cette sous-partie : si le droit à l'expérimentation déroge au principe d'égalité, il ne le remet pas en cause notamment du fait de son caractère temporaire, alors que l'inégalité de statut entre les régions est l'un des principes d'organisation de l'État régional.

Or, dans un État régional, la Constitution elle-même accorde aux différentes collectivités un droit à l'autonomie. Ce droit se manifeste soit parce que la Constitution précise quelles sont les régions bénéficiant d'office d'un statut différent des autres, soit parce qu'une des régions en fait la demande. Par exemple, la Constitution italienne prévoit en son article 116 qu'une région peut se voir accorder le droit de légiférer. Cette autonomie est généralement accordée aux régions historiques d'un État, comme la Catalogne en Espagne par exemple, où la population pourrait former un peuple à part entière, de par l'usage d'une langue et d'une culture communes.

Cette formulation est vague. Précisez davantage ce que vous entendez par là, en insistant sur la faculté de légiférer qui leur est octroyée.

Ce sont des différences majeures avec la France. D'une part, le Conseil constitutionnel refuse de reconnaître l'existence en France de peuples autre que le peuple français. D'autre part, les collectivités territoriales françaises ne peuvent agir que par le biais d'un pouvoir réglementaire et non législatif. Leur action est donc non seulement soumise au respect de la Constitution, mais aussi à celui des lois en vigueur. Ainsi, ces États se distinguent du cas français : les règles spéciales applicables en Nouvelle-Calédonie le sont car fixées par la Constitution. Pour autant, aucune collectivité française n'a le droit d'accéder à un tel statut dérogatoire de façon pérenne. Il en résulte sur ce point une inégalité de statut entre les régions, dès lors que l'accès à ce statut est un droit pour la collectivité.

Ce droit à l'autonomie distingue l'État unitaire de l'État régional en ce qu'il permet à toute entité infra-étatique d'obtenir, dans le respect de la Constitution, des prérogatives étendues. Cela implique nécessairement un partage des compétences entre l'État et les régions.

B) Un partage des compétences nécessaire

Le droit à l'autonomie reconnu à chaque collectivité implique nécessairement l'existence de règles de partage des compétences. Dans un État unitaire, comme la France, les compétences des collectivités sont principalement énumérées par la loi, tandis que dans un État régional, elles le sont par la Constitution. Aussi, par principe, l'État dispose de compétences exclusives énumérées par la Constitution : l'article 149 précise les domaines dans lesquels l'État espagnol dispose d'une compétence exclusive, c'est-à-dire celles dont les communautés ne peuvent pas disposer comme la défense et forces armées, la nationalité ou les relations internationales. Ces compétences sont donc principalement régaliennes.

Détaillez davantage la notion de « compétence régalienne ». Il s'agit d'une notion clé pour comprendre l'étendue de l'autonomie consentie aux régions dans un État régional, puisque ces compétences relèvent par nature de l'État.

Les régions légifèrent, elles, dans certains domaines prévus par la Constitution. En Espagne, la collectivité qui accède au statut de communauté autonome peut légiférer dans différents domaines énoncés par l'article 148 de la Constitution. Enfin, certaines compétences peuvent être concurrentes, ou partagées entre l'État et les régions. En Italie, ce partage est d'ailleurs largement détaillé au titre V de la Constitution. Notamment, elle fixe les compétences exclusives de l'État et les compétences faisant l'objet d'une législation concurrente entre la région et l'État. Enfin, dans tous les autres domaines qui ne sont pas expressément cités, les régions ont une compétence de principe.

Précisez lesquels, ou donnez quelques exemples : organisation de leurs institutions d'autogouvernement, aménagement du territoire et urbanisme, les travaux publics intéressant la communauté autonome sur son territoire…

L'État régional partage donc la fonction législative avec ses régions, mais selon des domaines qui sont prédéterminés par la Constitution. À cette fin, ces dernières établissent démocratiquement des institutions calquées sur le modèle étatique. L'article 123 de la Constitution italienne précise notamment que chaque région fixe sa forme de gouvernement et les principes fondamentaux d'organisation et de fonctionnement. En ce sens, les statuts d'une région peuvent s'apparenter aux constitutions nationales d'un État fédéral. Toutefois, ces compétences élargies ne permettent pas à une région de décider unilatéralement de sa sécession. Si un référendum sur l'indépendance de l'Écosse a pu être organisé au Royaume-Uni, c'est parce que le parlement de Westminster l'a organisé. En revanche, le référendum sur l'indépendance de la Catalogne était contraire à la Constitution espagnole car il n'était décidé que par les institutions catalanes.

Votre devoir se termine sans réelle ouverture sur le sujet. Il aurait pu être envisageable d'ouvrir le sujet sur la crise de la démocratie représentative. La nécessité de rediscuter les termes de la démocratie représentative aujourd'hui pourrait amener à conférer davantage de prérogatives aux collectivités, afin de rapprocher le citoyen de la prise de décision. En ce sens, le modèle de l'État régional pourrait être l'une des réponses.

Sujet 3

Durée de l'épreuve : 3 heures

Aucun document n'est autorisé

Dissertation juridique

Vous traiterez le sujet suivant :

« La souveraineté populaire n'est-elle pas le meilleur fondement de la démocratie ? »

OBSERVATIONS DU CORRECTEUR (T. Delanlssays)

Sur le fond, le sujet invite à se questionner sur la pertinence de l'argument selon lequel la souveraineté populaire serait finalement la « meilleure démocratie » (par rapport à la souveraineté nationale par exemple). L'idéal reste d'indiquer des arguments positifs et négatifs, le tout à travers un plan logique. Sur la forme, il convient de préciser des éléments, comme les auteurs, dates, normes ou expressions parfois ambiguës.

> Cette accroche n'est pas, en soi, dénuée de tout fondement. Cependant, on la retrouve souvent dans de nombreuses compositions… Essayez d'« innover » pour vous mettre en valeur.

Selon Abraham Lincoln, « *la démocratie, c'est le gouvernement du peuple, par le peuple, pour le peuple* ». Apparue dans la Grèce antique, la démocratie est une notion capitale dans la civilisation occidentale, au point de devenir une condition de reconnaissance d'un État légitime, contrairement aux régimes autoritaires. L'idée de base de la démocratie est de conférer le pouvoir de diriger la société aux individus qui la composent, à savoir le peuple ou la nation.

> Oui, il faut définir dans l'introduction cette notion comme celle de démocratie au-dessus.

> Pourquoi le XVIIIe siècle ? Il y a un contexte particulier ?

La souveraineté est une expression assez ancienne et complexe. Au XVIe siècle, Bodin disait que c'est la « *puissance perpétuelle et absolue d'une République* ». Dans la pensée de Carré de Malberg, elle a trois significations : c'est la puissance indépendante, l'ensemble des compétences de l'État et le titulaire de ceux-ci, à savoir le souverain. Sur ce dernier point, à qui appartient la souveraineté ? Sous l'Ancien Régime, le régime de la royauté était fondé sur une conception de droit divin, la souveraineté vient de Dieu. Le Roi était ainsi titulaire d'un pouvoir illimité et exclusif. Mais depuis le XVIIIe siècle, on distingue la souveraineté nationale de la souveraineté populaire, dépassant la souveraineté royale. Dans la première, la souveraineté appartient à la nation qui est une personne morale, une entité collective et abstraite, distincte des individus qui la composent. Elle aboutit à un régime représentatif où des gouvernants (par exemple des députés) représentent la nation. Dans la seconde, au contraire, la souveraineté est détenue directement par le peuple, notion concrète, chaque citoyen ayant une part de celle-ci. Il y a donc une différence de nature.

> Oui, mais il faut indiquer la date ou au moins la période ! En 1762.

La souveraineté populaire a été théorisée par Jean-Jacques Rousseau dans son livre *Du contrat social*. L'idée est simple : la « puissance » appartient uniquement au peuple qui l'exerce comme il l'entend, si bien que l'on est dans une véritable démocratie. C'est une théorie qui remettait en cause les monarchies européennes de l'époque en faisant l'apologie du peuple, souvent subordonné au monarque. Toutefois, elle n'a que peu d'exemples concrets. La France l'avait partiellement adoptée en 1793 avec la Constitution Montagnarde. La Suisse reste malgré tout l'exemple caractéristique contemporain de cette idée de souveraineté populaire avec des mécanismes de démocratie directe tant au niveau fédéral que cantonal. Pour autant, cette vision de la souveraineté concurrence en quelque sorte la démocratie représentative fondée sur la nation. En effet, la défiance envers le personnel politique élitiste et sa gestion du pouvoir aboutit à des mouvements sociaux prônant une démocratie plus directe, faisant du peuple l'acteur central du pouvoir, comme en témoignent les diverses manifestations des « Gilets jaunes » en France en 2018 et 2019.

On voit à travers ces éléments que souveraineté populaire et démocratie ont des liens assez ténus, rendant difficile toute séparation. Cependant, il existe une problématique essentielle : la souveraineté populaire est-elle réellement un fondement convaincant de la démocratie ? Au fond, on peut soutenir que le pouvoir du peuple exercé directement n'emporte pas totalement conviction. C'est pourquoi nous allons démontrer que la souveraineté populaire, bien qu'expression véritablement démocratique du pouvoir (1), ne semble être qu'un pouvoir démocratique utopique (2).

1 • Une expression démocratique du pouvoir

La souveraineté, c'est la puissance, le pouvoir. Par définition, la souveraineté populaire attribue le pouvoir directement au peuple (A) qui l'exerce de manière égalitaire (B).

A) Le peuple, source de tout pouvoir

D'un point de vue étymologique, la démocratie traduit le pouvoir du peuple et ne semble ainsi que se concevoir de manière directe. Or, la souveraineté populaire constitue le pouvoir exercé par le peuple, rendant assez identiques ces deux notions. Cette vision de la souveraineté est défendue par J.-J. Rousseau.

Il s'agit selon lui d'un contrat entre tous les individus visant à créer une autorité publique supérieure aux individus. Chaque citoyen aliène sa personne à une communauté qui exprimera alors la « volonté générale », de sorte que la volonté générale résulte de l'agrégation de toutes les volontés individuelles des citoyens sans en être pour autant la somme. Ainsi, le peuple est donc bien le souverain par un contrat. Dans ce cas de figure, chaque citoyen pris individuellement possède une parcelle de souveraineté. Au contraire, dans la théorie de la souveraineté nationale défendue par Sieyès à la Révolution française de 1789, c'est la nation, personne abstraite et collective, qui possède la souveraineté. Pour assurer cette souveraineté, il faut un régime où plusieurs entités peuvent participer au pouvoir (peuple, gouvernement, parlement, etc.), d'autant qu'aucun individu ne peut en exercer une partie comme l'indique actuellement l'article 3 al. 2 de la Constitution française du 4 octobre 1958. On voit donc que le peuple détient, avec la souveraineté populaire, naturellement un pouvoir, pouvoir exercé de manière égalitaire.

B) Un exercice égalitaire du pouvoir

La souveraineté populaire est *a priori* l'expression la plus démocratique du pouvoir car elle implique un égalitarisme politique entre les citoyens. Rousseau disait que chaque citoyen détient une part de souveraineté et que tous les citoyens sont égaux. La souveraineté populaire suppose que tous les individus ont par nature le

Soyez-plus précis. Quel type de régime ? Il s'agit de la Constitution du 24 juin 1793 ou de l'An I consacrant un régime républicain fortement démocratique : assemblée législative unique, élections au suffrage universel, instauration du référendum, etc. Mais elle ne fut jamais appliquée en pratique.

L'exemple de l'actualité du sujet est satisfaisant. Mais attention à ne pas tomber dans l'excès !

Oui, c'est le cœur du sujet ! Dans ce genre de sujet problématisé, il faut le peaufiner tout en restant dans sa philosophie.

Chapeau introductif un peu court.

Indiquez ici *Demos* et *Kratos* si vous faites référence à l'étymologie du terme. Mais pourquoi ne pas l'avoir mentionné dans l'introduction générale ?

Oui, mais détaillez l'auteur.

Bien de mentionner un exemple.

droit de voter aux élections ou prises de décision. Il s'agit d'un véritable droit, on parle d'ailleurs de l'« électorat-droit » et non d'une fonction comme dans le cadre de la souveraineté nationale. Cela implique nécessairement un suffrage universel, c'est-à-dire que tous les citoyens en âge et capacité puissent voter, sans que le vote soit conditionné par la propriété ou le paiement d'un impôt (suffrage censitaire). L'article 29 de la Déclaration des droits de l'Homme et du citoyen du 24 juin 1793 innovait à cette période en reconnaissant cette universalité.

Il faut limiter le recours aux parenthèses dans une copie.

Bon exemple, même si à l'époque il ne s'agissait que du suffrage universel masculin.

Les modalités d'exercice du pouvoir par le peuple sont particulières, basées sur la démocratie « directe ». En principe, le peuple doit prendre les décisions directement, que ce soit au plan constitutionnel, législatif, administratif et même judiciaire, au sein d'assemblées populaires. On peut citer l'exemple du « landsgemeinde » dans certains cantons suisses. C'est un procédé qui permet au peuple réuni en assemblée d'élire directement des représentants, juges ou encore fonctionnaires et même de proposer des modifications de la loi au niveau local.

Idem bon exemple ! Mais est-ce encore vraiment d'actualité ?

Aussi, la démocratie directe autorise malgré tout une certaine forme de « représentation » dès lors que le nombre de citoyens est trop important. Les élus du peuple ont ici un mandat impératif, c'est-à-dire qu'il s'exercera sans libre arbitre en fonction de la volonté du peuple, ce dernier pouvant le révoquer. Leurs décisions s'imposeront à l'ensemble de la communauté.

Par ailleurs, le pouvoir populaire peut s'exercer à travers la technique du référendum qui offre au peuple la possibilité de prendre une décision par un vote. Parfois qualifié de procédé de démocratie semi-directe, car souvent à l'initiative des représentants, le référendum traduit plus une démocratie directe, surtout en cas d'initiative populaire comme en Suisse ou en Italie. Enfin, notons que la souveraineté populaire ne peut être exercée que dans un régime républicain.

Oui, c'est vrai, mais indiquez en une phrase le domaine et la nature de ces référendums.

Oui, mais pourquoi ? Cette affirmation est un peu trop péremptoire.

Finalement, la souveraineté populaire est bien l'expression vraiment démocratique du pouvoir politique. Au fond, cela permet à chacun de participer à la puissance publique à égalité. Toutefois, cela reste assez utopique dans la réalité.

Bien de faire une transition.

2 • Un pouvoir démocratique utopique

Le pouvoir du peuple souverain exige une organisation de l'État propice à son développement. Mais, en pratique, il est impossible d'avoir une telle démocratie directe à l'échelle nationale (A) et, même au cas contraire, elle serait difficilement conciliable avec l'idée de démocratie libérale contemporaine (B).

C'est un peu mal dit ou lourd dans la formulation mais l'idée est bonne !

A) Une impossible pure démocratie directe

La souveraineté populaire confie l'ensemble du pouvoir (politique, juridique) au peuple, qui l'exerce soit directement soit par des mandataires. Or, à l'échelle nationale, il est difficile de demander au peuple de prendre toutes les décisions (législatives, exécutives ou judiciaires) nécessaires pour ordonner l'État. N'ayant pas de liberté d'action, les mandataires élus doivent logiquement recueillir la volonté générale du peuple avant toute action nouvelle, au risque de se faire révoquer. *A contrario*, dans le cadre de la souveraineté nationale, les élus du peuple ont une relative liberté d'action dans l'exercice de leur fonction d'expression de la volonté générale de la nation.

N'y-a-t-il jamais eu d'exemples dans l'histoire, même ancienne ?

Actuellement, souveraineté nationale et souveraineté populaire peuvent coexister ensemble au sein d'un État, bien que la première prévale d'ordinaire. On peut évoquer ici le cas de la France. En effet, déjà l'article 6 de la DDHC de 1789, qui fait partie du bloc de constitutionnalité, indique en substance que la loi exprime la volonté générale et que les citoyens peuvent participer à sa formation soit « personnellement » soit par des « représentants ». De même, l'article 3, al. 1er de la Constitution du 4 octobre 1958 dispose que « *la souveraineté nationale appartient au peuple qui l'exerce par ses représentants et par la voie du référendum* », tout en excluant l'existence de mandats impératifs (article 27). Aussi, le référendum en France combine démocratie représentative et directe et peut porter sur le domaine constitutionnel (article 89) ou législatif (article 11). Il est organisé à l'initiative des autorités publiques, le président de la République ou le Parlement, bien que la réforme constitutionnelle du 23 mars 2008 ait créé le « référendum d'initiative partagée » (RIP). Concrètement, s'il fait participer plus activement le peuple, il reste à l'initiative des parlementaires (1/5ème du Parlement soit 185 députés ou sénateurs au moins) mais doit être soutenu par au moins 1/10ème des électeurs (environ 4,7 millions) avant d'être soumis au référendum par le président de la République. Une première tentative de RIP a eu lieu concernant la privatisation d'ADP mais elle n'est pas parvenue à réunir le nombre minimum de soutiens du corps électoral. On voit donc qu'une démocratie directe « pure » est difficilement réalisable.

> Oui, bon exemple.

> N'employez pas d'abréviations si vous n'avez pas énoncé l'expression entière auparavant dans vos propos. Il faut indiquer : « Déclaration des droits de l'Homme et du citoyen (DDHC) ». Il faut également préciser la date : 26 août 1789.

> 23 juillet 2008. La précision est importante en droit.

> Mais le référendum n'est pas de droit. En effet, il n'a lieu que si la proposition de loi n'a pas été examinée par les deux assemblées parlementaires dans un délai de six mois à compter de la décision du Conseil constitutionnel déclarant que le nombre de soutiens requis est obtenu.

> Oui, bon exemple !

B) Une conciliation difficile avec la démocratie libérale

> Oui, c'est juste.

La démocratie libérale (ou constitutionnelle) contemporaine implique le respect de l'état de droit par le pouvoir politique. Cette notion, opposée à l'« État de police », signifie que l'État doit garantir les libertés fondamentales de tous les individus (pas seulement les citoyens) présents sur son territoire, qu'elles soient de nature civile et politique (droit de propriété, liberté d'expression, etc.) ou économique et sociale (droit de grève, éducation, etc.). Ces droits ont nécessairement une valeur juridique élevée car consacrés au niveau constitutionnel et/ou conventionnel. Rappelons que l'article 16 de la DDHC de 1789 affirme que si la séparation des pouvoirs n'existe pas et que les droits ne sont pas garantis, alors l'État n'a pas de constitution. Or, certains principes de la souveraineté populaire peuvent paraître difficilement conciliables avec l'état de droit. En effet, appartenant exclusivement au peuple, la souveraineté populaire peut aboutir à un pouvoir despotique. Si le peuple possède un pouvoir absolu, alors aucun autre organe ne peut remettre en cause ou atténuer la volonté générale ; aucun autre pouvoir ne permet d'arrêter le pouvoir au sens de la théorie de la séparation des pouvoirs de Montesquieu. Rousseau rejetait d'ailleurs une telle séparation en considérant que le peuple détenait seul la puissance législative, permettant d'exprimer « la volonté générale » qui en principe ne peut être que « droite ». Le peuple ne chercherait que son bien. Pourtant, la volonté générale n'implique pas nécessairement des lois justes et équitables et la revendication d'une action au titre de la souveraineté populaire peut cacher une politique de Terreur, comme de 1792 à 1794.

> Même remarque que précédemment !

> Il faut bien définir le terme « despotisme » pour éviter toute confusion. Mais bonne idée.

> Qui est cet auteur ?

> Paragraphe un peu trop long.

Par ailleurs, la souveraineté populaire est difficilement applicable dans sa totalité. Il n'est guère aisé de trouver une volonté générale réunissant l'ensemble des citoyens, si bien qu'émergera une majorité et une minorité. Et cette minorité n'aura vraisemblablement aucun droit et devra se plier au règne de la majorité, ce qui est une entorse à la démocratie libérale qui reconnaît des droits substantiels à toute opposition politique.

En définitive, la souveraineté populaire est sans doute, dans l'idée, le meilleur fondement de la démocratie mais semble en pratique assez utopiste tant au niveau de sa concrétisation que sur le plan de la garantie des libertés.

> La méthodologie de la dissertation est acquise, notamment quant à la problématisation du sujet et sa réponse à travers un plan d'idées démonstratif intéressant.

Sujet 4

Dissertation juridique

Durée de l'épreuve : 3 heures

Aucun document n'est autorisé

Vous traiterez le sujet suivant :

« L'impact de la conclusion des engagements internationaux sur la souveraineté de l'État et la Constitution »

OBSERVATIONS DU CORRECTEUR (J. Prades)

Ce sujet est particulièrement complexe car en plus de maîtriser le droit constitutionnel il suppose également d'avoir des bases en droit international et en droit européen. C'est un sujet qui mêle plusieurs matières mais vous ne devez pas oublier de vous centrer principalement sur le droit constitutionnel français. De sa formulation relativement classique doit ressortir un plan démonstratif et cohérent en droit. Il faut éviter de tomber dans l'écueil de la description (par exemple, « listing » du rôle des acteurs de la conclusion des accords internationaux). Il faut également illustrer votre argumentation à l'aide d'exemples et de jurisprudences afin de lier vos idées et apporter une cohérence juridique à votre raisonnement.

Le professeur Xavier Magnon a déclaré à propos de l'ordre juridique interne et international : « *le fondement ultime de la validité de l'un des deux ordres se [trouve] dans l'autre ordre* ». Cette citation illustre parfaitement les dissensions et les défis auxquels doit faire face la relation unissant le droit international et le droit constitutionnel français. D'ailleurs, le sujet met en lumière ces difficultés par le biais de l'étude de l'impact de la conclusion des engagements internationaux sur la souveraineté de l'État et la Constitution.

Il est bon, comme vous l'avez fait, de rappeler l'intitulé du sujet dès le début de l'introduction afin de poser les bases de la réflexion.

Les relations entre le droit international et le droit national, bien que complexes, trouvent une certaine forme d'harmonie. En effet, la Constitution, qui fixe le mode de désignation des gouvernants, ainsi que leurs compétences et détermine, d'autre part, les droits et libertés des gouvernés, institutionnalise leurs rapports. Elle fixe au sein de son Titre VI les modalités de conclusion, de ratification, d'approbation ou encore de publication des engagements internationaux (art. 52 à 55). Ces dispositions permettront à ces accords entre sujets du droit international, conclus sous les auspices ou dans le cadre d'organisations internationales d'être incorporés au droit national. Nécessairement, cette intégration des engagements internationaux a une influence sur la Constitution qui s'en trouve matériellement modifiée. Ainsi, sept lois de révision constitutionnelles ont dû être adoptées. C'est aussi la souveraineté de l'État qui est bouleversée. Ce droit absolu d'exercer une autorité législative, judiciaire et exécutive est aménagé, ou tout du moins modulé, par l'interpénétration du droit international et du droit national. On retrouve cette référence à la souveraineté à l'article 3 alinéa 1er de la Constitution.

C'est un sujet d'importance car la réception du droit international dans le droit constitutionnel français n'a pas toujours été aisée. L'incidence du droit international sur le droit constitutionnel se développe au lendemain de la Seconde Guerre mondiale. Dans un mouvement de multilatéralisme, des juridictions internationales s'affirment telles que la CEDH ou la CJUE et obligent l'État à composer avec ces nouveaux ordres juridiques en développement. La Constitution de 1958 matérialise formellement un titre complet dédié aux engagements internationaux, mais elle ne modifie pas intrinsèquement les dispositions déjà existantes en la matière dans les lois constitutionnelles de 1875 et la Constitution de 1946. C'est davantage la pratique de la conclusion des accords qui a évolué. Offrant au président de la République, en application de l'article 52 de la Constitution, un rôle tout particulier dans la négociation des traités. C'est ensuite la procédure de ratification ou d'approbation qui scelle l'engagement de la République (Louis Favoreu) au plan international. Ce processus met en lumière à la fois le dynamisme de l'exécutif et la nécessité pour celui-ci de coopérer en la matière avec le Parlement (article 53) et le Conseil constitutionnel (article 54). Enfin, la publication des engagements internationaux concrétise leur opposabilité. D'un point de vue matériel, la conclusion des engagements internationaux par la France est une matière extrêmement riche et très dense. Ce processus d'intégration vient cristalliser une certaine dissension dans l'équilibre des pouvoirs. C'est surtout en termes de hiérarchie et de supériorité d'un droit par rapport à l'autre que se figent les tensions. C'est d'ailleurs tout l'intérêt de cette dissertation que d'analyser l'impact des engagements internationaux sur la souveraineté de l'État et la Constitution. L'on pourrait penser qu'il s'agit d'une atteinte plutôt problématique, mais en réalité il ressort de cette intégration un véritable élan positif pour le droit français.

Pas seulement. Les tribunaux internationaux tels que la CIJ, le TIDM, les TPI et la CPI émergent également à cette période.

Attention à votre syntaxe. Il vaut mieux privilégier un style simple et intelligible qui fluidifiera votre propos et rendra l'argumentation logique.

Quelle est donc la portée juridique de la conclusion des engagements internationaux sur la souveraineté de l'État et la Constitution ? Il émerge de prime abord des difficultés matérielles et formelles dues à une opposition de nature entre les engagements internationaux d'un côté et la Constitution et la souveraineté de l'autre (1). Mais face à l'enrichissement du droit positif et au développement de l'office du juge on peut constater une sorte de complémentarité entre eux (2).

1 • Une opposition de nature : l'émergence de difficultés

Dans un premier temps, c'est la crainte de la concurrence de deux ordres juridiques qui naît. À cela s'ajoute la constatation de difficultés tant formelles (A) que matérielles (B).

A) Les difficultés formelles

Victor Hugo disait « *la forme c'est le fond qui remonte à la surface* ». Il marque l'importance des considérations de forme qui, dans le cadre de notre sujet, en revêtent une toute particulière.

La première difficulté de forme est causée par la procédure complexe d'approbation, de ratification et d'entrée en vigueur des engagements internationaux. Ces procédures mobilisent à la fois l'exécutif et le pouvoir législatif. Leurs compétences sont modulées par la nature de l'accord en question. De manière générale, c'est le Président qui négocie et ratifie les traités en application de l'article 52 C. Mais lorsqu'il s'agit d'un accord en forme simplifiée son accord formel n'est pas nécessaire.

Vous ne pouvez pas donner un échantillon. Il faut tous les citer pour que votre propos soit précis. À ces deux types de traité s'ajoutent : les traités de commerce, les traités relatifs à l'organisation internationale, les traités modifiant des dispositions de nature législative, les traités relatifs à l'état des personnes, les traités portant cession, échange ou adjonction d'un territoire et les traités de l'UE relatifs aux compétences partagées.

À côté de cela, l'article 53 C. prévoit que plusieurs catégories de traités et d'accords ne peuvent être ratifiés ou approuvés qu'en vertu d'une loi (par exemple, traité de paix ou traité engageant les finances de l'État). C'est aujourd'hui le cas d'un tiers des traités conclus par la France. Afin de respecter ce partage des compétences il faut identifier la nature matérielle de l'accord, ce qui n'est pas une chose aisée et soulève de nombreuses difficultés formelles. Aussi, la réception de règles d'un ordre juridique étranger dans l'ordre juridique interne suppose quelques bouleversements d'importance. Intégrer un engagement international peut s'accompagner d'une révision constitutionnelle en cas de non-conformité. Cette révision s'est produite à sept reprises. Notamment pour les traités de Maastricht, Amsterdam, Lisbonne, ou encore l'adhésion à la Cour pénale internationale. Si le pouvoir constituant reste seul décideur des modifications constitutionnelles, les engagements internationaux restent une source de chamboulement. Comme en témoigne la procédure de révision de l'article 89 qui est relativement complexe. Elle suppose notamment le vote d'un texte identique par l'Assemblée nationale et le Sénat puis l'approbation de ce texte par 3/5e des parlementaires réunis en Congrès.

Un peu rapide sur la procédure de révision de la Constitution. Vous oubliez notamment le recours au référendum. Il faut la détailler davantage.

La réception des règles internationales soulève donc des difficultés formelles et met le doigt sur des règles extrêmement complexes et parfois peu certaines. Cela a pour conséquence de porter atteinte, de manière relative, à la Constitution et à la souveraineté.

Évitez tout jugement de valeur, il faut rester mesuré dans vos propos.

B) Les difficultés matérielles

Les difficultés matérielles sont tout aussi importantes et c'est le Conseil constitutionnel qui le souligne dans une décision du 13 octobre 2005. Il précise que « *l'adhésion irrévocable à un engagement international porte atteinte à l'exercice de la souveraineté nationale* ».

Dans cette décision, le Conseil constitutionnel met en lumière les lourdes conséquences matérielles de l'engagement de la France dans un traité. Même si l'ensemble des traités prévoit la possibilité de retrait d'un État membre, la formulation d'une volonté d'engagement lie la France et porte ainsi d'une certaine manière atteinte à sa souveraineté. Elle peut décider de mettre entre les mains d'une organisation supranationale certaines de ses compétences comme c'est le cas avec l'Union européenne. C'est surtout la question de la primauté qui est le point de cristallisation des tensions entre l'ordre juridique interne et international. En effet, le risque craint par le pouvoir constituant national est l'interférence du droit international sur le droit national. La France, en tant que système moniste, fait primer la Constitution sur le droit international. Cette primauté de la Constitution est affirmée par le Conseil d'État et la Cour de cassation dans les arrêts Sarran et Levacher de 1998 et Pauline Fraisse de 2000, et par le Conseil constitutionnel dans sa décision relative au traité établissant une Constitution pour l'Europe de 2004. Elle est également consacrée par les articles 53 et 54 du texte constitutionnel. *A priori* la supériorité de la Constitution étant actée, l'intégration des traités internationaux ne semble matériellement pas poser de difficultés. Mais en réalité, qu'en est-il des dispositions législatives ou réglementaires compatibles avec la Constitution mais non conformes au traité ? Cela pose de vraies difficultés et met en péril la supériorité de la Constitution sur les engagements internationaux par le biais notamment du contrôle de conventionnalité opéré par les juges du fond. C'est le cas d'une norme compatible avec la Constitution mais non conforme à un traité. Matériellement donc, les défauts de compatibilité entre engagements internationaux et Constitution ne sont pas réglés et continuent d'une certaine manière de remettre

On peut également voir les choses de manière différente. Les juges ne font qu'assurer le respect de la Constitution en écartant la loi contraire au traité quand ils se fondent sur l'article 55 qui établit la supériorité du traité sur la loi. Voir notamment l'article de J. Rivero, « *Les garanties constitutionnelles des droits de l'homme en droit français* », Revue internationale de droit comparé, 1977, vol.29, pp. 9-23, p. 16.

en question la suprématie de la Constitution et le système tout entier. Même si c'est en apparence, à l'image de la justice « *elle ne doit pas seulement être rendue mais doit avoir l'air d'être rendue* », la « *constitution ne doit pas seulement être supérieure mais doit avoir l'air supérieure* ». Tout autant qu'un désaveu, l'exemple de l'abrogation d'une loi antérieure et incompatible avec un traité en vertu de l'article 55 remet en cause l'effectivité de la hiérarchie entre règles constitutionnelles et règles conventionnelles. La Constitution ne se charge pas correctement d'assurer la cohérence de son propre système et cela est mis en lumière par le prisme de l'intégration du droit international au sein de l'ordre juridique. C'est à la fois une mise en péril du système qui s'observe, mais plus particulièrement un risque de perte d'identité comme le souligne Bernard Stirn.

Maladroit même s'il convient de noter l'effort d'explicitation de votre propos.

Restez mesuré dans vos propos et évitez les jugements de valeur qui ne sont pas les bienvenus dans une dissertation juridique.

Il faut bien entendu noter que ces aspects de complexité doivent être relativisés. L'impact des engagements internationaux est davantage constructif au regard d'une complémentarité entre engagements internationaux d'une part et Constitution et souveraineté d'autre part.

Attention au déséquilibre entre vos deux grandes parties. Un devoir réussi est un devoir équilibré qui poursuit une réflexion cohérente et argumentée.

2 • Une complémentarité de fait : l'apparition d'un enrichissement

Le professeur Jean-Bernard Auby a dit « *la globalisation actuelle devant laquelle nous nous trouvons, s'empare du droit et provoque en lui des phénomènes de brassage, d'interconnexion et de transversalité* ». Ainsi l'on peut voir entre le droit constitutionnel et le droit international une sorte de complémentarité traduite par un enrichissement du droit positif (A) et un développement de l'office du juge (B).

A) Un enrichissement du droit positif

Nécessairement l'interpénétration de deux champs juridiques favorise d'un point de vue quantitatif mais également qualitatif le développement du droit positif. Bernard Stirn évoque cet effet « *d'entraînement, d'enrichissement et d'interaction* » et estime que la jurisprudence du juge administratif a été « *stimulée* » par le droit international.

Jean-Marc Sauvé a identifié trois niveaux d'interaction entre l'ordre interne et international : incorporation, imbrication et appropriation. Mais c'est surtout sur le plan des droits fondamentaux que l'on observe cet enrichissement du droit constitutionnel français. Les droits fondamentaux sont initialement protégés, en droit français, par la DDHC de 1789 qui figure dans le préambule de la Constitution. Mais l'adhésion de la France à la CEDH a complété le catalogue des droits fondamentaux des individus soumis au droit français, d'autant plus que la jurisprudence de la Cour européenne des droits de l'homme est constructive. Ainsi Karl-Peter Sommermann indique que « *dans les cas concrets jugés par les tribunaux ordinaires la CEDH peut avoir plus d'importance que la Constitution pour les individus* ». La jurisprudence de Strasbourg a donc permis d'enrichir la conception française de certains droits comme la liberté d'expression. Ce droit implique, selon la jurisprudence de la CEDH, un accès pluraliste à des sources d'information (CEDH, Handyside, 7 décembre 1976). Cette vision est reprise par le Conseil constitutionnel dans une décision de 1986 (Cons. const., 18 décembre 1986, n° 86-217 DC). Ainsi, on peut voir en la contraction d'engagements internationaux un enrichissement des droits fondamentaux.

Citez son appellation en toute lettre une première fois avant d'utiliser l'acronyme.

Il faut noter la référence en note de bas de page : K-J. Sommermann, « *Droits fondamentaux constitutionnels et droits fondamentaux européens* », AIJC, 2000, pp. 350-373, p. 366.

Ce n'est pas l'unique point positif de la conclusion des engagements internationaux. En effet, la souveraineté nationale s'en trouve d'une certaine manière renouvelée par le développement de l'office du juge.

B) Un enrichissement lié au développement de l'office du juge

Bernard Stirn déclare que dans le contexte de globalisation « *le juge français s'est trouvé de plus en plus fréquemment confronté au droit international* ». Cette fenêtre d'action a permis au juge de développer son office.

Soyez plus précis, indiquez au moins la juridiction qui a rendu la décision.

Idem.

Privilégiez le terme « autorité » qui est ici plus adéquat.

Si la Constitution reste supérieure aux traités, le quatorzième alinéa du préambule de la Constitution de 1946 précise que « *la République française, fidèle à ses traditions, se conforme aux règles du droit international public* ». Les traités sont donc supérieurs aux lois et il revient au Conseil d'État et à la Cour de cassation de contrôler la compatibilité des lois ou dispositions réglementaires aux normes internationales. L'office du juge se renouvelle donc pas le biais du contrôle de conventionnalité depuis les décisions Nicolo de 1989 et Jacques Vabres de 1975. Ainsi le juge français se voit assigner une tâche d'importance, celle de se charger de l'intégration concrète du droit international au sein de l'ordre juridique national comme en témoigne la décision Dame Perreux de 2009. Le pouvoir judiciaire devient le relai idéal pour assurer une protection de la Constitution par le biais du contrôle de conventionnalité. Tout autant que le travail du juge qui s'en trouve renforcé, c'est également cette tâche qui illustre en partie une souveraineté nationale renouvelée. Le juge constitutionnel a lui aussi développé son office. À ce titre, l'on peut citer la décision du 10 juin 2004 relative à la confiance dans l'économie numérique : c'est la Constitution elle-même qui impose la transposition d'une directive en application de l'article 88-1. Que ce soit le Conseil d'État, la Cour de cassation et même le Conseil constitutionnel, tous prennent la mesure de se saisir du droit international pour développer leur jurisprudence. Mais c'est surtout un moyen, notamment pour le juge constitutionnel, de mobiliser la Constitution et ainsi rappeler sa supériorité. D'ailleurs le législateur organique a adopté le même chemin en conférant un caractère « prioritaire » à la question de constitutionnalité sur la question de la conventionnalité d'une loi.

Introduction, plan détaillé et conclusion

Sujet 5

Durée de l'épreuve : 2 heures

Aucun document n'est autorisé

Vous réaliserez l'introduction, le plan détaillé et la conclusion du sujet suivant :

« La Constitution »

OBSERVATIONS DU CORRECTEUR (D. Blanchet)

Exercice de synthèse, la difficulté de le réaliser résulte de la somme importante de connaissances qu'il est nécessaire de mobiliser et de bien agencer. À l'évidence, le temps imparti ne permet pas d'être un tant soit peu exhaustif sur un sujet aussi vaste par le champ de connaissances qu'il recouvre et des aspects qu'il englobe. On ne peut pas tout dire sur la Constitution en deux ou trois heures. La tentation peut être grande d'opter pour l'étude d'une constitution en particulier, par exemple celle du 4 octobre 1958. Un tel choix est cependant déconseillé. Il conduirait malheureusement à n'aborder que partiellement le sujet qui serait d'emblée occulté et remplacé maladroitement par une dissertation ou au pire par un commentaire sur la Constitution actuelle de la France. Surtout, on n'oubliera pas qu'il est demandé un plan détaillé.

Ce type d'exercice est proposé aux étudiants lors des séances de travaux dirigés ou en devoir sur table en milieu de semestre. Celui-ci n'est pas une dissertation proprement dite mais est souvent recommandé en préparation de la rédaction de celle-ci. Le correcteur doit trouver une démonstration de la structure de la réflexion menée sur le sujet.

Il faut consacrer ses efforts à bâtir, à partir d'une problématique globale, un plan dont les intitulés couvrent l'ensemble du sujet. Il sera alors traité à l'aide de parties, de divisions et subdivisions de parties équilibrées faisant suite à une introduction et précédant une conclusion. En clair, sur la forme, un plan général de niveau 3 (1, A, a) convient mieux qu'un plan de niveau 2 (1, A) ciblant un ou quelques aspects seulement du sujet. L'originalité n'est pas forcément à rechercher. Un tel plan permettra sur le fond de s'intéresser, non pas de manière approfondie, mais pas de façon sommaire non plus sinon ce serait un plan squelettique ne répondant pas aux exigences du plan détaillé, au contenu de la Constitution, à sa forme, à son élaboration et à sa révision ainsi qu'à son autorité. Des exemples de constitutions françaises et étrangères, actuelles ou anciennes, seront utilement cités afin de faciliter la compréhension des distinctions qui sont à faire entre constitutions rigides et souples, constitutions matérielles et formelles, constitutions écrites et coutumières, constitution politique et constitution sociale. Les illustrations contribueront à donner un caractère moins désincarné à l'exercice qui reste théorique.

Bien, vous avez noté que le sujet vous invitait à traiter de la Constitution dans l'absolu et non pas d'une ou plusieurs constitutions en particulier.

Le nom de ces auteurs pourra être indiqué ici, ce qui peut témoigner d'une bonne connaissance de la doctrine par l'étudiant qui n'aura pas ménagé ses efforts de lecture.

Attention aux formulations interrogatives dans l'introduction que le correcteur pourrait prendre pour une problématique. Celle-ci ne doit pas être posée de façon prématurée, c'est-à-dire dès les premières lignes de l'introduction.

Cette définition, facile à retenir, mérite, en tant qu'elle est proposée par Aristote, d'être citée. D'une part, elle permet de comprendre que les constitutions existaient déjà dans l'Antiquité. D'autre part, elle fait la continuité, en douceur, avec les éléments de l'introduction qui vont suivre et laisse entrevoir la problématique.

Certains de ces textes sont à citer (*Magna Carta* de 1815, la Pétition des Droits de 1628, l'Habeas corpus de 1679, le Bill of rights de 1689).

Précisez que les premières constitutions américaines sont celles des colonies anglaises d'Amérique (on pourra les mentionner) et que leur élaboration a inspiré celle de la Constitution fédérale américaine de 1787 est important. Est ainsi révélée une bonne connaissance du constitutionnalisme auquel on va, par la suite, s'intéresser.

Faites mention de la date complète de la première Constitution écrite française, cela compte comme un bonus pour la copie.

Cette notion est à définir. Nous sommes dans l'introduction qui sert à définir les termes du sujet.

On formulera ainsi la problématique. La forme interrogative n'est pas impérative.

Tous les États ont une constitution. Le lien entre l'État et la Constitution est, pour certains auteurs, consubstantiel. Mais qu'entend-on par Constitution ? Dominique Rousseau, dans le *Dictionnaire constitutionnel*, définit la Constitution comme « *le texte-base des droits des citoyens et un acte de liberté* ». D'après Philippe Ardant et Bertrand Mathieu, une constitution est « *l'acte qui organise les pouvoirs publics et détermine les droits fondamentaux des citoyens* ». Ils citent par ailleurs Aristote selon lequel « *la Constitution c'est le gouvernement d'une communauté politique* ». Il ne faut pas s'étonner qu'en son temps déjà, le philosophe ait pu définir la Constitution.

Les premières constitutions dont l'existence nous est connue sont celles des cités grecques. Par suite, à Rome, puis à partir du XVIIIe siècle en Angleterre, des textes régirent le fonctionnement des institutions. Il a fallu toutefois attendre la fin du XVIIIe siècle pour voir fleurir de nouvelles constitutions écrites, marquées par une réelle volonté de rupture avec l'absolutisme monarchique. D'une part aux États-Unis d'Amérique et d'autre part en Europe avec notamment la première Constitution écrite française du 3 septembre 179. Lié dans la plupart des cas au constitutionnalisme, l'accroissement du nombre de constitutions a été accentué avec la vague de décolonisation ayant permis à de nouveaux États de se doter de constitutions soit d'inspiration libérale, soit d'inspiration marxiste. L'augmentation du nombre de constitutions se poursuit encore de nos jours. Les nouveaux États qui veulent apparaître comme étant modernes font de l'adoption d'une constitution, une priorité. Par ailleurs, des États anciens modernisent leurs institutions en changeant de Constitution.

Il reste que de l'Antiquité à notre époque contemporaine, la conception de la Constitution a évolué. Nous sommes passés d'une conception classique de la Constitution instrument de l'organisation et du fonctionnement des institutions politiques à une conception moderne ajoutant à l'objet purement politique une dimension sociale traduisant une volonté d'encadrer l'action des gouvernants et de conférer des droits et libertés aux gouvernés. La conception moderne est liée à la prise en compte indispensable des exigences de la démocratie et de l'état de droit. Toute la question est alors de savoir ce qui caractérise une constitution moderne. On aurait tort de croire que seules les constitutions récentes sont des constitutions modernes. On peut en trouver qui n'ambitionnent pas clairement de limiter l'exercice du pouvoir par les gouvernants. *A contrario*, sans être une constitution récente, la Constitution fédérale américaine de 1787 n'est pas moins une constitution moderne. Cela étant, si le caractère récent d'une constitution ne suffit pas à faire sa modernité, les constitutions actuelles répondent mieux, en général, aux conditions de fond et de forme de celle-ci. La constitution moderne apparaît comme le type le plus répandu de constitution. En effet, davantage que les anciennes, les constitutions récentes sont conçues non seulement en tant qu'acte fixant le statut du pouvoir dans l'État (1) mais également comme norme juridiquement protégée (2).

1 • La Constitution : acte fixant le statut du pouvoir au sein de l'État

Du point de vue de son contenu, autrement dit au sens matériel, la Constitution se définit comme l'ensemble des règles relatives à l'organisation et au fonctionnement des pouvoirs publics. Elle a un double objet : déterminer la séparation des pouvoirs et fixer la liste des libertés et droits individuels. La Constitution est à la fois Constitution politique (A) et Constitution sociale (B).

Il est recommandé de faire figurer dans le plan détaillé le chapeau des parties (1, 2) consistant en une brève annonce des sous-parties (A, B…). Au contraire, le chapeau des sous-parties peut ne pas apparaître.

A) La Constitution politique

a. L'organisation horizontale des pouvoirs par la Constitution

La Constitution recense les différents pouvoirs. Elle définit leur mode de désignation, la durée de leur mandat, leur structuration et évidemment leurs rapports avec les autres pouvoirs.

- Trois pouvoirs : le législatif, l'exécutif et le judiciaire sont souvent répertoriés.
- La séparation des pouvoirs a été observée par Aristote, étudiée par Locke et systématisée par Montesquieu. Elle est inscrite à l'article 16 de la Déclaration des droits de l'Homme et du citoyen (DDHC) de 1789.
- Elle est basée sur une méfiance à l'égard du pouvoir très caractéristique des Constitutions modernes. Elles optent pour une collaboration et un équilibre des pouvoirs qui sont trouvés grâce soit à leur séparation souple en régime parlementaire soit avec une séparation rigide en régime présidentiel.

  En plus de déterminer la séparation horizontale des pouvoirs, la Constitution politique organise leur répartition verticale.

Une transition est aménagée avec cette phrase. Obligatoire dans une dissertation, elle ne l'est pas dans un plan détaillé. Afin de ne pas perdre ce réflexe, on veillera à proposer une transition quand on passe de la première partie à la deuxième.

b. La répartition verticale des pouvoirs par la Constitution

La répartition verticale des pouvoirs a pour objet d'encadrer les relations entretenues par l'État avec d'autres entités juridiques. Il s'agit soit d'entités infra-étatiques soit d'entités supra-étatiques.

Deux phrases sont insuffisantes pour présenter la division verticale des pouvoirs. Le correcteur pourra penser que les développements du cours et des ouvrages notamment sur l'État unitaire et l'État fédéral ont été oubliés et que l'étudiant par ailleurs ne se soucie nullement de l'équilibre des parties et sous-parties. Sans doute faire le lien avec l'intitulé trop descriptif du titre.

B) La Constitution sociale

a. Les droits et libertés constitutionnellement conférés

- La Constitution moderne s'entend d'une constitution qui confère des droits et libertés et qui donne la possibilité d'exercer effectivement ceux-ci.
- C'est ce que le doyen Hauriou appelait la Constitution sociale.
- Une tendance des constitutions modernes a été d'allonger la liste des droits-libertés. Aux droits-libertés individuels se sont ajoutés les droits économiques et sociaux généralement collectifs.
- La Constitution sociale organise, par l'intervention de l'État, la mise en œuvre des droits et libertés. Le juge peut être proclamé gardien des libertés. Des médiateurs ou défenseurs des droits peuvent être chargés de les protéger.

b. Les garanties des droits, les déclarations de droits et les préambules constitutionnels

Cette démarche consistant à débuter les démonstrations par une définition des techniques d'énonciation des droits est pertinente.

- La garantie des droits est une technique consistant à inclure dans le texte même de la Constitution, les droits et libertés énoncés. Les déclarations de droits sont l'exposé dans un document spécial des droits et libertés conférés. Elles sont allées de pair avec les premières constitutions écrites à la fin du XVIIIe siècle.
- La plus célèbre est sans conteste la DDHC de 1789. Son article 16 fait de la Constitution un moyen de la réalisation de l'état de droit. Le préambule est un document déclaratif placé en tête de la Constitution en introduction aux dispositions sur les pouvoirs publics.
- La distinction entre garantie des droits d'une part et déclaration des droits et préambules d'autre part, n'a plus d'intérêt aujourd'hui. Les droits énoncés dans la DDHC et dans le préambule de 1946 sont, par exemple, assimilés à des droits formellement garantis par la Constitution.

Les intitulés ou titres doivent être rédigés mais il ne peut pas s'agir de phrases.

2 • La Constitution : norme juridiquement protégée

La formulation de ce chapeau est à améliorer. L'impression ne doit pas être donnée que l'étudiant cherche la facilité.

On s'intéressera en premier lieu à la rigidité de la Constitution (A) et en deuxième lieu à son autorité (B).

A) La rigidité de la Constitution

Attention à ne pas tirer prétexte de ce que le plan détaillé n'est pas une dissertation complète pour remettre une copie très allégée. Plutôt qu'une énumération des idées, des phrases construites doivent être proposées, même si c'est en nombre limité.

a. L'élaboration de la Constitution par les titulaires de la souveraineté

- Définition du pouvoir constituant originaire.
- Modes autoritaires, semi-autoritaires et démocratiques d'élaboration de la Constitution.
- Participation du peuple (assemblée constituante, référendum).

b. La révision de la Constitution selon une procédure spécifique

- La révision de la Constitution donne lieu à l'exercice du pouvoir constituant dérivé.
- S'il s'exerce selon les mêmes règles de forme et de procédure que celles prévues pour l'élaboration de la loi ordinaire, la Constitution est dite souple. Il n'y a pas dans ce cas de suprématie de la Constitution sur la loi. Les constitutions souples peuvent être écrites ou coutumières.
- Lorsque la Constitution établit pour sa révision une procédure spécifique, autrement dit différente de celle prévue pour élaborer la loi, la Constitution est rigide. Les constitutions rigides sont apparues avec les constitutions écrites des États américains. Elles sont aujourd'hui les plus répandues.
- Les Constitutions de 1848 et 1946 en sont des exemples. Leur rigidité aura été la cause de leur fin brutale. Il en existe beaucoup d'autres.

Il n'est pas interdit d'étayer, à l'aide d'exemples, les idées présentées. Comme exemples de constitutions rigides on pourrait citer aussi la Constitution grecque de 1975 la Loi fondamentale allemande de 1949...

B) L'autorité de la Constitution

a. La place élevée de la Constitution dans la hiérarchie des normes

- Les normes sont hiérarchisées au sein d'un système juridique. Les normes supérieures s'imposent à celles qui leur sont inférieures.
- Dans le système de la hiérarchie pyramidale des normes, on trouve au sommet de la hiérarchie normative la norme mère (« grundnorm ») c'est-à-dire celle qui commande tout le système juridique. Sauf dans de rares cas, il s'agit de la Constitution.
- La dénomination « Loi fondamentale » synonyme de Constitution en Allemagne est riche de sens. Pour la très grande majorité des États en effet, elle est la norme la plus élevée dans l'ordre juridique interne.
- En France, la supériorité de la Constitution a été consacrée avec la Constitution de 1958 qui a ouvert la voie au contrôle de constitutionnalité de la loi. Cette supériorité a été reconnue par le Conseil d'État grâce à son arrêt « Sarran » du 30 octobre 1998, ainsi que par la Cour de cassation avec l'arrêt « Fraisse » du 2 juin 2000.

> On attend ici une référence à la théorie du normativisme développée par Hans Kelsen.

b. Le contrôle du respect de la Constitution

- Les constitutions modernes ont pour caractéristique d'affirmer la supériorité juridique de la Constitution. Celle-ci se traduit par l'invalidation des actes qui lui sont contraires et à laquelle aboutit le contrôle de constitutionnalité.
- Ce contrôle est apparu aux États-Unis d'Amérique avec le célèbre arrêt de 1803 « Marbury c/ Madison » rendu par la Cour suprême. Il donne naissance au modèle américain de justice constitutionnelle souvent opposé au modèle européen.
- Mis en place au début du XXe siècle, celui-ci est le fruit d'un travail théorique du juriste autrichien Kelsen. Il est de préférence confié à un véritable organe juridictionnel.
- Il y a de la part des constituants et parfois aussi des juges eux-mêmes, une constante volonté de perfectionner ce contrôle. On s'attache à faire coexister contrôle *a priori* et contrôle *a posteriori* et à ouvrir, le plus largement possible, la saisine du juge constitutionnel. La preuve est ainsi faite que le constitutionnalisme se renouvelle.

> Cette phrase revient à la problématique et rappelle que l'objectif du plan détaillé est de répondre à la problématique posée que l'on doit suivre du début jusqu'à la fin du devoir.

> Vous pouvez citer la création récente de la QPC en France.

Conclusion

L'un des mouvements les plus marquants des sociétés depuis la fin du XVIIIe siècle est, du point de vue du droit, l'importance accordée à la Constitution. Instrument privilégié de la réalisation de l'état de droit, la Constitution est protégée et jouit d'une autorité renforcée au sein de la hiérarchie des normes. Cette autorité n'est cependant pas sans limite. La part croissante que prend, dans les ordres juridiques nationaux, le droit international, et pour certains États européens le droit de l'Union européenne, pourrait bien être un facteur d'affaiblissement de cette autorité.

> Elle n'est pas toujours obligatoire, référez-vous aux consignes confiées en début d'épreuve par votre enseignant. Ici on exige une conclusion intégralement rédigée et très courte. Elle n'est satisfaisante que si elle fait une rapide synthèse de l'ensemble et prolonge le sujet en ouvrant de nouvelles pistes de réflexion.

Sujet 6

Dissertation juridique

Durée de l'épreuve : 3 heures

Aucun document n'est autorisé

Vous traiterez le sujet suivant :

« La Constitution, limite de l'intégration européenne ? »

OBSERVATIONS DU CORRECTEUR (E. Chekly)

L'intitulé de ce sujet peut apparaître conceptuel. Afin de ne pas vous disperser, vous devez être incités à identifier d'emblée les attentes raisonnables à votre attention : ici, le sujet vous invite à réfléchir à la façon dont s'agencent les rapports entre Constitution et intégration européenne, plus spécialement l'Union européenne, dans l'ordre juridique français en particulier. Compte tenu de ces attentes, votre sujet est délimité. La définition des termes du sujet vous permet de déterminer plus substantiellement le « nœud » du sujet : la Constitution (avec un « C » majuscule) vise la norme fondamentale en général et la constitution française du 4 octobre 1958 (avec un « c » minuscule) en particulier ; les autres normes du « bloc constitutionnel » semblent peu utiles ici. Que dit la Constitution de l'intégration européenne ? Une première piste est déjà engagée. L'intégration européenne est un processus historique continu : quelle a été sa traduction juridique et ses impacts sur la norme fondamentale ? Une deuxième piste. Identifiez bien, enfin, la « hiérarchie » des termes du sujet : le mot « limite » est un pilier de l'intitulé mais il n'apporte pas de réflexion fondamentale sur le sujet. Il permet d'identifier que le sujet ne vise pas « les limites » de l'intégration européenne (les manques, les défauts) mais la Constitution comme « limite » de ce processus (frein ou obstacle). Autant de pistes qui devraient donner forme à votre réflexion.

Cette accroche est efficace : elle entre directement *dans* le sujet en visant d'emblée les fondamentaux, en retenant une définition adaptée de l'intégration européenne, dont la traduction juridique est précisée dans le troisième paragraphe. Elle mêle habilement éléments factuels et définitions juridiques.

Historiquement, les constitutions nationales ont largement permis l'intégration européenne : celle-ci s'appuie sur celles-là. Mais dès lors que l'intégration européenne suppose un transfert de souveraineté ou un aménagement des souverainetés nationales, la Constitution, garante de la souveraineté des États, peut constituer la limite ultime de ce processus d'association d'États souverains.

Attention, la Constitution britannique est une constitution « non-écrite » : sont donc visées ici les normes reconnues comme constitutionnelles en droit interne. Dans ces conditions, écrire « constitution » montre au correcteur que vous savez qu'il ne s'agit pas d'un texte entièrement rédigé.

La définition la plus simple du « Brexit » d'un point de vue juridique.

On conclut ici notre accroche en posant une première « pierre » de notre raisonnement.

Le processus en cours du « Brexit » nous inviterait à une telle conclusion : il nous indique que la Constitution offre les conditions d'une « désintégration » européenne. Une « sortie » de l'Union est même susceptible de s'imposer, au regard de la Constitution, quand le résultat d'un référendum y est favorable. C'est à la suite des résultats du référendum du 23 juin 2016 et dans le cadre défini par sa constitution que le Royaume-Uni est devenu un pays tiers de l'Union européenne le 31 janvier 2020 à minuit (heure de Bruxelles). Mais il convient de noter que c'est également dans le cadre de sa constitution que le Royaume-Uni a adhéré à l'Union européenne le 1er janvier 1973. La Constitution est un fondement incontournable de l'intégration – ou de la « désintégration » – européenne.

L'exemple du « Brexit » nous rappelle également que la construction européenne soulève régulièrement des conflits de normes entre ordre juridique interne (la Constitution, les lois et les règlements) et ordre juridique européen (droit primaire, les traités européens en premier lieu, et droit dérivé). Ces conflits sont résolus par les traités européens et la Constitution ou dans le cadre de celle-ci, en faveur de l'intégration européenne : c'est le principe de suprématie des engagements internationaux en général et celui de primauté du droit de l'Union en particulier. Lorsque ce conflit vise la Constitution elle-même, norme suprême *a priori* de l'ordre juridique interne de chaque État membre, ce principe doit être relativisé : la Constitution représente un frein ou un obstacle éventuel de l'intégration européenne. Mais elle constitue un obstacle relatif dès lors que la résolution d'un conflit de normes est permise par une révision constitutionnelle, comme le prévoit en France la Constitution du 4 octobre 1958.

> La distinction entre droit primaire et droit dérivé, comme celle entre Constitution, lois et règlements, est fondamentale.

> On fait implicitement référence ici au rôle du juge constitutionnel dans l'interprétation de la Constitution.

> On complète ici notre définition de la Constitution en accroche.

> Bien, vous créez progressivement la transition vers le cas français, qui nous intéresse ici.

La Constitution ne représente-t-elle qu'une limite formelle ou procédurale de l'intégration européenne ? On serait tenté de penser que la Constitution ne parvient pas à imposer une conception de la hiérarchie des normes *a priori* difficilement compatible avec la conception européenne de l'intégration communautaire.

> Une bonne problématique. Elle pourrait être complétée par la question : la norme fondamentale ne représente-t-elle pas également une limite matérielle à l'intégration européenne ?

Les rapports entre Constitution et intégration européenne apparaissent ambivalents, traduisant un subtil équilibre entre intégration européenne et souverainetés nationales. Cette réalité est caractéristique de l'ordre juridique de l'Union européenne, « *intégré à l'ordre juridique interne et distinct de l'ordre juridique international* » selon le juge constitutionnel français (Conseil constitutionnel, décisions n° 2004-505 DC du 19 novembre 2004 et n° 2007-560 DC du 20 décembre 2007), et distinct dès lors de l'intégration européenne via le Conseil de l'Europe et la Cour européenne des droits de l'homme (CEDH), qui relève de l'ordre juridique international.

> On relève ici que la problématique n'est pas une simple reformulation du sujet : l'intitulé est le point de départ, le sujet est ensuite problématisé à partir des éléments développés préalablement en introduction.

Certes, la Constitution crée les conditions nécessaires et indispensables de ce processus juridique, jusqu'à constituer un frein ou un obstacle dans le processus d'intégration (1). Mais les constitutions nationales sont malmenées par l'intégration européenne (2).

1 • La Constitution, fondement contraignant de l'intégration européenne

La Constitution précède et fonde l'intégration européenne et, partant, l'ordre juridique européen. Elle pose des conditions contraignantes à l'existence (A) et à l'évolution (B) de l'intégration européenne.

A) La Constitution, socle nécessaire d'une union entre États souverains

Comme association entre États souverains, l'intégration européenne repose nécessairement sur la Constitution. Dès la création de la Communauté européenne du charbon et de l'acier (CECA) par le Traité de Paris du 18 avril 1951, elle prend la forme d'une organisation internationale. Si l'Union apparaît volontiers aujourd'hui comme une personnalité juridique internationale *sui generis*, l'intégration européenne n'a pas abouti à la création d'un État européen doté d'une constitution formelle. Par défaut, elle est une organisation internationale et son existence s'appuie sur les constitutions nationales de ses États membres.

> Pour rappel, un traité international est identifié par deux dates : la date de signature et la date d'entrée en vigueur du traité. Par défaut, on retient la date de signature.

En fixant les règles de négociation et de conclusion des traités et autres engagements internationaux, y compris communautaires ou européens, la Constitution pose des freins formels et procéduraux à l'intégration européenne. Aussi les différents traités marquant les grandes étapes du projet communautaire ont-ils été adoptés conformément à ces règles fixées par la Constitution. En France, le Traité de Paris du 18 avril 1951 créant la CECA, puis les deux traités de Rome du 25 mars 1957 instituant respectivement la Communauté économique européenne (CEE) et la Communauté européenne de l'énergie atomique (CEEA ou Eratom), ont été négociés et conclus conformément à la constitution du 27 octobre 1946, tandis que les traités suivants, notamment les accords de Schengen du 14 juin 1985, le traité de Maastricht du 7 février 1992 et le traité de Lisbonne du 13 décembre 2007, l'ont été en vertu de la Constitution du 4 octobre 1958 (en application de l'art. 52 C. notamment). La possibilité de l'intégration européenne est, de cette façon, soumise, depuis son origine, à la norme fondamentale.

La Constitution de la Quatrième République (27 octobre 1946 – 4 octobre 1958).

B) La Constitution, pilier des rapports entre État et intégration européenne

Dès lors que la norme fondamentale règle également les rapports de l'État avec l'intégration européenne, l'évolution de ce processus est largement conditionnée par la Constitution. Si cette intégration suppose l'admission de nouveaux entrants, la Constitution française, par exemple, prévoit que tout projet de loi autorisant la ratification d'un traité relatif à l'adhésion d'un État à l'Union est soumis au référendum par le président de la République ou adopté par le Parlement par une procédure stricte (article 88-5, constitution du 4 octobre 1958). L'élargissement de l'Union de six à vingt-huit États membres successivement en 1973, 1981, 1986, 1995, 2004, 2007 et 2013 n'a pas été empêché, mais il est vrai qu'aucun de ces élargissements n'était soumis à cette procédure imaginée en 2005 et réformée en 2008. Les constitutions ont plus ponctuellement constitué un frein pour l'État candidat, comme la Norvège dont l'adhésion a été refusée par ses citoyens par référendum à deux reprises, en 1972 et en 1994.

Vous auriez pu montrer qu'avant l'art. 88-5 C. un référendum en vertu de l'art. 11 C. avait été organisé en 1972 pour l'élargissement des Communautés européennes.

Si l'intégration suppose une évolution plus profonde de sa nature ou de sa forme, la Constitution, sans conditionner *a priori* le résultat, peut constituer un frein ou un obstacle décisif. La Constitution prévoit des conditions strictes de modification des traités, soit par la voie du Parlement (en France, article 53) soit par la voie du référendum (article 11). Le rejet du projet de Traité établissant une constitution pour l'Europe en 2005 est remarquable à ce titre : dix États envisageaient l'organisation de référendums en vertu des conditions prévues par leurs constitutions nationales respectives, et le projet a été abandonné après les résultats négatifs des référendums aux Pays-Bas et en France (selon la procédure prévue à l'article 11 de la constitution du 4 octobre 1958).

Il n'est pas nécessairement attendu de connaître les fondements du référendum – consultatif – aux Pays-Bas (en l'espèce une loi temporaire, applicable entre 2002 et 2004, et non la constitution du 17 février 1983), mais les références constitutionnelles françaises sont bienvenues.

Une éventuelle « sortie » de la France de l'Union européenne supposerait nécessairement une révision constitutionnelle : l'abrogation en particulier du titre XV, « De l'Union européenne », introduit dans le texte constitutionnel par la loi constitutionnelle n° 92-554 du 25 juin 1992, notamment de l'article 88-1 selon lequel « *La République participe à l'Union européenne* ».

Les références exactes de la loi peuvent être remplacées simplement par : « la révision constitutionnelle du 25 juin 1992 », en précisant le cas échéant « à la suite de la signature du traité de Maastricht du 7 février 1992 ».

Si l'intégration européenne suppose une révision de la Constitution, celle-ci doit également être approuvée par la voie du référendum ou par le Parlement (article 89). Cette révision est même une solution imposée par la norme fondamentale dès lors qu'un engagement international comporte une clause contraire à celle-ci (article 54). La Constitution est un vecteur imposé de l'intégration européenne : elle peut représenter un frein ou un obstacle, le cas échéant décisif, de cette construction entre États souverains. Mais la Constitution est un vecteur malléable.

2 • La Constitution, vecteur malléable de l'intégration européenne

La Constitution est malmenée par l'intégration européenne : elle s'adapte quasi-systématiquement en cas de contrariété (A) et tend à se voir imposer une vision européenne de l'articulation des normes (B), si bien qu'il conviendrait de relativiser la limite qu'elle est susceptible de représenter pour l'intégration réelle au sein de l'Union européenne.

A) Une adaptation quasi-systématique de la Constitution à l'intégration européenne

La révision préalable de la Constitution, compte tenu de la procédure imposée, représente un frein ou un obstacle potentiel pour l'intégration européenne. Mais elle est une limite relative posée à ce processus dès lors que cette révision est, en pratique, quasi-systématique : de la loi constitutionnelle du 4 juin 1960 tendant à compléter les dispositions du titre XII de la Constitution, première révision constitutionnelle de la Cinquième République, à la loi constitutionnelle du 23 juillet 2008 de modernisation des institutions de la Vᵉ République, dernière révision en date, huit parmi les vingt-quatre révisions visent directement ou indirectement l'intégration européenne.

On précise, ici encore, par rigueur, les références et l'intitulé de la révision constitutionnelle.

Ces aménagements de la norme fondamentale suite à la signature des traités européens, lorsque cette procédure était nécessaire, ont systématiquement abouti, que ce soit pour pouvoir ratifier le traité de Maastricht, celui d'Amsterdam ou encore celui de Lisbonne. Dans ces conditions la constitution française semble extrêmement malléable. Jusqu'à quel point ? Le Conseil constitutionnel a évoqué dans sa jurisprudence des limites « inhérentes à l'identité constitutionnelle » de la France lui permettant de contrôler la transposition d'une directive européenne (Cons. const., n° 2006-540 DC du 27 juillet 2006), mais il n'a, à ce jour, jamais identifié ces limites. Si bien que la seule limite semble être la volonté politique du législateur et du président de la République. Ce quasi-automatisme nous inciterait à nous interroger sur l'évolution de la « hiérarchie des normes » et, de façon plus audacieuse, sur la position *réelle* de la norme fondamentale dans l'ordre juridique interne : les traités européens ne s'imposent-ils pas, *de facto*, à la Constitution ?

Notez bien que cette expression est utilisée par commodité : cette théorie est ambiguë. Cette dissertation montre qu'elle ne saurait être utilisée sans guillemets, comme un principe fondamental et absolu du droit.

Selon le juge constitutionnel français, la spécificité de l'ordre juridique européen est sans incidence sur la place de la Constitution dans l'ordre juridique interne (voir les décisions de 2004 et 2007 citées en introduction).

B) Une interprétation favorable de la Constitution à l'intégration européenne

L'évolution de la jurisprudence traduit une tension plus profonde entre Constitution et intégration européenne. La Constitution confère aux traités ou accords internationaux une autorité supérieure à celle des lois (article 55). Cette conception n'est pas nouvelle, elle était déjà consacrée par la Constitution de la Quatrième République (article 28), mais elle ne vaut pas pour les normes constitutionnelles nationales (article 54, constitution du 4 octobre 1958). Sur le fondement de l'article 55 de la Constitution, le juge national a rendu effective cette primauté des traités et accords internationaux, y compris le droit primaire de l'Union. Cette jurisprudence (pour le juge judiciaire : Cour de cassation, 24 mai 1975, Société « *Café Jacques Vabre* » ; pour le juge administratif : Conseil d'État, 20 octobre 1989, *Nicolo*) a été étendue au droit dérivé de l'Union : à ses règlements (Conseil d'État, 24 septembre 1990, *Boisdet*) et à ses directives (Conseil d'État, 28 février 1992, SA *Rothmans International France et SA Philip Morris France*). La loi, expression de la volonté générale, cède ainsi le pas devant le droit dérivé. Cette conception élargie du principe européen de primauté du droit de l'Union pourrait traduire une conception européenne concurrente de la « hiérarchie des normes ». Mais nous pouvons supposer que celle-ci n'a pas, dans l'ordre interne, vocation à s'appliquer à la Constitution aussi longtemps que l'intégration européenne repose sur la souveraineté des États.

Oui, il y a été invité par le Conseil constitutionnel lorsque ce dernier s'est reconnu incompétent pour contrôler la conformité d'une loi à un traité, y compris sur le fondement de l'article 55 de la Constitution.

La distinction entre juge judiciaire et juge administratif, ou bien celle entre ordre judiciaire et ordre administratif, est indispensable : elle est structurante de l'organisation juridictionnelle nationale en France (notamment).

Sujet 7

Dissertation juridique

Durée de l'épreuve : 3 heures

Document autorisé : L'article 16 de la DDHC de 1789

Vous traiterez le sujet suivant :

« L'article 16 de la Déclaration des droits de l'Homme et du citoyen aujourd'hui »

OBSERVATIONS DU CORRECTEUR (C. Cressent)

Le sujet pose une difficulté : il est à la fois un commentaire d'article car il s'agira bien de ne pas trop s'éloigner du contenu de cette disposition, mais aussi une dissertation par la présence du mot « aujourd'hui ». L'étudiant doit commenter le texte à la lumière de ses connaissances, il doit l'expliquer et lui donner du contenu pour en expliquer l'actualité.

Karl Marx a dit « *la société n'existe que pour garantir à chacun de ses membres la conservation de sa personne, de ses droits et de ses propriétés* ». Dans le même sens, Louis de Bonald estime que « *l'homme n'existe que par la société et la société ne le forme que pour elle* ». Par ces deux citations, ces hommes ont voulu montrer le lien qui unissait la société et ses membres. Ce lien se concrétise par un contrat que l'homme passe avec la société, certains l'appellent le contrat social, d'autres la Constitution.

Il faut évidemment connaître le contenu de l'article 16 de la DDHC et avoir un minimum de connaissances pour choisir un tel sujet.

L'article 16 de la Déclaration des droits de l'Homme et du citoyen s'inscrit parfaitement dans ces idées. Il dispose que « *Toute société dans laquelle la garantie des droits n'est pas assurée, ni la séparation des pouvoirs déterminée n'a point de Constitution.* » Cet article est l'avant-dernier de la Déclaration des droits de l'homme (ci-après DDHC), du 26 août 1789. Il s'inscrit dans la logique des idées révolutionnaires à savoir qu'il fallait séparer les pouvoirs. D'ailleurs, la Constitution de 1791 optera pour une séparation stricte des pouvoirs et un régime fondé sur les droits et libertés. Pendant longtemps, cet article n'avait qu'une valeur déclarative. En effet, en 1789, les révolutionnaires estiment que le respect des droits repose sur le législateur, véritable garant des droits et libertés. Mais depuis la célèbre décision du Conseil constitutionnel, Liberté d'association (n° 71-44 DC), la DDHC revêt un caractère constitutionnel. Ce texte est écrit dans le contexte de la Révolution française. Il a baigné dans les idées des Lumières et est directement inspiré du contrat social. Il veut poser les fondements de la société, le but principal étant d'éviter un retour à l'absolutisme. Par cette déclaration, les révolutionnaires entendent faire passer un message : une société dans laquelle la garantie des droits et la séparation des pouvoirs ne seraient pas établies, n'aurait pas de fondement juridique. La Constitution est l'acte fondateur d'un État. Autrement dit, si un État se dote d'une Constitution permettant la confusion des pouvoirs ou qu'aucune garantie des droits pour ses membres n'est mise en place, cette Constitution n'aurait aucune valeur, elle serait illicite. Bien évidemment, cela est très utopique, car les seules proclamations de la séparation des pouvoirs et de la garantie des droits n'assurent pas un régime démocratique. Il faut que celles-ci soient effectives. Allons encore plus loin. Si la Constitution ne respecte pas ces deux principes au minimum, celle-ci est illicite et par conséquent, l'État, lui-même, ne peut pas exister. Sans ces deux éléments de base, le contrat social n'est pas respecté : les hommes abandonnent bien une part de leurs droits, mais ils n'obtiennent pas la contrepartie attendue : leur sécurité juridique. Certains auteurs estiment que cet article est le fondement de chaque régime démocratique. Pour d'autres, il est plus question de fondement de l'état de droit. L'état de droit est défini comme un système juridique dans lequel les organes de l'État sont soumis effectivement au respect des règles de droit par le biais du contrôle juridictionnel.

Votre copie doit rester neutre : pas de « nous », « on », ou « je ». Vous pourriez utiliser « il convient d'aller » par exemple.

N'hésitez pas à les citer !

Comment l'article 16 de la DDHC s'est imposé comme le fondement de l'état de droit en France ? Et comment se traduisent concrètement les mesures qu'il contient ?

Préférez une seule question englobant toutes vos interrogations.

La réponse à cette question serait, somme toute, très classique, car les deux éléments contenus dans l'article se répondent. En effet, la garantie des droits constitue le socle minimum d'un état de droit (1). Et cette garantie des droits ne peut exister que si un contrôle mutuel des pouvoirs ou au moins une répartition des rôles de chaque pouvoir est mis en place (2).

Évitez ce genre de remarques…

1 • La garantie des droits comme socle minimum de l'état de droit

L'article 16 de la DDHC prévoit que pour qu'un État dispose d'une Constitution, celle-ci doit assurer la garantie des droits. Cette garantie des droits doit être double afin d'être effective. En effet, il faut que les citoyens sachent de quels droits il s'agit (A), pour cela ils doivent être clairement énoncés. Et de plus, le citoyen doit pouvoir revendiquer ces droits et être en mesure de demander un contrôle de leur respect (B).

A) La nécessité de pouvoir se prévaloir de droits et libertés

La théorie du contrat social, évoquée entre autres par Jean-Jacques Rousseau, prévoit que les individus décident de céder une part de leurs libertés au profit d'une société, d'un État afin que celui-ci leur garantisse la sécurité et la liberté. Il ne suffit pas de proclamer la garantie des droits ; il faut donner du contenu à cette partie de l'article 16. Pour cela, il faut une liste de droits et libertés que l'État octroie aux individus afin qu'ils puissent s'en prévaloir en vertu du principe de sécurité juridique, exactement de la même manière que la DDHC. D'ailleurs, cet article intervient à la fin de la Déclaration laissant entendre que tous les articles qui lui précèdent constituent les droits qui doivent être garantis. Toute la question ensuite portera sur la valeur juridique de ces différents droits énoncés.

La Constitution, au sens strict, est un texte qui détermine la forme du gouvernement d'un État. Elle n'est pas spécifiquement prévue pour établir une liste des droits et libertés des individus. Cela ne signifie pas que de tels droits n'existent pas, mais dans un premier temps, ils n'ont pas nécessairement de valeur constitutionnelle. Ces droits peuvent avoir diverses origines, mais ils doivent être prévus textuellement afin de pouvoir être invoqués par les individus. Il faut attendre le 16 juillet 1971 pour que le Conseil constitutionnel donne explicitement une valeur constitutionnelle au préambule de la Constitution et aux textes auxquels il fait référence, faisant ainsi apparaître ce qu'il est aujourd'hui convenu d'appeler le *bloc de constitutionnalité* : un ensemble de normes constitutionnelles de référence opposables au législateur.

C'est bien d'y faire référence mais vous auriez pu les énumérer.

Dès lors, la DDHC et *a fortiori* son article 16 ont acquis une valeur constitutionnelle. Contrairement à la Constitution, *stricto sensu*, ces normes contiennent des droits et libertés directement invocables par les individus. Et ces droits se situent au sommet de la hiérarchie des normes.

Cette liste de droits et libertés constitutionnellement garantis est le point de départ de l'état de droit. En effet, les individus savent désormais de quels droits ils disposent et ils sont protégés au plus haut degré de la hiérarchie des normes. Ainsi, se pose désormais la question du respect de ces droits, et de son contrôle.

B) Le contrôle du respect des droits, fondement de l'état de droit

Le point de vue a changé entre 1789 et aujourd'hui. En effet, en 1789, le législateur était chargé du respect des droits ; le juge n'était vu que comme la « bouche de la loi ». Aujourd'hui, la garantie des droits passe avant tout par la nécessité d'un recours effectif à un juge (décision n° 96-373 DC du 6 avril 1996). Ce contrôle du respect des droits des individus peut se faire à plusieurs échelons. À l'échelon inférieur, chaque citoyen a la possibilité de demander à un juge que ses droits soient respectés, rétablis ou de réclamer des réparations lorsqu'ils ont été violés. Il s'agit du droit d'accès à un juge.

Vous faites bien de rappeler que la garantie du respect des droits se fait à tous les niveaux.

À l'échelon supérieur, il faut pouvoir garantir le respect des normes supérieures et donc le respect des droits, constitutionnellement garantis. C'est un élément consubstantiel de la hiérarchie des normes, théorie de Hans Kelsen. En effet, selon lui, l'état de droit est « *l'État dans lequel les normes juridiques sont hiérarchisées de telle sorte que sa puissance s'en trouve limitée* ». Par cette théorie, toutes les normes tirent leur légitimité du respect de la norme supérieure. Ainsi, les normes constitutionnelles, au sommet, doivent être respectées par toutes les normes inférieures.

Vous n'évoquez que le contrôle *a posteriori* dans le cadre de la QPC.

Attention aux formulations approximatives. La révision de 2008 a introduit la QPC dans la Constitution, mais ces dispositions ont nécessité l'adoption d'une loi organique qui n'est entrée en vigueur que le 1er mars 2010.

C'est au Conseil constitutionnel, qui dispose désormais d'un rôle double, que cette tâche est assignée. En effet, il peut opérer deux types de contrôle de la loi : *a priori* et *a posteriori*. C'est avec la révision constitutionnelle du 23 juillet 2008 que la QPC entre en vigueur. En effet, il est désormais permis à tout justiciable de contester, devant le juge en charge de son litige, la constitutionnalité d'une disposition législative applicable à l'affaire parce qu'elle porte atteinte aux droits et libertés que la Constitution garantit. Le Conseil constitutionnel a été saisi plus de 850 fois d'une QPC par le Conseil d'État ou la Cour de cassation. Il s'agit, en l'espèce, de la forme la plus aboutie de contrôle du respect des droits.

L'existence de droits et de libertés serait vide de sens si les individus ne pouvaient pas les invoquer. Ainsi, par ces différentes formes de contrôle, l'État offre aux individus la garantie que leurs droits seront respectés, conformément au principe de légalité cher à notre état de droit. Surtout, le droit d'accès à un juge, qu'il s'agisse d'un juge ordinaire ou du juge constitutionnel, porte sur la nécessité pour ce juge d'être différent de l'organe en charge de l'élaboration ou de l'exécution des normes.

2 • La séparation des pouvoirs comme corolaire de la garantie des droits

L'article 16 de la DDHC contient une seconde condition afin qu'une société puisse affirmer être dotée d'une constitution : il s'agit de la nécessité pour les pouvoirs d'être séparés. Les pouvoirs législatif, exécutif et judiciaire doivent pouvoir intervenir chacun dans une sphère qui leur est propre. Le but reste la liberté des individus, et la lutte contre l'absolutisme (A). Aussi, en 1789 la séparation des pouvoirs se dessinait surtout entre exécutif et législatif. 230 ans plus tard, il semble que la protection du pouvoir judiciaire contre les deux autres pouvoirs soit la condition d'une garantie des droits effective (B).

A) La séparation des pouvoirs comme barrière à l'absolutisme

Marcel Morabito estime que « *le gouvernement despotique est un gouvernement sans Constitution, c'est-à-dire sans répartition des compétences ou, si on préfère sans séparation des pouvoirs* ». La séparation des pouvoirs est un « *principe constitutionnel selon lequel les fonctions de l'État doivent être exercées par des organes distincts jouissant d'une certaine indépendance* » (Dictionnaire Robert). C'est une théorie qui a fait l'objet de plusieurs développements par de nombreux philosophes mais principalement par John Locke, et Montesquieu. Selon ce dernier, la base de cette théorie repose sur un principe selon lequel « *seul le pouvoir arrête le pouvoir* ». Il faut que les pouvoirs s'équilibrent afin d'éviter l'absolutisme, éternel combat des Lumières.

La question ne repose pas vraiment sur la façon dont ces pouvoirs doivent être séparés mais plutôt sur la nécessité d'opérer une telle séparation. Ainsi, il existe classiquement deux types de régimes de séparation des pouvoirs : les régimes de séparation souple et les régimes de séparation stricte des pouvoirs. Dans le premier, les pouvoirs sont interdépendants et les différents organes se partagent les fonctions. Alors que dans le second, un organe occupe une fonction sans qu'il existe de mécanisme de contrôle réciproque entre les pouvoirs.

Soyez plus précis : l'organe ne peut intervenir dans la sphère de compétence d'un autre organe que par sa faculté d'empêcher.

Finalement, l'article 16 de la DDHC ne s'intéresse pas à ces deux théories, qui d'ailleurs n'avaient pas encore vu le jour. Il prévoit juste qu'une forme de séparation doit être mise en place afin de garantir l'état de droit. Ainsi, le contrôle est double : il se fait d'une part en devant se conforter aux normes supérieures hiérarchiquement et d'autre part, il existe par le contrôle permanent des pouvoirs les uns sur les autres. Ce sont ces différents cadres qui font de l'État français, un état de droit, ou comme d'autres aiment à penser un régime démocratique, garantissant les droits des individus. Cependant, dans le cadre du régime parlementaire de la Vᵉ République, le fait majoritaire et la concordance des majorités peuvent contribuer à troubler l'effectivité d'une séparation entre l'exécutif et le législatif.

Toutefois, avec cet article, il est question de garantir les droits des individus et pour cela, il faut qu'un pouvoir soit indépendant et bien séparé des autres : la justice.

B) La nécessité d'une justice indépendante

L'article 16 ajoute la nécessité de la séparation des pouvoirs pour qu'une société soit dotée d'une Constitution. Cela signifie, *a contrario*, que les sociétés où les pouvoirs sont confondus, ne peuvent pas prétendre être fondés sur une Constitution. En réalité, cette condition n'est que le corolaire de la première. En effet, pour que la garantie des droits de chacun soit effective, il faut que les pouvoirs soient séparés ; ou du moins, il faut que la justice soit indépendante. Qu'il s'agisse d'un régime de séparation souple ou stricte des pouvoirs, un point commun subsiste entre ces deux régimes : la justice reste totalement indépendante. Elle ne subit aucun contrôle de l'un des deux autres pouvoirs.

Selon Gisèle Côté-Harper, professeure canadienne, « *l'indépendance judiciaire est l'un des piliers de l'organisation d'une société démocratique régie par le principe de la règle de droit* ». Il faut entendre indépendance judiciaire au sens large, pas uniquement du juge judiciaire. La France dispose d'un système original en la matière avec la dualité de juridiction. Le juge judiciaire, ainsi que le juge administratif jouissent d'une indépendance constitutionnellement garantie ; le premier par l'article 64 de la Constitution, le second par la reconnaissance d'un principe fondamental reconnu par les lois de la République (décision n° 80-119 DC du 22 juillet 1980). En ce qui concerne le Conseil constitutionnel, il jouit lui aussi d'une telle indépendance (décision n° 2008-566 DC du 9 juillet 2008).

On voit bien où vous voulez en venir. Vos arguments s'enchaînent correctement. Mais vous pouvez plus clairement évoquer le passage d'une justice retenue à une justice déléguée.

Cette indépendance est nécessaire pour permettre un contrôle effectif du respect des droits et libertés, que ce soit par l'État et ses institutions, ou par les individus eux-mêmes. En effet, si la justice, au sens large, était soumise à un autre pouvoir, alors les droits et libertés des individus ne seraient pas totalement protégés. La preuve est que pendant de nombreux siècles, le monarque était en charge de la justice lui-même, ou en tout cas de la justice concernant les actes d'État et que la naissance de la justice administrative a essayé de gommer cela au fil des décennies.

En permettant à la justice d'être indépendante, l'État offre aux individus les garanties qui lui ont été promises lors de l'élaboration du contrat social. Et dès lors, les pouvoirs exécutif et législatif sont tenus de respecter ces droits ainsi que la hiérarchie juridique existante, sous peine de se voir censurer par cette justice. La séparation des pouvoirs est bien évidemment le fondement de toute société démocratique, mais elle est aussi la meilleure garantie possible pour les individus que leurs droits seront respectés, par les autres mais surtout par l'État lui-même.

Commentaire de texte

Sujet 8

Durée de l'épreuve : 3 heures

Aucun document n'est autorisé

Vous commenterez le texte suivant :

« L'expression « séparation des pouvoirs » n'est pas employée une seule fois par Montesquieu [...]

Jamais Montesquieu n'a exposé une théorie de la séparation des pouvoirs impliquant une séparation absolue des organes exerçant la fonction exécutive et la fonction législative. Il estime qu'il doit exister une action continuelle des deux pouvoirs l'un sur l'autre, une véritable collaboration. [...]

De ce qui n'était, dans la pensée de Locke et de Montesquieu qu'un procédé d'art politique pour assurer l'équilibre des forces politiques et protéger la liberté, l'Assemblée de 1789 [...] ne vit dans Montesquieu que les formules générales, et non point la description si exacte de l'action réciproque que la couronne et le Parlement doivent exercer l'un sur l'autre ».

L. DUGUIT, *Traité de droit constitutionnel*, De Boccard, 1928

OBSERVATIONS DU CORRECTEUR (C. Parjouet)

L'objectif d'un commentaire n'est ni de paraphraser l'auteur, ni d'utiliser le texte comme prétexte pour disserter. Il s'agit de trouver un juste équilibre, permettant de construire un raisonnement autour de l'opinion développée par l'auteur. Pour répondre à cet impératif, l'étudiant doit veiller à respecter le triptyque citation-explication-commentaire au sein de chaque sous-partie. La difficulté ici réside principalement dans la construction du plan, le texte paraissant se répéter à plusieurs reprises. Il faut donc en faire une lecture attentive pour éviter de simplement réciter le cours magistral sans réelle démonstration.

« *Formulée par Montesquieu avec beaucoup de modération et de prudence, le principe de la séparation des pouvoirs est bientôt devenu un véritable mythe* » selon Yves Gaudemet. Ce constat du caractère illusoire de la « séparation » des pouvoirs était déjà présent dans les réflexions de Léon Duguit.

Présentant ce principe classique du constitutionnalisme libéral au sein du *Traité de droit constitutionnel*, publié en 1928, cet auteur critique les interprétations abusives qui en ont été faites, notamment par l'Assemblée constituante française en 1789, pour souligner l'importance de l'idée de collaboration des pouvoirs.

> Présenter le texte que vous avez à commenter est une nécessité. N'hésitez pas à donner des précisions au sujet du contexte de sa rédaction ou de son auteur lorsqu'elles aident au commentaire du texte.

Principalement associée à la pensée de Montesquieu, la théorie de la séparation des pouvoirs est développée dans son ouvrage *De l'esprit des Lois* publié en 1748. Cette théorie défend l'idée selon laquelle pour éviter tout abus de pouvoir, les pouvoirs exécutif, législatif et judiciaire devraient être confiés à des corps étatiques

Le travail de définition est important en introduction, mais attention à ne pas trop en dire. Vous risquez de vous répéter par la suite dans le devoir.

différents. Le pouvoir exécutif se définit comme le pouvoir d'exécuter les lois, le pouvoir législatif comme celui d'élaborer les lois et le pouvoir judiciaire comme celui d'en juger la mise en œuvre.

Or, ce dernier doit être écarté de la réflexion, Léon Duguit ne mentionnant que « *la fonction exécutive et la fonction législative* ». Cette absence du pouvoir judiciaire peut s'expliquer par le fait que Montesquieu considère que la puissance de juger « *est en quelque sorte nulle* », car nécessairement indépendante.

Soulignant *de facto* la nécessité de restreindre les pouvoirs monarchiques, l'œuvre de Montesquieu trouve toute sa place dans les réflexions constituantes des XVIIIe et XIXe siècles. Considérée comme une garantie contre tout abus de pouvoir, elle entre dans le patrimoine constitutionnel libéral, comme l'exprime l'article 16 de la Déclaration des droits de l'Homme et des citoyens.

Évitez d'employer ce pronom personnel (on), tout comme la première personne du singulier et la première personne du pluriel. Des expressions comme « il apparaît que... » / « il est possible... » / « il s'agit de... » peuvent vous y aider.

Dès lors, elle permet de distinguer dans un premier temps les régimes de confusion des régimes de séparation des pouvoirs. Les premiers reposent sur une concentration des pouvoirs au profit d'un seul organe. Il peut s'agir d'une confusion au profit de l'Exécutif, ou au profit d'une assemblée ; on parle alors de régimes d'assemblée.

À l'inverse, les régimes dits « de séparation des pouvoirs » reposent sur une distribution des trois pouvoirs entre plusieurs institutions. Il convient alors de distinguer les régimes de séparation dite « stricte » des régimes de séparation « souple » des pouvoirs. Les régimes de séparation stricte des pouvoirs sont généralement présentés comme des régimes organisant une indépendance juridique des organes disposant exclusivement d'un des deux pouvoirs. La séparation souple sous-tendrait quant à elle une certaine interaction entre les pouvoirs exécutif et législatif, reposant sur un équilibre entre pouvoirs et contre-pouvoirs.

Ainsi, la séparation des pouvoirs est en réalité devenue un critère de catégorisation des régimes politiques, permettant de juger du degré de limitation du pouvoir. Elle occupe une place importante dans la réflexion constitutionnelle, justifiant l'intérêt de s'interroger sur son contenu exact et les différentes interprétations qui en ont été faites.

Attention à la formulation de votre problématique dans le cadre d'un commentaire : elle doit découler du texte, ou introduire son analyse.

Or, Léon Duguit souligne que l'expression-même de « séparation des pouvoirs » « *n'est pas employée une seule fois par Montesquieu* ». Dès lors, comment assurer que « *par la disposition des choses, le pouvoir arrête le pouvoir* » pour reprendre l'expression consacrée ?

Citer le texte à commenter dans votre réponse à la problématique et dans votre annonce de plan est une bonne idée. Cela vous permet de prouver au correcteur que vous allez réellement commenter le texte. Vous évitez ainsi, *a priori*, le piège de la dissertation.

Pour le Professeur Duguit, il ne s'agit pas d'organiser la « séparation » des pouvoirs, mais plutôt leur « *véritable collaboration* ». En effet, les origines de l'œuvre de Montesquieu soulignent la nécessité de distinguer les pouvoirs afin de modérer leurs usages (I) tandis que la théorie en elle-même paraît appuyer l'idée d'une « *action continuelle des deux pouvoirs l'un sur l'autre* » (II).

Attention à ne pas privilégier l'esthétique du titre au détriment de son sens.

1 • Une théorie fort inspirée : la modération du pouvoir pour ambition

Comme le rappelle Léon Duguit, les écrits de Charles Louis de Secondat sont emprunts de libéralisme politique (A) et découlent d'une fascination pour le régime britannique (B). Or, force est de constater que ni l'un ni l'autre ne soutiennent l'idée d'une séparation absolue des pouvoirs, lui préférant l'idée de modération.

A) L'objectif initial de « protéger la liberté »

Le Professeur Duguit précise que la réflexion initialement menée par Montesquieu visait à définir un mode de dévolution idéal du pouvoir afin de garantir la liberté politique. Il s'agissait, « *dans la pensée de Locke et de Montesquieu* », de trouver « *un procédé d'art politique pour assurer l'équilibre des forces politiques et protéger la liberté* ».

Bien, vous explicitez le choix du titre et vous appuyez sur le texte à commenter.

En cela, le travail de Montesquieu relève du libéralisme politique. Ce courant de pensée du XVIIIe siècle défend l'idée que la liberté individuelle ne doit souffrir d'aucune atteinte émanant des pouvoirs publics. Dès lors, l'objectif de toute organisation du pouvoir doit être d'empêcher toute concentration des pouvoirs entre les mains d'un seul acteur, afin d'écarter le spectre de l'abus de pouvoir. Cette idée de limitation du pouvoir n'est cependant pas nouvelle.

Reprenant l'idée de dissociation des pouvoirs déjà présente chez Aristote, John Locke dans le *Traité sur le gouvernement civil* en 1690, distingue également trois pouvoirs : le pouvoir exécutif, le pouvoir législatif et le pouvoir fédératif. Ce dernier concerne principalement la ratification des traités internationaux. Il ajoute l'idée de modération du gouvernement. Ainsi, si les pouvoirs exécutif et fédératif peuvent se retrouver entre les mêmes mains, il apparaît nécessaire que le pouvoir législatif soit confié à un autre organe, de façon à assurer la tempérance du pouvoir.

La théorie de Montesquieu se présente dès lors comme un aboutissement. En effet, selon l'auteur, c'est par nature que « *tout homme qui a du pouvoir est porté à en abuser* », ce qui explique que l'exercice du pouvoir doit rencontrer des limites. Reprenant la distinction des pouvoirs présentée en introduction, il soutient qu'il faut répartir les compétences entre les organes de manière à ce que « *le pouvoir arrête le pouvoir* » et que la liberté individuelle soit préservée.

Évitez les références à l'introduction au cours de la démonstration. Ces deux étapes du commentaire - comme de la dissertation - relèvent de logiques différentes (présentation et démonstration).

Ainsi, comme le souligne Léon Duguit, il s'agirait plus d'une recherche d'équilibre, de limitation des pouvoirs que d'une véritable « séparation ». Cette interprétation est d'ailleurs confirmée par l'analyse du modèle de Montesquieu : le régime britannique.

B) La « description si exacte » du régime britannique

Comme l'exprime le Professeur Duguit, l'œuvre de Montesquieu est avant tout « *la description si exacte de l'action réciproque que la couronne et le Parlement doivent exercer l'un sur l'autre* ». Par ces termes, l'auteur fait référence au régime politique britannique, objet de fascination du Baron français.

De fait, le système institutionnel britannique fait exception dans le paysage des monarchies européennes de l'époque. Il est le résultat d'une lente évolution.

Dès la fin du règne de Guillaume le Conquérant en 1087, les seigneurs et barons du royaume disposent du droit de se réunir au sein d'un *Magnum Concilium* ou Grand Conseil, afin de faire part de leur avis au roi. Il s'agit d'une nouveauté importante au sein d'un régime jusque-là caractérisé par l'absolutisme.

En 1215, la ratification de la *Magna Carta* par Jean Sans Terre entraîne une avancée majeure. Le Grand Conseil obtient la compétence de consentir à la levée de tout nouvel impôt. L'assemblée s'émancipe ainsi peu à peu, pouvant s'opposer aux décisions royales. En 1295, le bicaméralisme apparaît avec le « Parlement modèle » d'Edouard Ier. Il est composé du *Commune Concilium* et du *Magnum Concilium*, ancêtres respectifs de la Chambre des Communes et de la Chambre des Lords d'aujourd'hui.

Ses membres ont également acquis le droit de n'être jugés que par leurs pairs.

L'apport de connaissances concernant l'évolution du régime britannique est important ici, il fait partie du « commentaire », mais doit être rattaché à la démonstration générale. Cette phrase vous permet de faire de cette description un argument.

Par la suite, le renforcement du Parlement sur la scène institutionnelle passe par un transfert de compétences de plus en plus conséquent, qui aboutit avec le *Bill of Rights* à la compétence législative. Dès lors, le Roi perd son pouvoir d'élaborer des lois par ordonnances, mais reste en charge de leur promulgation. Il n'y a donc pas de « séparation » totale des pouvoirs.

Ce constat peut expliquer que Léon Duguit mentionne l'action de « *la couronne* » et du « *Parlement* » et non du pouvoir exécutif et du pouvoir législatif. L'auteur interprète ainsi la théorie de Montesquieu comme distinguant les organes plus que les pouvoirs, chaque organe disposant de compétences au sein des deux pouvoirs.

Il apparaît ainsi que les origines philosophique et historique de la théorie de Montesquieu militent en faveur de la modération de l'exercice du pouvoir afin de préserver la liberté, sans prétendre à une « *séparation absolue* » des pouvoirs. Cette idée est par ailleurs celle que défend l'auteur dans son ouvrage.

2 • Une théorie mal nommée : la collaboration des pouvoirs comme solution

Attention à bien rattacher votre réflexion au texte à commenter. Mentionner l'auteur au sein de vos chapeaux introductifs est nécessaire.

L'observation du régime britannique a poussé Montesquieu à souligner l'importance d'une collaboration des pouvoirs (A), bien loin des interprétations prônant la « *séparation absolue des organes* » (B).

A) La recherche d'une « *véritable collaboration* » des pouvoirs

Selon Léon Duguit, Montesquieu « *estime qu'il doit exister une action continuelle des deux pouvoirs l'un sur l'autre, une véritable collaboration* ». Cette idée de concertation est centrale dans la réflexion du philosophe.

Afin que les pouvoirs puissent exercer une « *action continuelle* » l'un sur l'autre, ils doivent avoir les moyens d'interagir. Montesquieu distingue à cette fin deux facultés : la faculté de statuer et la faculté d'empêcher.

La citation du texte que l'auteur explique dans l'extrait soumis à votre commentaire est attendue. Preuve qu'un texte ne s'analyse souvent pas uniquement par lui-même, mais que le commentaire s'appuie sur des connaissances précises et parfois sur d'autres textes.

La première peut se définir comme la possibilité de prendre une décision, comme « *le droit d'ordonner par soi-même ; ou de corriger ce qui a été ordonné par un autre* » pour reprendre les termes du Baron. Par exemple, la compétence du législateur de décider du contenu d'une loi est une faculté de statuer relevant du pouvoir législatif.

À l'inverse, la faculté d'empêcher permet à un pouvoir de bloquer, temporairement ou non, l'action de l'autre. Montesquieu en parle comme « *le droit de rendre nulle une résolution prise par quelqu'un d'autre* ». La demande de seconde lecture d'un texte de loi ou le véto législatif sont deux exemples de facultés d'empêcher intervenant au sein du pouvoir législatif.

Afin d'éviter tout abus de pouvoir, Montesquieu suggère que les facultés de statuer et d'empêcher soient réparties entre les différentes institutions, de sorte qu'aucune n'exerce la totalité du pouvoir exécutif ou législatif. Il précise que « *la puissance exécutrice doit prendre part à la législation par sa faculté d'empêcher* », mais prévient que « *si le monarque prenait part à la législation par la faculté de statuer, il n'y aurait plus de liberté* ». À l'inverse, « *si la puissance législative prend part à l'exécution, la puissance exécutrice sera […] perdue* ». Elle ne doit donc intervenir que par une faculté d'empêcher.

Toute prise de décision suppose ainsi la collaboration permanente des différents organes du fait de la répartition des compétences de chacun. Chaque pouvoir devient un potentiel contre-pouvoir. De là l'utilisation du verbe « devoir » par Léon Duguit concernant « *l'action réciproque que la couronne et le Parlement doivent exercer l'un sur l'autre* ».

Cette recherche d'équilibre et de collaboration entre les pouvoirs paraît ainsi bien loin de la séparation absolue prônée par l'Assemblée constituante française en 1789.

B) Le mythe d'une « *séparation absolue des organes* »

La répartition équilibrée des facultés entre les différents organes démontre que la question centrale n'est pas tant celle de la détention partielle ou totale des deux pouvoirs, que celle des moyens de pression dont disposent les organes entre eux. De fait, une spécialisation fonctionnelle cumulée à une indépendance totale des organes s'avère risquée pour le fonctionnement institutionnel.

Notions de spécialisation fonctionnelle et d'indépendance juridique à définir, même rapidement.

En effet, comme l'exprime Léon Duguit, la pensée de Montesquieu privilégie la recherche de « *l'équilibre des forces politiques* » plutôt qu'une « *séparation absolue des organes exerçant la fonction exécutive et la fonction législative* ». Mentionnant les travaux de l'Assemblée constituante française de 1789, Léon Duguit illustre son propos en faisant référence à la première Constitution française écrite et à son échec.

Première norme constitutionnelle adoptée après la Révolution française, cette Constitution organise l'indépendance juridique du Corps législatif et du Roi, et une spécialisation stricte des pouvoirs. L'Assemblée nationale législative est insusceptible de dissolution et détentrice quasi-exclusive du pouvoir législatif, le roi disposant d'un droit de véto suspensif en la matière. Parallèlement, le monarque dispose de l'entièreté du pouvoir exécutif et ne peut être renversé. Or, l'insuffisance des mécanismes de dialogue entre les deux organes conduira au blocage institutionnel, en raison de l'usage répétitif du droit de véto royal, suivi de la période de la Convention et de la Terreur. Ainsi, l'effet obtenu est inverse à celui initialement recherché par l'Assemblée constituante.

Ainsi, ne voir que les « formules générales » de la pensée de Montesquieu s'avérerait contreproductif, et assez éloigné d'une recherche d'« *équilibre des forces politiques* », pour reprendre les termes de Léon Duguit. Il faut cependant nuancer les propos de l'auteur ici, puisqu'en 1791, le droit de véto permettait au Roi d'interférer dans l'exercice du pouvoir législatif.

Vous auriez pu faire ici la comparaison avec les régimes français de 1795 et 1848 qui mettent en œuvre une séparation des pouvoirs plus importante encore.

Toutefois, aucun régime politique ne repose réellement sur une séparation « stricte » ou « absolue » des organes comme des pouvoirs. C'est pourquoi certains auteurs, Charles Eisenmann notamment, estiment que la théorie de la séparation des pouvoirs relève d'un « mythe », d'une illusion.

Il aurait été intéressant de mentionner ici le cas du régime présidentiel américain, souvent associé à l'idée d'une séparation stricte des pouvoirs, alors que le Congrès et le président disposent de facultés d'empêcher réciproques.

Cette critique de l'interprétation rigoureuse de la théorie soulève cependant de nouvelles interrogations concernant la validité des typologies de régime élaborées par la doctrine. En effet, la distinction entre séparation « stricte » et « souple » des pouvoirs ne paraît plus pertinente. En revanche, de nouvelles réflexions peuvent être menées concernant la dichotomie entre régime parlementaire et régime présidentiel.

Sujet 9

Dissertation juridique

Durée de l'épreuve : 3 heures

Aucun document n'est autorisé

Vous traiterez le sujet suivant :

« Régime parlementaire ou régimes parlementaires »

OBSERVATIONS DU CORRECTEUR (N. Paly)

La formulation du sujet peut laisser un peu perplexe. La difficulté du sujet réside ainsi dans sa compréhension et sa problématisation. En effet, il ne s'agit pas de réciter son cours sur le régime parlementaire, mais de traiter le sujet de façon dynamique, en adoptant une approche comparative entre le modèle parlementaire et la manière dont celui-ci est concrètement appliqué dans les États.

De plus, il ne faut pas traiter le sujet en ne s'appuyant que sur le régime du Royaume-Uni, souvent pris pour exemple en la matière, ou sur notre Ve République. Le sujet ne doit pas être limité dans le temps et dans l'espace. Ainsi, des illustrations sur les régimes parlementaires étrangers ou éventuellement sur les anciens régimes parlementaires français seront nécessaires pour traiter correctement le sujet.

Il faut être plus précis sur les références de la citation. Il convient ainsi d'indiquer le célèbre ouvrage dont est issue cette citation (*De l'esprit des lois*), mais aussi et surtout la date (1748).

« *Pour qu'on ne puisse abuser du pouvoir, il faut que, par la disposition des choses, le pouvoir arrête le pouvoir.* » De cette célèbre citation découle la théorie de Montesquieu sur la séparation des pouvoirs, théorie fondamentale en droit constitutionnel qui renvoie à l'organisation des régimes politiques.

Il aurait été intéressant de définir ces pouvoirs. Au moins les pouvoirs législatif et exécutif, dans la mesure où de nombreuses références y sont faites dans la démonstration.

Le principe de séparation des pouvoirs conduit à la création d'un rempart contre l'instauration d'une quelconque forme de tyrannie. En effet, la théorie de la séparation des pouvoirs suppose que les grandes fonctions de l'État – les pouvoirs législatif, exécutif et judiciaire – soient distinguées et confiées à trois organes distincts, se contrôlant réciproquement. L'idée étant d'empêcher toute confusion des pouvoirs entre les mains d'un même homme ou d'un même organe, qui conduirait inévitablement à un pouvoir abusif et arbitraire.

Bien. Même si le régime présidentiel ne renvoie pas directement au sujet, il est nécessaire d'évoquer la notion dans l'introduction.

La théorie de Montesquieu inspira indéniablement les constituants américains, européens et les révolutionnaires français puisqu'aujourd'hui, elle trouve une application concrète dans toutes les Constitutions des démocraties libérales. Dans la pratique, la séparation des pouvoirs s'applique selon deux grands modèles. Le modèle dit présidentiel d'une part, qui se traduit par une séparation relativement stricte entre les pouvoirs et conduit à une impossibilité pour un organe de mettre fin à l'existence de l'autre. Le modèle parlementaire d'autre part, qui renvoie à une séparation souple et perméable entre les pouvoirs, se traduisant par une collaboration très forte entre les pouvoirs exécutif et législatif. Le régime parlementaire peut alors se définir comme un régime dans lequel les pouvoirs de l'État collaborent et dépendent mutuellement les uns des autres.

Si le modèle présidentiel s'est naturellement et durablement installé aux États-Unis, force est de constater que son application aux autres États s'est bien souvent soldée par un échec. En effet, la majorité des démocraties occidentales est organisée selon la forme du régime parlementaire. Le modèle du régime parlementaire a ainsi été instauré dans de nombreux États, à l'histoire et à la culture politique parfois très différentes. Sans exhaustivité, peuvent être alors cité le RU, l'Espagne, l'Allemagne, le Danemark, le Canada ou encore l'Inde. Il est aussi le modèle pratiqué en France, et cela aussi bien sous la IIIe, que la IVe ou Ve République.

> Il aurait été intéressant de donner un exemple pour illustrer ces propos. Par exemple, la France : en 1791 avec la Législative, en 1795 avec le Directoire et en 1848 avec la IIe République. Il s'agit de régimes se rapprochant de la forme présidentielle et qui n'ont pas bien fonctionné.

> Écrire en toute lettre « le Royaume-Uni ».

> Bien. Cela permet ici de ne pas limiter le sujet à un État précis et à une période particulière. Attention toutefois à la syntaxe de vos phrases.

Unifié et homogénéisé à travers la notion de régime parlementaire, ce système de collaboration entre les pouvoirs peut cependant revêtir des formes différentes selon les États et selon les époques. Ainsi, si le régime parlementaire renvoie à un modèle type d'organisation des pouvoirs, force est de constater qu'il est appliqué de façon très variable, si bien qu'il serait presque plus correct d'employer le terme au pluriel, rendant ainsi mieux compte de la diversité des régimes parlementaires, de l'existence de différents types de régimes parlementaires.

> Bien.

Ainsi, le problème de savoir si le terme « régime parlementaire » doit être écrit au pluriel ou au singulier ne renvoie pas qu'à une préoccupation grammaticale ou orthographique. Il pose en réalité une question de fond sur l'unité, mais aussi sur la diversité et les formes que peut prendre le régime parlementaire. Il conduit à se demander si l'unité du régime parlementaire n'est pas remise en cause par l'existence d'une pluralité de formes du régime parlementaire ? Une réponse nuancée devra être apportée à cette question. En effet, le modèle parlementaire s'unifie à travers une organisation commune entre les pouvoirs (1), mais ce modèle fait l'objet d'une application variable et diversifiée selon les États (2).

> Bien, la problématique est claire et bien posée.

1 • Le régime parlementaire, un modèle unifié autour d'une organisation commune des pouvoirs

Malgré la diversité des régimes parlementaires, il existe un certain nombre d'éléments communs permettant de les caractériser et de les unifier. En effet, le régime parlementaire renvoie à une organisation s'articulant autour d'une séparation « souple » entre les pouvoirs. Ainsi, les pouvoirs, bien qu'organiquement séparés (A), doivent collaborer entre eux grâce à certains mécanismes institutionnels observables dans l'ensemble des régimes parlementaires (B).

A) L'existence d'une séparation organique entre les pouvoirs

> L'intitulé mériterait d'être un peu retravaillé. En effet, il colle au sujet mais il ne correspond pas vraiment aux arguments développés dans la partie.

Même si le régime parlementaire s'illustre par une collaboration très forte entre les pouvoirs, ces derniers sont séparés et confiés à des organes distincts. Ainsi, le pouvoir législatif est confié à un parlement. Le pouvoir exécutif est quant à lui systématiquement dissocié en deux organes : le chef d'État et le Gouvernement, avec à sa tête un chef de Gouvernement nommé Premier ministre (France ou Royaume-Uni), président du Conseil (Italie), Chancelier (Allemagne) ou président du Gouvernement (Espagne). Cet exécutif bicéphale est une caractéristique commune à tout régime parlementaire. Ce bicéphalisme conduit généralement à un retrait du chef de l'État qui ne se voit en effet confier qu'un rôle honorifique, au mieux une fonction d'arbitre. Cela aboutit à ce que le pouvoir exécutif soit en réalité exercé

> Il peut aussi être précisé que le chef de l'État peut être un monarque, dans les monarchies parlementaires, ou un président de la République dans les républiques parlementaires.

Il aurait été mieux de définir le contreseing et d'expliquer plus précisément de quoi il s'agit.

par le chef de Gouvernement. Comme il ne gouverne pas, le chef de l'État est ainsi politiquement irresponsable. La responsabilité politique de ses actes est transférée au Gouvernement et à son chef par le biais du contreseing.

Le modèle parlementaire prescrit ainsi une organisation bien spécifique des pouvoirs et des rôles attribués au sein d'un exécutif dualiste. Mais les critères de convergence ne s'arrêtent pas à ce seul point. En effet, si le régime parlementaire impose une séparation organique entre les pouvoirs, les pouvoirs exécutif et législatif se trouvent politiquement liés dans la mesure où le Gouvernement et son chef émanent systématiquement de la majorité parlementaire. Ainsi, la nomination du chef de Gouvernement doit toujours être faite en tenant compte de la couleur politique de la majorité parlementaire ou des éventuelles coalitions formées afin de créer une majorité. Dans les régimes parlementaires, les pouvoirs législatif et exécutif sont alors de la même couleur politique. Cela conduit ainsi à faciliter la collaboration entre ces deux pouvoirs, collaboration qui constitue le principal critère d'identification du régime parlementaire.

Bien, cela permet de faire une transition avec le B.

B) La mise en place institutionnelle d'une collaboration et de moyens de pressions entre les pouvoirs

Le régime parlementaire, contrairement au régime présidentiel, repose sur une collaboration très forte entre les pouvoirs législatif et exécutif. Cette collaboration est permise par plusieurs procédés généralement inscrits dans la Constitution. Dans la lignée de la théorie de Montesquieu, cette collaboration conduit à ce que les pouvoirs ne puissent agir sans l'action et l'intervention de l'autre. Dans la mesure où le bon fonctionnement du régime repose sur cette collaboration entre les pouvoirs, il existe dans tous les régimes parlementaires des mécanismes de pressions réciproques permettant de résoudre d'éventuels blocages.

Oui, on parle de collaboration fonctionnelle, souvent complétée par une collaboration organique, les ministres étant membres de la majorité parlementaire.

La collaboration entre les pouvoirs s'illustre principalement à travers la procédure législative. En effet, dans le modèle parlementaire, le pouvoir exécutif est associé par divers moyens à la procédure législative. *A minima*, il dispose d'un droit d'initiative législative lui permettant de proposer au Parlement des textes de lois. Selon les États, cette association peut aller plus loin puisque le Gouvernement peut aussi être amené à s'exprimer devant les parlementaires et à répondre à leurs questions. Cette collaboration est fortement facilitée par le fait que le Gouvernement est constitué en tenant compte de la majorité parlementaire ou des éventuelles coalitions. Malgré tout, certaines situations de blocages peuvent intervenir entre les deux pouvoirs, rendant ainsi la collaboration complexe. C'est pourquoi, il existe toujours dans les régimes parlementaires des mécanismes de pressions entre les pouvoirs.

Cela fait redite avec la fin du A.

En effet, dans tous les régimes parlementaires, le Gouvernement est politiquement responsable devant les parlementaires. Concrètement, la mise en jeu de la responsabilité politique devant le Parlement permet aux parlementaires de voter la démission du Gouvernement. Ainsi, en cas de désaccord entre le Gouvernement et les parlementaires, un déblocage peut intervenir par la démission du Gouvernement. Celle-ci conduit alors à son remplacement par un nouveau Gouvernement, plus proche et plus en adéquation avec les parlementaires, permettant ainsi la reprise d'une collaboration entre les deux pouvoirs.

Une référence doctrinale est attendue. Par exemple, L. Duguit, *Traité de droit constitutionnel*, De Boccard, 1921.

Cette responsabilité politique du Gouvernement est un trait distinctif du régime parlementaire, observable dans tous les États ayant opté pour l'organisation parlementaire. La mise en jeu de la responsabilité gouvernementale peut être engagée par le Gouvernement lui-même ou par les parlementaires. Elle s'illustre par deux procédés : la question de confiance et la motion de censure. La question de confiance permet au Gouvernement lui-même d'engager sa propre responsabilité politique devant le Parlement. La motion de censure, quant à elle, renvoie à la mise en jeu de la responsabilité politique du Gouvernement par les parlementaires.

> On comprend bien l'idée mais la formulation est maladroite puisque la motion de censure n'est pas présente dans tous les régimes parlementaires qui consacrent d'autres mécanismes permettant au Parlement de renverser le Gouvernement (motion de défiance, simple interpellation...).

Par ailleurs, afin d'assurer un certain équilibre entre les pouvoirs et une égalité des armes dans les moyens de pressions, le pouvoir exécutif dispose lui aussi d'une arme redoutable : le pouvoir de dissolution du Parlement, conduisant à la tenue d'élections législatives anticipées. Intervenant généralement en période de crise entre les pouvoirs exécutif et législatif, la dissolution confie alors au peuple le soin d'arbitrer et de résoudre les blocages entre les deux pouvoirs.

> Attention, il existe des régimes parlementaires qui ne connaissent pas la dissolution, mais dans lesquels le Gouvernement dispose d'un moyen de pression sur le Parlement.

Il existe plusieurs critères permettant d'identifier le régime qui constitue ainsi un « modèle type » homogène. Néanmoins, tout en reprenant ces grandes caractéristiques, les États en font une application variable donnant alors naissance à plusieurs formes de régimes parlementaires.

2 • Les régimes parlementaires, une application variable et diversifiée du modèle parlementaire

Le modèle parlementaire fournit un cadre homogène d'organisation du pouvoir. Néanmoins, son application apparaît diversifiée et conduit alors à l'existence d'une pluralité de régimes parlementaires. En effet, chaque État tend à transposer le régime parlementaire selon des procédures et instruments constitutionnels (A) et extraconstitutionnels (B) qui lui sont propres.

A) Une diversité observable dans l'ingénierie constitutionnelle

Même si le modèle parlementaire prescrit une organisation institutionnelle particulière, celle-ci va être transposée selon des procédés constitutionnels propres à chaque État.

> Évitez cette formulation (va+verbe à l'infinitif) un peu lourde.

Concernant le pouvoir exécutif, celui-ci est systématiquement bicéphale dans les régimes parlementaires. Néanmoins le rôle et la place du chef d'État, ainsi que ses rapports avec le chef du Gouvernement, ont pu varier selon les régimes, conduisant à distinguer le parlementarisme moniste et le parlementarisme dualiste. Le parlementarisme moniste correspond à une application plus récente du régime parlementaire : le chef d'État y est doté de prérogatives symboliques ou arbitrales, ne pouvant révoquer le chef du Gouvernement. Le parlementarisme dualiste renvoie quant à lui, à une forme de régime parlementaire dans lequel le Gouvernement est responsable devant le Parlement, mais également devant le chef d'État. Le chef d'État, loin de se cantonner à une fonction honorifique, joue alors un rôle particulièrement actif sur la scène politique. Si le parlementarisme dualiste a pratiquement disparu aujourd'hui, il a pu être mis en place au RU, en Belgique, en France sous la Monarchie de Juillet et a été au cœur de la crise du 16 mai 1877. Cette distinction entre régime parlementaire dualiste et moniste n'est aujourd'hui plus vraiment d'actualité et a sans doute perdu de sa pertinence, il n'empêche qu'elle témoigne d'une pluralité de régimes parlementaires.

> Bien d'appuyer ses propos par des illustrations.

Par ailleurs, il est possible de différencier les États parlementaires selon leur degré de rationalisation. Le « parlementarisme rationnalisé » renvoie à un ensemble de techniques constitutionnelles visant à éviter certaines dérives du régime parlementaire

> Attention à cette faute courante : il s'agit du « parlementarisme rationalisé ».

N'hésitez pas à donner la définition juridique la plus précise possible. La rationalisation du parlementarisme vise à encadrer par le droit, et non par les seules règles politiques, les relations entre Gouvernement et Parlement.

comme l'instabilité gouvernementale chronique ou encore la domination d'un pouvoir sur l'autre (ex. régime d'Assemblée). Ainsi, certains États parlementaires, fortement rationalisés, s'illustrent par leur stabilité gouvernementale impressionnante, comme l'Allemagne. D'autres, faiblement rationalisés, marquent au contraire par leur instabilité gouvernementale pathologique, comme l'Italie ou la IVe République ; ou par leur dérive en un régime d'Assemblée, comme la IIIe République.

La rationalisation du parlementarisme s'exprime principalement à travers les modalités de mise en jeu de la responsabilité gouvernementale. Ainsi, afin d'éviter l'instabilité, certains États, comme l'Allemagne ou encore la Belgique, ont par exemple opté pour la mise en place d'une motion de censure « constructive ». Cette motion conduit à ce que le Parlement ne puisse renverser le Gouvernement que par l'investiture d'un autre. Certains États ont quant à eux renforcé les conditions de majorité pour le vote d'une motion de censure. En France par exemple, la motion ne peut être adoptée que par la majorité des membres de l'Assemblée nationale. *A contrario*, d'autres États peinent à parvenir à la stabilité, notamment parce que le Gouvernement n'est pas responsable devant une chambre du Parlement, mais devant les deux chambres, multipliant ainsi les risques d'être renversé (IIIe République, Italie).

Vous oubliez l'hypothèse de la dissolution automatique.

Enfin, des différences sont également observables dans le cadre de la dissolution qui peut être mise en œuvre selon des conditions plus ou moins restrictives. Dans certains États, le droit de dissolution est confié au chef d'État ou au chef du Gouvernement ; dans d'autres comme le RU, la dissolution ne peut être décidée que par le Parlement lui-même par le biais d'une motion de dissolution. La dissolution peut aussi être soumise à des conditions restrictives comme ce fut le cas sous la IVe République ou encore en Allemagne où elle ne peut être prononcée que si le Gouvernement n'obtient pas le soutien de la majorité parlementaire à l'issue d'une question de confiance.

Ces différences constitutionnelles existant entre les États parlementaires se trouvent accentuées par des hétérogénéités constitutionnelles.

B) Une hétérogénéité extra-constitutionnelle

En dehors des dispositions constitutionnelles, d'autres éléments conduisent à différencier les régimes parlementaires.

Répétition de « en effet ». De manière générale, évitez d'utiliser cette expression, votre argumentation doit suffire à démontrer le lien de causalité.

Il existe en effet une diversité notable entre les États au regard des modes de scrutin choisis pour les élections législatives, conduisant à distinguer les États parlementaires majoritaires et non majoritaires. En effet, le mode de scrutin impactera considérablement la stabilité gouvernementale dans la mesure où le Gouvernement émane de la représentation parlementaire. Ainsi, le scrutin majoritaire est généralement associé aux régimes parlementaires majoritaires. Il contribue en effet à un bipartisme, à l'émergence d'une majorité nette et stable au sein de l'Assemblée, conduisant au fait majoritaire et à une certaine stabilité gouvernementale. C'est notamment le cas au RU ou sous la Ve République. Le mode de scrutin proportionnel, quant à lui, renvoie plutôt aux régimes parlementaires non majoritaires. Si ce scrutin favorise le multipartisme, le Gouvernement ne pourra être constitué que sur la base d'alliances entre les partis politiques. Ce mode de scrutin peut alors conduire à des difficultés pour former un Gouvernement (comme c'est le cas en Allemagne ou en Belgique), mais aussi à une instabilité gouvernementale puisque le Gouvernement repose sur une alliance politique parfois éphémère. C'est d'ailleurs pourquoi l'Italie a cherché à modifier son mode de scrutin par la loi électorale

« Rosatellum » de 2017, afin de trouver un juste milieu entre multipartisme et stabilité gouvernementale.

Bien ! Référence très pertinente.

Par ailleurs, certaines pratiques politiques sont à l'origine d'un dévoiement des ingénieries constitutionnelles précédemment évoquées et conduisent à une vraie diversification des régimes parlementaires. À ce titre, l'histoire constitutionnelle française fournit de nombreux exemples de pratiques ayant transformé le régime en dépit des textes constitutionnels. Il est alors possible de mentionner la « Constitution Grévy », sous la IIIe République, provoquant la soumission du pouvoir exécutif à l'égard du pouvoir législatif ; la pratique de la double investiture sous la IVe République suite au « précédent Ramadier », ou encore les démissions régulières des Gouvernements suite à des refus de question de confiance ou de motion de censure ne remplissant pas les conditions de majorités exigées par la Constitution. De la même manière, aussi encadrée soit elle, la dissolution peut par exemple subir dans certains États une déformation pratique. C'est le cas en Allemagne, où le Chancelier peut encourager les députés de la majorité à ne pas lui accorder leur confiance afin de réunir les conditions nécessaires à la dissolution. Au RU, la pratique de « l'auto dissolution » peut également être nuancée par l'influence du Premier ministre pouvant inciter les députés de la majorité à provoquer une dissolution.

Phrase trop longue, vous risquez de perdre le fil et le lecteur.

Une illustration était bienvenue : la motion de défiance contre le gouvernement Schröder en 2005 ou la motion de dissolution provoquée par Th. May en avril 2017.

Ainsi, il est indéniable que les modalités constitutionnelles et pratiques de mise en œuvre du modèle parlementaire divergent et varient selon les États. Sans remettre en cause ses caractéristiques et une certaine unité existante entre les États parlementaires, les différentes transpositions nationales conduisent inévitablement à distinguer plusieurs types et formes de régimes parlementaires.

Sujet 10

Dissertation juridique

Durée de l'épreuve : 3 heures

Aucun document n'est autorisé

Vous commenterez cette citation :

« *Montesquieu n'a jamais visité Bruxelles* » prononcée par G. Amato lors de son discours d'ouverture devant la convention sur l'avenir de l'Europe.

OBSERVATIONS DU CORRECTEUR (E. Morfouace)

La difficulté d'un sujet comme celui-ci réside dans le fait qu'il suppose que vous ayez quelques connaissances en droit de l'Union européenne mais que vous ne le traitiez pas comme un sujet de droit de l'Union européenne. La copie respecte la méthodologie de la dissertation juridique, à savoir une phrase d'accroche, la définition des termes du sujet, les enjeux du sujet mis en lumière par une problématique et une annonce de plan en introduction. Le plan est clair avec une seconde partie qui répond à la première où l'étudiant a su trouver un équilibre dans chaque partie entre ses connaissances de droit constitutionnel et celles de droit de l'Union européenne. Il doit cependant veiller à être plus rigoureux lorsqu'il cite des auteurs.

« *Tout serait perdu, si le même homme ou le même corps des principaux, ou des nobles, ou du peuple, exerçaient ces trois pouvoirs : celui de faire des lois, celui d'exécuter les résolutions publiques, et celui de juger des crimes ou les différends des particuliers* ». Cette citation de Montesquieu résume à elle seule la théorie de la séparation des pouvoirs, et dans une certaine mesure, le principe de répartition des compétences que connaît l'Union européenne.

Charles Louis de Secondat, Baron de la Brede et de Montesquieu est un philosophe français du XVIIIe siècle notamment connu pour ses ouvrages *Lettres persanes* ou encore *Considérations sur les causes de la grandeur des Romains et de leur décadence*. L'ouvrage qui le rendra célèbre et qui inspirera les rédacteurs de la Constitution de 1791 fut *De l'esprit des lois* qui s'intéresse, notamment, à la théorie de la séparation des pouvoirs.

Employer l'expression « Montesquieu n'a jamais visité Bruxelles », comme l'a fait Giuliano Amato, ex-vice-président de la Convention sur l'avenir de l'Europe, lors de son discours d'ouverture du 28 février 2002, appelle à la comparaison de la théorie de la séparation des pouvoirs, telle qu'évoquée par Montesquieu avec la « séparation du pouvoir » au sein de l'ordre juridique de l'Union européenne. Cette phrase prononcée lors de la Convention sur l'avenir de l'Europe consacrée au traité portant Constitution de l'Union européenne, appelle d'autant plus à cette étude de la séparation des pouvoirs puisque cette théorie constitue l'un des fondements de notre Constitution française. L'Union européenne étant une organisation internationale disposant d'un ordre juridique autonome, reposant notamment, sur le principe de répartition des compétences – constamment réaffirmé par la

Précisez un peu, l'Union européenne ne peut pas être considérée comme une organisation internationale classique, elle présente de nombreuses spécificités.

Cour de justice de l'Union européenne – il paraît pertinent de faire le lien entre cette répartition des compétences et la théorie de la séparation des pouvoirs que nous connaissons en droit interne français. Montesquieu affirme également dans le même ouvrage que « *la puissance ne peut jamais être également partagée entre le prince et le peuple. L'équilibre est trop difficile à garder* », ce qui illustre l'une des difficultés soulevées par la théorie de la séparation des pouvoirs, à savoir, parvenir à un équilibre entre les différentes puissances en jeu. Bien que plus de deux siècles séparent les écrits de Montesquieu de la construction communautaire, il est possible d'utiliser cette notion de séparation des pouvoirs, ou plutôt d'équilibre, comme dénominateur commun entre la pensée de l'auteur et le fonctionnement de l'Union européenne. En effet, cet équilibre entre les différents organes détenteurs du pouvoir n'est pas plus aisé à trouver pour les institutions de l'Union européenne aujourd'hui qu'il ne l'était à l'époque de Montesquieu.

> Dans une dissertation, privilégiez les formes impersonnelles.

> Le choix des citations est pertinent. L'étudiant ne se contente pas de reprendre les citations « classiques » relatives à la théorie de la séparation des pouvoirs et aux écrits de Montesquieu.

La comparaison facilitant la compréhension, il semble pertinent d'étudier la théorie de la séparation des pouvoirs à l'aune de celle utilisée en droit de l'Union européenne. Mener une réflexion sur la séparation des pouvoirs en droit de l'Union européenne amène rapidement à étudier le principe d'équilibre institutionnel consacré par la Cour de justice des Communautés européennes en 1958, dans l'arrêt Meroni. En comparant ces deux utilisations de la théorie de la séparation des pouvoirs, il semble intéressant de se demander si la théorie de Montesquieu se transpose en droit de l'Union européenne, si elle a eu un impact sur le fonctionnement de l'Union européenne ou si au contraire, ce dernier est resté totalement imperméable à cette idée de séparation des pouvoirs. Pour se faire, force est de constater que la théorie de la séparation des pouvoirs, telle que consacrée par Montesquieu, semble être propre au droit constitutionnel des États (1) mais que l'Union européenne, en tant qu'organisation internationale *sui generis* n'est pas totalement restée insensible à la séparation des pouvoirs bien qu'elle l'ait adaptée à son propre système juridique (2).

1 • Montesquieu absent de Bruxelles : une théorie de la séparation des pouvoirs propre aux ordres juridiques nationaux

Bien que Montesquieu ait été influencé par le système britannique et notamment par la pensée de John Locke lorsqu'il a débuté ses écrits sur la théorie de la séparation des pouvoirs, ce concept a été mis en œuvre sur un plan principalement interne. La séparation des pouvoirs est un principe phare du mouvement constitutionnaliste français (A) qui n'a, *a priori*, pas été conçu pour être transposé à un ordre juridique plus large et complexe, tel que celui de l'Union européenne (B).

A) La consécration française de la théorie de la séparation des pouvoirs

Il est d'usage, comme le fait M. Canivet, d'affirmer que le principe de la séparation des pouvoirs a été établi par la loi des 16 et 24 août 1790. Afin de comprendre ce qu'est la séparation des pouvoirs et d'en rechercher des « traces » au sein de l'ordre juridique de l'Union européenne, il paraît indispensable de la définir. Cependant, définir ce principe est loin d'être chose aisée et divise encore aujourd'hui la doctrine. Si l'on s'en tient à une définition classique et comme semble le faire Montesquieu, il faut comprendre la séparation des pouvoirs comme une séparation fonctionnelle mais aussi comme une séparation organique entre le pouvoir législatif, le pouvoir exécutif et le pouvoir judiciaire. Dans les *Considérations sur les causes de la grandeur des Romains et de leur décadence*, Montesquieu rappelle

> Veillez à préciser la qualité des auteurs que vous citez. M. Guy Canivet est un magistrat français, qui fut premier président de la Cour de cassation puis membre du Conseil constitutionnel.

> Bien. Vous laissez de côté d'autres auteurs comme Locke afin de vous concentrer sur la théorie de la séparation des pouvoirs telle qu'envisagée par Montesquieu, comme le sujet vous l'impose.

Une action « concertée » serait plus juste.

que « *les lois de Rome avaient sagement divisé la puissance publique en un grand nombre de magistratures qui se soutenaient, s'arrêtaient et se tempéraient l'une l'autre* ». Ce qui signifie que pour que cette séparation des pouvoirs soit pleinement effective, chacun des organes précités doit disposer d'une faculté de statuer ainsi que d'une faculté d'empêcher qui imposent auxdits organes une action « collégiale ». Dans *l'Esprit des lois*, Montesquieu insiste sur l'idée selon laquelle le pouvoir doit arrêter le pouvoir afin d'éviter que ce dernier ne se retrouve dans les mains d'une seule personne ou d'un seul organe. Chaque « pouvoir » doit pouvoir être arrêté ou contrôlé par un autre. C'est pourquoi Montesquieu évoque le droit de veto qui permettrait au roi d'arrêter le pouvoir législatif ou encore le contrôle des actions de l'Exécutif par le Parlement. Ces limites posées à chacune des institutions par chacune d'entre elles faciliteraient, selon Montesquieu, une action collégiale et écarteraient tout risque de despotisme.

Bien que cette séparation des pouvoirs prônée par Montesquieu ait fait l'objet de nombreuses critiques ou au moins d'interprétations divergentes au sein de la doctrine constitutionnaliste comme celles de R. Carré de Malberg ou encore de C. Eisenmann, Montesquieu reste l'auteur de référence lorsque l'on s'intéresse à la théorie de la séparation des pouvoirs.

Cette théorie de la séparation des pouvoirs ayant un objectif principalement politique et l'Union européenne étant le fruit d'une union initialement économique, il semblerait que la séparation des pouvoirs n'ait pas vocation à s'appliquer au sein de cet autre ordre juridique.

B) L'ignorance européenne de la théorie de la séparation des pouvoirs

L'une des raisons pour lesquelles il est difficile de transposer la théorie de la séparation des pouvoirs de Montesquieu au sein de l'Ordre juridique de l'Union tient en son origine même. Les Communautés européennes n'ont pas été construites en réponse à un régime de monarchie absolue comme cela était le cas lorsque Montesquieu a écrit *De l'esprit des lois*.

Attention aux phrases longues, on perd le fil.

Ensuite, la nature même de l'Union européenne justifie l'affirmation de certains que « Montesquieu n'a jamais visité Bruxelles ». En effet, l'Union européenne étant une organisation internationale *sui generis* et non un État, la théorie de la séparation des pouvoirs telle que l'a pensée Montesquieu ne semble pas y avoir sa place. Lorsque Montesquieu affirme que « *La raison pourquoi la plupart des gouvernements de la Terre sont despotiques, c'est que cela se fait tout seul. Mais, pour des gouvernements modérés, il faut combiner, tempérer les puissances* », il semble rechercher par le biais de la théorie de la séparation des pouvoirs un idéal de régime politique – ayant donné lieu à différents types de régimes politiques tel que le régime présidentiel ou parlementaire – alors même que le concept de « régime politique » est indifférent à l'Union européenne.

Enfin, il semble intéressant de rappeler l'objectif initial de la construction communautaire. Les communautés européennes n'avaient à l'origine – du moins officiellement – qu'une vocation économique et avaient pour objectif d'unir certains États d'Europe dans des domaines très restreints tels que le Charbon et l'Acier, qui ne leur imposaient qu'une faible délégation de souveraineté auxdites communautés. Les Communautés européennes ne disposaient alors que de faibles pouvoirs, qu'ils soient législatif, exécutif ou judiciaire. Faible délégation de compétence aux Communautés qui justifie peut-être que la théorie de la séparation des pouvoirs ne se retrouve pas pleinement au sein de l'Ordre juridique de l'Union.

Cependant, les Communautés européennes se sont développées depuis le discours de l'horloge de 1950 et ont laissé progressivement place à une Union politique qui n'est pas restée insensible à la théorie de la séparation des pouvoirs.

2 • L'ombre de Montesquieu présente à Bruxelles : l'influence de la séparation des pouvoirs dans l'ordre juridique de l'Union européenne

Bien, vous faites l'effort d'utiliser des titres qui se répondent : absence/ombre.

Bien qu'il ne soit pas possible de transposer directement la théorie de la séparation des pouvoirs au système juridique de l'Union, il l'est de retrouver certains éléments qui se rapprochent de ladite théorie tel que le principe d'équilibre institutionnel, principe fondateur de l'Union européenne (A). Cependant, l'acception de la séparation des pouvoirs par l'Union ne peut qu'être originale puisqu'elle s'applique à la fois de manière horizontale et verticale (B).

A) La réception européenne souple de la théorie de la séparation des pouvoirs : le principe d'équilibre institutionnel

Comme l'affirme J.-M Sauvé : « *penser la séparation des pouvoirs au sein de l'Union européenne relève presque de la gageure. Cela suppose en effet d'abandonner certains réflexes et cadres conceptuels et d'en revenir à l'idée simple selon laquelle, dans toute société démocratique, il convient que « le pouvoir arrête le pouvoir* ».

Même remarque que dans le 1 (A) sur la qualité des auteurs cités. Jean-Marc Sauvé est un haut fonctionnaire français. Il fut vice-président du Conseil d'État et est depuis 2018, vice-président honoraire.

Comme le prévoit l'article 5 du Traité sur l'Union européenne (TUE), cette dernière repose sur le principe d'attribution des compétences selon lequel les institutions de l'Union ne peuvent agir que dans les limites des compétences que les États membres ont accepté de leur octroyer dans les traités afin d'atteindre les objectifs fixés par lesdits traités constitutifs de l'Union. À la lecture de l'article 5 TUE, il est difficile de déterminer le rôle de chaque institution. Le principe de séparation des pouvoirs n'est pas clairement consacré comme cela a pu être fait dans l'article 16 de la Déclaration des droits de l'Homme et du citoyen (DDHC). La répartition du pouvoir entre les institutions de l'Union, comparable à la séparation fonctionnelle imaginée par Montesquieu, peine à s'appliquer puisqu'aucune n'a de fonction « exclusive ». En effet, il est difficile de retrouver la séparation traditionnelle entre fonction législative et fonction exécutive qui sont partagées entre le Conseil de l'Union, la Commission européenne et le Parlement européen. Seule la séparation du pouvoir judiciaire est appliquée sensiblement comme le prévoit Montesquieu, par le biais de la Cour de justice de l'Union européenne, indépendante des autres pouvoirs.

Très bien, vous vous appliquez à définir correctement les notions ou principes sur lesquels il appuie sa démonstration.

Cependant, la séparation des pouvoirs comprise comme la nécessité que « le pouvoir arrête le pouvoir » peut être assimilée au principe d'équilibre institutionnel consacré par la Cour de justice des Communautés européenne dans l'arrêt Meroni de 1958. Les institutions de l'Union ne répondant pas à la division fonctionnelle de la séparation des pouvoirs, répondent avec ce principe, à la division organique du pouvoir. Ce principe impose, en effet, aux institutions le respect de l'autonomie de chacune d'entre elles et évite en cela, l'empiétement d'une institution sur l'autre. Il semble alors avec ce principe, que l'Union ait été inspirée par la division du pouvoir imaginée par Montesquieu quelques siècles plus tôt.

Bien que certains aspects de la théorie de la séparation des pouvoirs de Montesquieu semblent avoir été repris au sein de l'ordre juridique de l'Union, la nature même de cette organisation internationale impose une application originale de cette théorie.

B) La réception européenne originale de la théorie de la séparation des pouvoirs : une application horizontale et verticale

Michel TROPER, L'Europe et les principes in Droit et société, 1992, p165-169 : « *on restait persuadé, du moins jusqu'à ces dernières années, que si des normes nouvelles européennes s'ajoutent ou se substituent aux normes anciennes, la plupart des concepts dont nous nous servons pour parler de ces normes demeuraient inchangés (...) on commence à comprendre que ces concepts eux-mêmes doivent être reconsidérés* ».

Dans son article *L'Europe et les principes,* Michel Troper affirme qu'avec l'apparition de nouvelles normes européennes qui s'ajoutent aux normes internes, les concepts classiques de droit constitutionnel devraient probablement être adaptés. Cette citation amène à penser la théorie de la séparation des pouvoirs différemment quand il est question de l'appliquer ou d'en rechercher les similitudes avec un autre système juridique que celui d'origine. L'adaptation de la séparation des pouvoirs ou plutôt son application originale par l'Union européenne s'explique, notamment, par la structure même de l'Union. La séparation des pouvoirs ne peut pas uniquement être étudiée entre les organes de l'Union mais doit également être comprise comme une séparation des pouvoirs entre l'Union dans son ensemble et les États membres. Les États membres ne délèguent qu'une partie de leur souveraineté à l'Union et disposent, par conséquent, toujours de compétences au sein de cette organisation internationale. La séparation des pouvoirs ne peut donc pas être appréhendée que de manière interne, comme cela est le cas dans la théorie élaborée dans *l'Esprit des lois*. L'Union impose une superposition de la séparation des pouvoirs horizontale (entre les institutions de l'Union) et verticale (entre l'Union et les États membres) ce qui rend son application originale et sensiblement différente, une fois de plus, de celle consacrée par Montesquieu. Il semble donc que même si Montesquieu n'a jamais visité Bruxelles, Bruxelles, elle, a entendu parler de Montesquieu.

Cette dernière phrase faisant référence au sujet initial est pertinente, elle renforce la bonne appréciation de la copie.

Dissertation juridique

Sujet 11

Durée de l'épreuve : 3 heures

Aucun document n'est autorisé

Vous traiterez le sujet suivant :

« Le régime présidentiel sur le continent américain »

OBSERVATIONS DU CORRECTEUR (B. Ridard)

Cette dissertation suppose de maîtriser des connaissances relatives à de nombreux systèmes étrangers. La phase d'organisation des idées peut s'avérer complexe, tant la thématique peut sembler large. Il importe donc de traiter le plus précisément possible le sujet en identifiant clairement ses limites. Vous ne devez en effet traiter ni de l'ensemble des régimes présidentiels dans le monde, ni de l'ensemble des États du continent américain. Il ne s'agit pas non plus de faire un catalogue. Il est essentiel de dégager des **axes de réflexion** communs aux différents États concernés afin d'organiser vos idées à travers un plan cohérent.

« *Le régime présidentiel est la forme du régime démocratique qui est à l'opposé du régime d'assemblée. Sa marque est faite de l'importance du pouvoir donné en droit et en fait à un chef d'État élu au suffrage universel* ». Cette affirmation de Michel Debré, prononcée à l'occasion de son célèbre discours du 27 août 1958 devant le Conseil d'État, révèle la méconnaissance du régime présidentiel hors du continent américain, dont la puissance du Président doit être relativisée. De manière contre-intuitive, la dénomination de « régime présidentiel » ne se traduit pas en effet par la suprématie du président, puisque celui-ci fait face à un Parlement puissant aux compétences étendues, du moins aux États-Unis.

> Veillez à nuancer davantage vos propos.

> L'accroche est excellente ; elle débouche naturellement sur la définition des termes du sujet.

Le régime présidentiel se caractérise avant tout par une séparation rigide entre des pouvoirs qui jouissent chacun d'une grande autonomie leur permettant de s'équilibrer voire, dans certains cas, de se neutraliser. Ce type de régime se distingue nettement du régime parlementaire, dans la mesure où les assemblées ne peuvent mettre en jeu la responsabilité de l'exécutif et où ce dernier ne dispose pas du droit de dissolution.

> Vous devriez définir le régime parlementaire afin de le distinguer plus clairement du régime présidentiel.

Contrairement aux apparences, l'autonomie de ces pouvoirs distincts ne se traduit pas pour autant par un isolement total de leurs fonctions. Bien que spécialisés dans une fonction particulière, ils sont cependant tous amenés à collaborer, du moins dans une certaine mesure. Les pouvoirs exécutif et législatif disposent ainsi de moyens les mettant en relation, les « *checks and balances* » (poids et contrepoids), caractéristiques du régime politique des États-Unis et qu'on retrouve en partie aussi dans de nombreux États d'Amérique centrale et d'Amérique du Sud, qui s'en sont inspirés.

> Il était préférable de ne pas oublier de mentionner le pouvoir judiciaire.

> Vous pouviez ajouter que l'attrait pour le régime présidentiel américain est encore vivace, comme en témoigne par exemple le récent plaidoyer de l'ancien président de la République, François Hollande, en faveur de l'instauration d'un « véritable régime présidentiel » en France.

Outre-Atlantique, le régime présidentiel apparaît donc comme le régime politique par excellence, dans la mesure où il marque le fonctionnement de la plupart des États du continent américain. Celui-ci connaît principalement, du Nord au Sud, deux versions du régime présidentiel, dont la dualité a été forgée par l'Histoire. Inscrit au cœur de la Constitution dès 1787 aux États-Unis, le régime présidentiel a notamment été repris par les pays d'Amérique latine dans leurs constitutions respectives, à la suite de leur indépendance.

Légère répétition avec la fin du paragraphe précédent. Vous pouviez préciser qu'il s'agissait non pas de la reprise fidèle du régime présidentiel des États-Unis, mais d'une variante de celui-ci.

Dès lors, il importe de s'interroger sur le développement du régime présidentiel sur le continent américain. En d'autres termes, comment le régime présidentiel des États-Unis a-t-il pu s'ériger peu à peu en « modèle » et dans quelle mesure les États d'Amérique latine ont-ils pu le reprendre à leur compte dans la construction de leur propre système constitutionnel ?

Si le régime présidentiel des États-Unis semble souvent avoir été repris dans le cadre constitutionnel de nombreux États du continent américain (1), ce modèle a en réalité essaimé de manière très contrastée sur le continent américain, en raison de résistances fortes opposées par certains États (2).

1 • L'influence du régime présidentiel des États-Unis sur les États américains

Vous deviez rédiger un chapeau, afin de souligner la cohérence entre les sous-parties A et B et faire le lien avec le reste de vos développements. C'est capital pour lire le cheminement de votre pensée.

A) L'élection directe ou quasi-directe du chef de l'État

L'élection présidentielle est une caractéristique importante du régime présidentiel envisagé aux États-Unis dès la Constitution de 1787, qui constitue la plus ancienne Constitution encore en vigueur dans le monde. Le modèle présidentiel américain jouit d'une remarquable constance en la matière, puisque l'élection du Président répond à des règles d'organisation inchangées.

Il importait de préciser que le président n'a le droit de se représenter qu'une seule fois.

Le président des États-Unis, élu pour une durée de quatre ans, est désigné selon un système assez complexe, qui prévoit l'organisation de primaires au sein des partis, préalable à une élection indirecte par de grands électeurs, dont l'organisation est assurée au sein de chaque État, comme l'indique l'article 2 de la Constitution. Ce mode d'élection est injuste dans la mesure où quatre présidents ont pu être élus par une majorité de grands électeurs, alors même qu'un plus grand nombre de citoyens avait voté pour l'autre principal candidat. En 2016, Donald Trump a été élu par 306 grands électeurs contre 232 pour son adversaire, Hilary Clinton, qui a pourtant obtenu le soutien de 2,87 millions de citoyens supplémentaires.

Il était préférable de nuancer vos propos, en indiquant par exemple qu'un tel mode de scrutin apparaît inéquitable.

Vous pouviez préciser que Donald Trump avait recueilli 46,1 % des suffrages, contre 48,2 % pour Hilary Clinton.

Ce mode d'élection au suffrage universel du Président a été intégré dans de nombreux États américains, à ceci près que le système des grands électeurs n'a pas été repris. Au Chili, la Constitution prévoit depuis 2005 que le président de la République est élu tous les quatre ans au suffrage universel direct alors que depuis 1980, celui-ci était élu pour une durée de six ans. La limitation des mandats dans le temps est forte. Le chef de l'État ne peut en effet pas briguer immédiatement un deuxième mandat alors qu'aux États-Unis, le Président peut être réélu pour quatre ans. En Argentine, la limitation des mandats est toutefois moins importante puisque depuis la Constitution de 1994, le chef de l'État est élu au suffrage universel pour un mandat de quatre ans renouvelable deux fois.

Alors que la plupart des États américains organisent l'élection du Président au suffrage universel direct ou quasi-direct tous les quatre ans, le Pérou prévoit un mandat présidentiel de cinq ans. Le chef de l'État ne peut exercer qu'au cours de deux mandats comme aux États-Unis, à ceci près que depuis la réforme constitutionnelle intervenue en 2000, il ne peut pas être réélu consécutivement.

B) Une séparation des pouvoirs affirmée

Ce terme est bien choisi en raison de son double sens.

Du fait de la séparation rigide des pouvoirs, le régime présidentiel américain n'est pas synonyme de la prédominance constante de l'exécutif face au législatif mais au contraire, d'une variation dans l'équilibre des pouvoirs en fonction des périodes. Cette stabilité à travers les siècles témoigne de la fidélité au principe des « *checks and balances* », l'idée étant que « le pouvoir arrêterait le pouvoir », selon la célèbre formule de Montesquieu. L'équilibre global est maintenu dans la mesure où, d'une part, le Congrès dispose d'une forte autonomie et de pouvoirs importants, en particulier à travers l'intervention sénatoriale dans les nominations de l'exécutif et la possibilité de la procédure d'*impeachment*, et d'autre part, le Président limite les pouvoirs du Congrès à travers son droit de veto et l'autonomie dont il jouit.

Ainsi, l'histoire des États-Unis se compose de périodes où la politique a été principalement initiée par le Congrès et d'autres périodes où le Président apparaissait davantage à la manœuvre, tout particulièrement lors des guerres de Sécession ou encore des deux Guerres mondiales. Ces phases successives de *congressional Government* et de *presidential Government* révèlent qu'outre-Atlantique, la séparation stricte entre les pouvoirs exécutif et législatif et leur autonomie ont empêché que l'un prenne définitivement le pas sur l'autre au cours du temps.

Cette caractéristique essentielle du régime présidentiel américain a connu une traduction textuelle assez fidèle dans quelques États américains. Au Paraguay, par exemple, la séparation des pouvoirs législatif, exécutif et judiciaire est affirmée à l'article 3 de la Constitution. Pour autant, cette séparation des pouvoirs relève davantage d'un affichage constitutionnel que d'une réalité tangible au plan institutionnel. En effet, la pratique politique des vingt dernières années révèle une violation régulière de la séparation des pouvoirs, comme en témoigne l'état d'urgence déclaré en 1999 ou la procédure de destitution du chef de l'État quelque peu abusive en 2012.

La séparation rigide des pouvoirs n'est en réalité pas de mise dans la plupart des États latino-américains. Au Chili et au Mexique notamment, le Président dispose d'un droit d'initiative de la loi partagé avec les chambres du Parlement et peut donc maîtriser leur agenda législatif, tandis qu'au Costa Rica, au Paraguay et en Uruguay, le Président exerce ce droit de manière exclusive. Quant au pouvoir judiciaire, celui-ci apparaît rarement indépendant, en raison notamment des interférences présidentielles, qui se sont renforcées au fur et à mesure que l'exécutif devenait prépondérant. Cette prépondérance est toutefois nuancée ponctuellement par la mise en cause du chef de l'État. Les présidents de plusieurs pays d'Amérique latine ont ainsi vu leur responsabilité pénale engagée de manière extensive, comme dans le cas du président Samper en Colombie. En 2016, la présidente Dilma Roussef a été suspendue de ses fonctions par le Sénat brésilien puis fait l'objet d'une procédure de destitution par le Parlement en raison du maquillage des comptes publics.

Vous avez oublié de rédiger une transition pour mettre en évidence le rapport entre les deux parties.

Ce titre pouvait être plus précis.

Vous deviez rédiger un chapeau, afin de souligner la cohérence entre les sous-parties A et B et faire le lien avec le reste de vos développements.

2 • Les résistances des États américains au régime présidentiel

A) La toute-puissance du Président

La théorie des poids et contrepoids, propre aux États-Unis, a fait l'objet d'une interprétation originale dans le cadre du régime présidentiel latino-américain, où le Parlement dispose généralement d'une autonomie et d'un pouvoir plus faible que le Congrès américain. Certains États ont ainsi opéré une réinterprétation du régime présidentiel « pur » en un système dit « présidentialiste », qui apparaît en définitive assez éloigné du régime des États-Unis. En effet, si le président américain dirige seul l'exécutif et procède directement aux nominations et révocations de ses secrétaires (équivalent des ministres), il peut toutefois être mis en cause dans le cadre d'une procédure d'*impeachment*, procédure utilisée à trois reprises dans l'histoire américaine, pour les présidents Johnson en 1868, Nixon en 1974 et Clinton en 1999.

Vous oubliez d'évoquer le cas le plus récent, à savoir la mise en accusation de Donald Trump par la Chambre des représentants en décembre 2019, qui s'est finalement conclue par un acquittement par le Sénat, dont la majorité républicaine lui est politiquement favorable.

Profitant de la légitimité que leur procure le suffrage universel, plusieurs présidents de pays d'Amérique latine ont ainsi abusé de leur position au détriment des assemblées, en particulier dans les États où l'exécutif dispose de compétences particulières participant à son renforcement. Tel est notamment le cas en Équateur et au Venezuela, où le président peut solliciter directement le peuple en organisant un référendum, ou encore en Uruguay, où il dispose du droit de dissolution, rendant dès lors très discutable sa qualification de « régime présidentiel ».

Vous deviez également aborder le pouvoir de veto, total ou partiel, dont dispose le président de certains États d'Amérique latine.

En raison non seulement du passé colonial mais aussi de l'Histoire récente, l'équilibre des pouvoirs entre le Président et le Parlement n'est donc pas garanti comme aux États-Unis. Si certaines constitutions latino-américaines ont prévu des contrepoids face au rôle imposant du Président, en limitant en particulier le nombre de ses mandats, plusieurs d'entre-elles ont finalement été révisées ou remplacées sous l'impulsion du chef de l'État, afin de faire sauter de tels verrous. Au Venezuela, après sa deuxième réélection en 2006, Hugo Chávez a prévu une réforme constitutionnelle pour supprimer la limite de deux mandats présidentiels et devenir président à vie. En Bolivie, alors même que la nouvelle Constitution adoptée en 2009 prévoyait que le Président ne pouvait réaliser que deux mandats successifs, Evo Morales s'est finalement présenté à quatre reprises à l'élection présidentielle, avant de démissionner après 14 ans au pouvoir.

Vous pouviez préciser que le Président n'a généralement le droit de se représenter qu'une seule fois, comme aux États-Unis.

Il aurait été intéressant de préciser que cette révision a été adoptée par référendum en 2009, après le rejet exprimé par le peuple lors d'un premier référendum organisé en 2007.

Vous pouviez insister sur le fait que la dimension démocratique de ces deux systèmes politiques était désormais particulièrement discutable.

La dérive de ces régimes qualifiés de « présidentiels » est courante depuis des dizaines d'années dans plusieurs États d'Amérique latine, qui ont connu de nombreux putschs et où d'anciens dictateurs ont tenté de se faire élire à la fonction de président. Bien que limités constitutionnellement, plusieurs présidents ont eu recours à l'état d'exception pour justifier l'extension soudaine de leurs pouvoirs. À titre d'exemple, le président Stroessner a ainsi pu diriger le Paraguay de manière autoritaire pendant près de 15 ans en renouvelant tous les trois mois la déclaration de l'état de siège, conformément à la Constitution, qui l'autorisait à déclarer l'état de siège pour une durée de 90 jours.

Il était aussi pertinent de mentionner brièvement le régime dictatorial particulièrement sanglant mis en place par Pinochet au Chili, de 1973 à 1990.

B) La parlementarisation

Si la majorité des systèmes latino-américains actuels se sont essentiellement inspirés du régime présidentiel des États-Unis tout en l'ayant partiellement travesti, d'autres résultent en revanche d'un croisement des systèmes européens et d'Amérique du Nord. Dans le cadre d'un régime présidentiel formellement organisé, plusieurs États ont procédé à une certaine « parlementarisation » de leur système au cours des années 1990, à l'occasion de l'adoption de nouvelles constitutions.

Depuis le vote de la Constitution de 1991, la Colombie constitue un exemple marquant de système hybride, dont les constituants ont puisé leur inspiration dans le régime présidentiel de 1787 tout en y introduisant des caractéristiques propres au régime parlementaire. Si le président de la République peut refuser de promulguer une loi votée par le Congrès qu'il estime contraire à la Constitution et si la Cour constitutionnelle lui donne raison, il suffit pour le Parlement d'adopter une nouvelle fois le texte à la majorité absolue pour contraindre le chef de l'État à promulguer la loi. Le Parlement colombien dispose aussi de compétences notables en matière de contrôle, puisqu'il peut notamment mettre en jeu la responsabilité de chaque ministre. Un dixième des parlementaires de chaque assemblée peut ainsi présenter une motion de censure visant un ou plusieurs membres du gouvernement.

Vous pouviez compléter votre propos en indiquant que d'autres États d'Amérique latine prévoient aussi la possibilité de voter la défiance au Gouvernement.

Au Pérou, l'entrée en vigueur de la Constitution de 1993 a également permis d'intégrer plusieurs traits du régime parlementaire à un système constitutionnel initialement fondé sur le régime présidentiel. Ainsi, le président de la République partage désormais le pouvoir exécutif avec le président du Conseil des ministres, qui est tenu de demander au Congrès de voter la confiance sur son programme de gouvernement. Le président de la République, pour sa part, est habilité à dissoudre le Parlement, qui est monocaméral et se distingue également en cela du modèle états-unien.

Enfin, deux États font figure d'exception notable sur le continent américain, au sens où ils ne sont nullement inspirés du modèle états-unien. En tant qu'État membre du Commonwealth, le Canada est en effet une monarchie constitutionnelle dont l'organisation institutionnelle demeure encore très proche du système parlementaire britannique. Marqué par l'embargo des États-Unis et fortement opposé au système américain, Cuba ne reconnaît pour sa part qu'un seul parti politique, le Parti communiste, qualifié par la Constitution de « *force dirigeante supérieure de la société et de l'État* ».

En définitive, si les États latino-américains apparaissent globalement comme des systèmes démocratiques moins aboutis que les États-Unis, la pratique politique récente depuis l'élection du président américain en 2018 conduit à reconsidérer en partie ce jugement. Bien qu'assez éloignée du « modèle » présidentiel américain, l'Amérique latine apparaît comme un miroir constitutionnel pertinent dans lequel se reflètent les efforts réalisés et le chemin qu'il reste à parcourir pour aboutir à une stabilité du système institutionnel et politique.

Veillez à rester suffisamment mesuré dans vos propos.

Ces développements conclusifs sont les bienvenus, bien que non indispensables à votre analyse.

Sujet 12 — Commentaire de texte

Durée de l'épreuve : 3 heures

Aucun document n'est autorisé

Vous commenterez le texte suivant :

Discours de NANCY PELOSI, Speaker de la Chambre des représentants le 5 décembre 2019 :

Bonjour,

Commençons là où nos fondateurs ont commencé en 1776 : « Lorsque, au cours des événements humains, il devient nécessaire pour un peuple de dissoudre les liens politiques qui les ont reliés à un autre ». Avec ces mots, nos fondateurs ont courageusement commencé notre déclaration d'indépendance d'un monarque oppresseur, entre autres griefs, du refus du roi de respecter les lois légitimement adoptées.

Au cours des événements d'aujourd'hui, il devient nécessaire pour nous de régler, entre autres griefs, le manquement du président à exécuter fidèlement la loi. Lors de la rédaction de la Constitution, les fondateurs craignaient le retour d'une monarchie en Amérique. Et comme ils venaient de mener une guerre d'indépendance, ils craignaient précisément la perspective d'un roi-président corrompu par l'influence étrangère.

Lors de la Convention constitutionnelle, James Madison, l'architecte de la Constitution, a averti qu'un président pourrait trahir sa confiance envers des puissances étrangères, ce qui pourrait s'avérer fatal à la République. Un autre fondateur, Gouverneur Morris, a quant à lui averti qu'un président peut être soudoyé par un plus grand intérêt propre à trahir sa confiance. Il a souligné que ce magistrat n'est pas le roi. Le peuple est le roi.

Ils ont donc créé un recours constitutionnel pour se protéger contre un dirigeant dangereux ou corrompu : la destitution. Un fondateur a averti qu'un président pourrait «ne ménager aucun effort ni aucun moyen» pour se faire réélire, à moins que la Constitution ne contienne une disposition relative à la destitution. De même, George Mason a insisté sur le fait qu'un président qui avait obtenu sa première nomination par des actes répréhensibles et corrompus pourrait répéter sa culpabilité et revenir au pouvoir.

Lors du débat sur la destitution à la Convention constitutionnelle, George Mason a également demandé si quelqu'un serait au-dessus de la justice ? Cet homme doit-il être au-dessus de celui qui peut commettre la plus grande injustice ?

Dans sa grande sagesse, il savait que l'injustice commise par le président portait atteinte à la règle de droit, à l'idée même qu'une justice équitable, qui est le fondement de notre démocratie. Et si nous permettons à un président d'être au-dessus de la loi, nous le ferons certainement au péril de notre République. En Amérique, personne n'est au-dessus de la loi.

Au cours des dernières semaines, par l'intermédiaire du Comité du renseignement, en collaboration avec les Comités des affaires étrangères et de surveillance, le peuple américain a entendu le témoignage de fonctionnaires à la carrière véritablement patriotique, de diplomates distingués et de héros de guerre décorés – parmi lesquels des personnes nommées par le président lui-même.

Les faits sont incontestés. Le président a abusé de son pouvoir pour son avantage politique personnel au détriment de notre sécurité nationale, en refusant l'aide militaire et une réunion cruciale dans le Bureau ovale en échange de l'annonce d'une enquête sur son rival politique.

Hier, à la Commission judiciaire, le peuple américain a entendu le témoignage de grands constitutionnalistes américains qui ont clairement expliqué que les actions du président étaient une violation profonde de la confiance du public. Les actes du président ont gravement violé la Constitution, en particulier lorsqu'il a dit et agi avec la croyance que « l'article 2 dit que je peux faire tout ce que je veux ». Non. Ses actes répréhensibles frappent au cœur même de notre Constitution [qui repose sur] une séparation des pouvoirs, trois branches co-égales, chacune ayant des freins et contrepoids sur l'autre ; une République, si nous pouvons la conserver, comme l'a déclaré Benjamin Franklin.

Ce qui est en jeu c'est notre démocratie. Le président ne nous laisse pas d'autre choix que d'agir, car il tente de corrompre, encore une fois, l'élection à son avantage. Le président s'est livré à des abus de pouvoir portant atteinte à notre sécurité nationale et à l'intégrité de nos élections. Ses actions vont à l'encontre de la vision de nos fondateurs et du serment professionnel qu'il prête pour préserver, protéger et défendre la Constitution des États-Unis.

Malheureusement, mais avec confiance et humilité, avec allégeance à nos fondateurs et un cœur plein d'amour pour l'Amérique, je demande aujourd'hui à nos présidents [des Comités de la Chambre des représentants] de procéder à la mise en accusation. Je félicite les présidents de nos Comités et nos membres pour leur approche grave des actions, dont j'aurais aimé que le président n'ait pas jugé nécessaire de les prendre.

En signant la déclaration d'indépendance, nos fondateurs ont invoqué une confiance ferme dans la Providence divine. Les démocrates aussi prient, et nous procéderons d'une manière digne de notre serment pour soutenir et défendre la Constitution des États-Unis contre tous les ennemis, étrangers et nationaux, alors que Dieu nous aide.

Merci.

OBSERVATIONS DU CORRECTEUR (F. Abouadaou)

L'exercice du commentaire de texte est exigeant car il impose d'éviter de reproduire le texte en le paraphrasant sans analyse. Ce texte est l'occasion d'une présentation de la procédure d'*impeachment* et de sa mise en œuvre mais il ne doit pas conduire à en faire une dissertation totalement déconnectée du texte à commenter. Bien que simple, ce texte impose néanmoins des connaissances très précises et complètes du système américain, de son fonctionnement et de ses acteurs.

John F. Kennedy considérait que le président des États-Unis « *est à juste titre décrit comme un homme aux pouvoirs extraordinaires. Mais c'est aussi vrai qu'il doit exercer ces pouvoirs dans d'extraordinaires limites* ». Ainsi, le président des États-Unis est à la tête du pouvoir exécutif et de l'administration fédérale sur laquelle il dispose d'un large pouvoir de nomination et révocation conformément à l'article II de la Constitution américaine de 1787.

> Veillez à toujours commencer votre devoir par une phrase d'accroche. Celle-ci peut être une citation ou un fait d'actualité par exemple.

Le régime américain est un régime présidentiel où chaque pouvoir dispose d'une spécialisation fonctionnelle. Il n'existe pas de mécanisme de censure de l'exécutif ou de dissolution du Parlement. Dans ce régime, la procédure d'*impeachment* permet néanmoins à l'organe législatif de procéder à la mise en accusation d'un membre du pouvoir exécutif, ou d'un agent public, lorsque celui-ci est suspecté d'avoir commis des infractions graves dans le cadre de ses fonctions. L'*impeachment* est donc l'étape préalable à la procédure de destitution. C'est dans ce cadre que s'inscrit le discours de Nancy Pelosi, Speaker démocrate de la Chambre des

> La définition du régime présidentiel est obligatoire.

> Vous devez toujours replacer le texte commenté dans son contexte.

> La connaissance des institutions américaines est fondamentale. Elles doivent être présentées ici.

représentants, c'est-à-dire la présidente de la chambre basse du Congrès américain. Celle-ci occupe ses fonctions depuis janvier 2019, après les avoir déjà exercées entre 2007 et 2011. En effet, les démocrates sont devenus majoritaires à la Chambre des représentants suite aux élections de mi-mandat. Le Sénat demeure à majorité républicaine. Ainsi, l'allocution du 5 décembre 2019 concerne la procédure d'*impeachment* menée à l'encontre du président républicain Donald J. Trump, entré en fonction en janvier 2017. Elle intervient à l'issue de la procédure de la mise en accusation par la Chambre des représentants, avant que ne débute, le cas échéant, le procès en destitution du président devant le Sénat des États-Unis.

Vous devez toujours démontrer l'intérêt du sujet.

Cette intervention de la Speaker de la chambre basse constitue une intéressante présentation du fondement de l'*impeachment* ainsi qu'un rappel de l'importance de ce mécanisme dans le système américain. Dès lors, ce discours interroge sur la justification par Nancy Pelosi du recours à la procédure d'*impeachment*.

Si la formulation de la problématique sous forme interrogative est recommandée, elle n'est pas obligatoire.

Nancy Pelosi insiste ici sur la place centrale qu'occupe la procédure d'*impeachment* dans la démocratie américaine (1) puis tente de neutraliser la dimension politique de l'engagement de cette procédure afin de parer ses détracteurs (2).

1 • L'*impeachment* comme garantie fondamentale de la démocratie

Les annonces de parties et de sous-parties ne doivent jamais être négligées. Évitez de reproduire les titres de vos sous-parties sans modifications.

L'élue démocrate justifie le recours aux mécanismes de l'*impeachment* comme un moyen de préservation de la démocratie voulu par les Pères fondateurs (A) tout en assurant qu'il s'agit d'un recours strictement encadré renforçant le caractère d'extrême gravité des manquements du Président (B).

A) Un mécanisme voulu par les Pères fondateurs comme protection de la démocratie

La Speaker de la Chambre des représentants légitime la procédure d'*impeachment* en démontrant qu'il ne s'agit que d'une juste application de la Constitution comme l'ont voulu les Pères fondateurs des États-Unis.

Il est important de rappeler rapidement le sens de cette notion.

Les Pères fondateurs représentent un ensemble d'hommes politiques ayant contribué à la création des États-Unis d'Amérique en prenant part à la Déclaration d'indépendance de 1776 ou à la Constitution de 1787. L'appellation n'est pas contemporaine de cette époque puisqu'elle n'apparaît qu'à la fin du XIXe siècle. Afin de donner une base incontestable à ses propos, la chef démocrate fait ainsi des références appuyées aux hommes politiques qui ont conçu le système démocratique américain.

Vous pourriez les présenter rapidement notamment ceux mentionnés dans le texte comme James Madison, Père de la Constitution américaine, Gouverneur Morris rédacteur du préambule de la Constitution, George Mason, Père du Bill of Rights et Benjamin Franklin, signataire de la Déclaration d'indépendance et de la Constitution.

Cette allocution se fonde sur un rappel historique de la justification de la procédure d'*impeachment* et de destitution aux États-Unis. La crainte d'une résurgence de la monarchie absolue ou la prise du pouvoir par un tyran justifièrent la création de ce mécanisme. Dans cette optique, George Mason, présente le recours en destitution comme l'une des conditions nécessaires pour éviter les abus de pouvoir d'un président. C'est d'ailleurs le sens de la déclaration de la chef démocrate : « *si nous permettons à un président d'être au-dessus de la loi, nous le ferons certainement au péril de notre république. En Amérique, personne n'est au-dessus de la loi* ».

Ce discours se fonde donc sur la nécessité de maintenir la conception voulue lors de l'indépendance des États-Unis et la création de la République à partir de 1776. La séparation de trois pouvoirs égaux dans un système de *check and balances* est l'un des principes fondamentaux du régime américain. Pour Benjamin Franklin, toute la Constitution repose sur l'idée d'égalité des pouvoirs et sa nécessité pour le maintien d'une République démocratique où aucun pouvoir ne peut devenir hégémonique et donc oppresseur.

Il s'agit ici de l'application des théories de Locke dans son Essai sur le gouvernement civil de 1690 et de Montesquieu dans son ouvrage *De l'esprit des lois* où l'auteur écrivait que : « *Pour qu'on ne puisse pas abuser du pouvoir, il faut que, par la disposition des choses, le pouvoir arrête le pouvoir.* » Chacun détenant un plein pouvoir de statuer dans son domaine de compétence et un pouvoir d'empêcher les autres titulaires d'abuser de leurs pouvoirs.

> Ces références classiques doivent être maîtrisées.

En conséquence, les Pères fondateurs ont créé un mécanisme permettant de préserver la démocratie mais en limitant strictement le recours afin d'éviter les abus d'usage.

B) Le recours strictement encadré à la procédure d'*impeachment*

Ce discours démontre que le recours à l'*impeachment*, du fait de son caractère extrêmement grave ne peut pas être utilisé sans limite. En les présentant, Nancy Pelosi souhaite prouver l'obligation d'agir du Congrès du fait des actions graves du Président.

Donald Trump a indiqué lors d'un meeting en juillet 2019, à propos de l'enquête menée par le procureur spécial Robert Mueller sur l'ingérence russe lors des élections de 2016, que « *l'article 2 dit que je peux faire tout ce que je veux* ». Nancy Pelosi estime au contraire que son action est très encadrée, puisque le Président ne peut agir que dans le cadre des pouvoirs que lui confère l'article 2 de la Constitution. Cette disposition énumère de façon exhaustive l'étendue des pouvoirs dévolus au Président et lui impose notamment de garantir la bonne exécution de la loi. Mais cet article contient également une section relative à la procédure d'*impeachment*. Dans ce cadre, seuls les faits de « *trahison, corruption ou autres crimes et délits majeurs* » peuvent en justifier la mise en œuvre. Tous les actes du Président ne peuvent normalement pas faire l'objet de cette procédure, c'est pour cela qu'il s'agit d'un encadrement strict du recours à l'*impeachment*. Ainsi, la Speaker cherche toujours à rattacher les actions du Président à cette liste de manquements lorsqu'elle évoque la tentative de corruption de l'élection, les abus de pouvoirs commis ou encore la trahison du serment qu'il a prêté. Pour Nancy Pelosi, la procédure de destitution est un « *recours constitutionnel* » qui vise à sanctionner des manquements aux obligations constitutionnelles du Président comme par exemple celle d'« *exécuter fidèlement la loi* ».

> Bonne contextualisation de la citation.

> Précisez les pouvoirs du président à partir de l'article 2 de la Constitution. Il est notamment chef des armées et à la tête de l'administration, il dispose du droit de grâce et il peut avec l'accord du Sénat signer des traités ou encore nommer les fonctionnaires fédéraux. Il doit également exécuter fidèlement la loi.

> De quels abus de pouvoirs s'agit-il ? Vous pouvez préciser un peu dans le corps de texte pour réduire le déséquilibre entre A et B.

Pourtant, les infractions pouvant déclencher l'*impeachment* font souvent l'objet d'une appréciation politique comme ce fut le cas pour le président démocrate Bill Clinton en 1998 dans le cadre de l'affaire Lewinsky. La procédure était orientée dans un but politique par le parti Républicain alors majoritaire dans les deux chambres pour démettre le Président de ses fonctions. C'est pour cette raison que Nancy Pelosi cherche à effacer cette dimension politique afin d'éviter les critiques qu'a connues le Congrès dans la dernière procédure.

> Vous pouvez évoquer rapidement l'affaire et indiquer que le président a été poursuivi pour parjure et obstruction à la justice.

> N'oubliez pas vos transitions.

2 • La tentative d'effacer de la dimension politique de la procédure

La Speaker de la Chambre présente sous une forme impartiale le rôle central du Congrès dans la procédure d'*impeachment* et de destitution (A). Bien que cet engagement de la responsabilité pénale du chef de l'État soit une immixtion du Congrès dans le pouvoir judiciaire, celle-ci demeure encadrée et limitée (B).

A) La présentation d'une procédure impartiale menée par le Congrès

Le Congrès dans son ensemble contribue à la procédure d'*impeachment* et de destitution puisque les deux chambres se chargent respectivement de chacune des deux phases. Le discours met en lumière le rôle important des comités du Congrès dans la phase d'enquête. À ce propos, la Cour suprême, dans sa décision McGrain contre Dougherty de 1927, a admis que les comités et commissions congressionnels disposent d'un pouvoir de contrainte à la comparution et aux témoignages. En cas de refus, ils peuvent prononcer des amendes voire des peines de prison. C'est l'usage du *subpoena*, l'assignation sous contrainte. Ainsi, les investigations parlementaires sont les plus complètes possible afin d'éviter un traitement partial et partiel de l'enquête.

Précisez lesquels. Ici, il est fait mention du comité des affaires étrangères et de celui du renseignement.

Décision pertinente qui démontre ici une connaissance fine du sujet.

Le rôle du Comité judiciaire de la Chambre des représentants est mis ici en lumière. En effet, c'est lui qui procède à l'enquête préliminaire et qui vote les articles de l'*impeachment* qui seront ensuite soumis à l'approbation de la Chambre en séance. Ses pouvoirs permettent aussi de faire citer à comparaître des témoins et recueillir les avis de certains experts, comme des constitutionnalistes.

Nancy Pelosi insiste également sur la qualité des personnes auditionnées qu'elle présente comme des « *fonctionnaires à la carrière véritablement patriotique* », « *des diplomates distingués* » ou encore « *de héros de guerre décorés* ». Ces qualificatifs insistent sur l'indépendance de cette procédure, contestée pour son aspect politique. Pour cette raison, la démocrate précise bien que certains des témoins ont été nommés par le président Trump lui-même, et qu'ils ne sauraient donc être suspectés d'avoir une animosité particulière à l'encontre de ce dernier. Ces qualificatifs visent également à contraster avec le Président qui, *a contrario*, ne serait ni patriote ni un héros. Corollaire des larges pouvoirs du Comité, la tentative d'obstruction de l'enquête parlementaire engage la responsabilité pénale de son auteur. Ce fut à cet égard le cas du président Nixon en 1974 qui refusa de déférer plusieurs fois aux assignations du Congrès. En effet, le Président estimait qu'il n'avait pas à communiquer certaines informations confidentielles afin de ne pas compromettre le bon fonctionnement de l'exécutif. La Cour suprême eut à se prononcer sur cette question dans le cadre de l'affaire États-Unis contre Nixon en 1974, et conclut à l'unanimité qu'il existe un privilège de l'Exécutif sur la question. Mais ce privilège, qui ne s'applique qu'au cas par cas et pièce par pièce, peut être limité pour tenir compte d'autres impératifs comme celui résultant du droit à un procès équitable. Le Comité judiciaire l'a alors poursuivi, en plus des autres accusations retenues, pour outrage au Congrès. Ce fut également le cas de Donald Trump dont la charge similaire d'obstruction au Congrès fût retenue dans l'acte d'accusation voté à son encontre, en plus de l'abus de pouvoir.

Bien, c'est important de vous appuyer sur des illustrations concrètes, peu de président ayant été visés par cette procédure.

Cette notion de privilège de l'Exécutif est à connaître.

La Speaker démontre aussi qu'il existe un encadrement et une juste séparation entre les fonctions législative et judiciaire.

B) L'encadrement de l'immixtion du pouvoir législatif dans les fonctions judiciaires

L'analyse de ce discours montre que les termes en usage devant les juridictions sont repris dans cette procédure, notamment concernant les qualifications d'infractions pénales comme l'abus de pouvoir. De même, la procédure telle qu'elle est menée s'apparente aux missions d'une juridiction avec des fonctions de mise en accusation puis de jugement. On peut dès lors considérer que le Congrès, dans ce cas précis, est une juridiction d'exception. Ce cas n'est pas unique puisque d'autres Parlements connaissent, ou connaissaient, des fonctions juridictionnelles comme la commission judiciaire de la Chambre des Lords au Royaume-Uni.

Référence intéressante.

Pour autant, la séparation stricte des pouvoirs est quelque peu mise à mal dans le cadre de l'engagement de la responsabilité pénale d'un membre de l'exécutif par le pouvoir législatif. Bien que des garanties du respect des droits de la défense existent dans cette procédure, celles-ci ne sont pas parfaites. La procédure, malgré les réfutations de Nancy Pelosi, revêt une connotation politique, et l'indépendance et l'impartialité des acteurs de la procédure ne sont pas véritablement garanties. Concrètement, il s'agit de l'une des chefs de l'opposition au Président qui demande la mise en accusation de celui-ci. De même, l'acquittement qui s'est produit dans la seconde phase de la procédure est le fait des soutiens républicains du Président lors du procès en destitution devant le Sénat.

Il est important d'avoir un regard critique sur le texte commenté.

Pour autant, des limites existent puisque les débats devant le Sénat, lors du procès en destitution d'un président, demeurent sous la présidence du président de la Cour suprême des États-Unis. De plus, le Sénat n'a pas une latitude similaire à une juridiction pour le prononcé des peines. Il ne peut pas prononcer des peines privatives de liberté. Si la déclaration de culpabilité est acquise par un vote à la majorité des deux tiers, celle-ci emporte de plein droit la destitution ou la révocation de l'intéressé ; le Sénat ne pouvant prononcer qu'une peine complémentaire d'interdiction d'occuper tout emploi public. Ainsi les juridictions judiciaires ne demeurent pas privées de leurs compétences par la mise en œuvre de cette procédure puisque les tribunaux demeurent compétents, tant pour les questions civiles que pénales, même celles ayant conduit à la procédure de mise en accusation et de destitution. Ainsi, Bill Clinton fut poursuivi et condamné après son mandat dans le cadre de l'affaire Lewinsky pour faux témoignage.

En définitive, malgré une forme d'immixtion dans la fonction législative celle-ci demeure limitée et assure toujours un véritable équilibre des pouvoirs.

Sujet 13

Dissertation juridique

Durée de l'épreuve : 3 heures

Aucun document n'est autorisé

Vous traiterez le sujet suivant :

« Brexit : renforcement ou affaiblissement du régime parlementaire britannique ? »

OBSERVATIONS DU CORRECTEUR (E. Morfouace)

Un sujet sous forme interrogative n'exige pas nécessairement qu'une réponse radicale soit apportée. Au contraire, ici il s'agit de démontrer qu'il y a à la fois un renforcement du régime parlementaire et un affaiblissement de ce dernier. L'étudiant a su apporter une réponse nuancée à l'aide de ses connaissances en droit constitutionnel et conclure son devoir par une ouverture, propice à un sujet d'actualité comme celui-ci.

Bien. Démarrer la dissertation avec une phrase d'accroche qui entre pleinement dans le sujet donne un premier bon *a priori* de la copie.

« *Le Brexit met le parlementarisme britannique sous tension. Ce régime politique, fruit de l'histoire singulière de la Grande-Bretagne, a pourtant été longtemps admiré* » affirme Guillaume Perrault, maître de conférences à Sciences Po Paris. En effet, depuis le référendum de 2016 organisé par l'ex Premier ministre David Cameron sur la sortie du Royaume-Uni de l'Union européenne ayant abouti à une réponse favorable de la part des britanniques à 51 %, il semblerait que le régime parlementaire britannique ait montré ses faiblesses.

Introduction sérieuse qui prend le soin de contextualiser le sujet en définissant les termes clés (Brexit, régime parlementaire britannique).

Le Brexit, nom donné à l'ensemble du processus du retrait britannique de l'Union a débuté en 2016 avec l'organisation dudit référendum et est, malgré l'accord de retrait signé le 31 janvier 2020, loin d'être terminé au vu de l'avancée des négociations relatives à un accord futur entre l'Union européenne et le Royaume-Uni. Le Brexit a suscité, et suscite encore, de nombreuses interrogations économiques, politiques mais aussi juridiques, notamment quant à l'avenir du régime parlementaire britannique.

Avec la création d'un Parlement en Angleterre au XIVe siècle, le Royaume-Uni est souvent évoqué comme étant « le berceau du parlementarisme » ayant été suivi quelques siècles plus tard par d'autres pays européens tels que la France, la Belgique ou encore les Pays-Bas. Il est perçu comme l'archétype du régime parlementaire grâce à sa Constitution non écrite, la plus ancienne encore en vigueur. Le régime parlementaire est souvent défini comme un régime de collaboration et d'équilibre des pouvoirs, chaque organe pouvant intervenir dans la sphère d'attributions des autres organes. Les éléments caractéristiques de ce régime sont la responsabilité politique du Gouvernement devant le Parlement, une certaine autonomie du Gouvernement vis-à-vis du Parlement, l'irresponsabilité politique du chef de l'État ou encore la participation conjointe du Parlement et du Gouvernement à la fonction législative. En plus du bicaméralisme inégalitaire entre la Chambre des

Communes et la Chambre des Lords, l'une des particularités majeures du régime parlementaire britannique tient du bipartisme politique. Cette opposition entre le parti travailliste et le parti conservateur, bien qu'elle ne soit pas l'unique cause des difficultés rencontrées avec le Brexit, n'est pas sans conséquence sur le processus de retrait britannique de l'Union, qui est apparu bien plus long que ce que prévoit l'article 50 du Traité sur l'Union fixant les modalités de retrait d'un État membre. Suite au référendum britannique, la Cour suprême dans son arrêt du 24 janvier 2017 (décision Miller I), s'est prononcée sur la procédure à suivre pour déclencher l'article 50 TUE et estime que le Gouvernement doit recueillir l'autorisation du Parlement britannique. Cet arrêt est le premier d'une longue bataille juridique qui a, au fil des évènements et décisions, tantôt renforcé, tantôt affaibli le régime parlementaire britannique. Quel a été l'impact à court et moyen terme du Brexit sur les institutions britanniques ? Si le régime parlementaire britannique semble avoir résisté à cette crise politique sans précédent induite par le Brexit (1), il paraît également avoir été ébranlé (2).

Bien. Lorsque le sujet est sous forme interrogative, ne pas le reprendre directement dans la problématique mais le reformuler montre au correcteur que vous avez compris l'enjeu du sujet.

1 • Le Brexit, ou la résistance d'un régime parlementaire britannique historique

Afin de mieux comprendre l'importance de la question de l'impact du Brexit sur le régime parlementaire britannique, il convient de revenir sur sa consécration et sur le rôle de modèle qu'il a pu jouer aux yeux de ses voisins européens (A) afin de soulever la ténacité dont il a pu faire preuve à l'heure du Brexit (B).

A) La consécration pionnière du régime parlementaire britannique

Bonne idée de consacrer le 1. A à des précisions historiques et institutionnelles. Cela permet, en lien avec le sujet, de montrer votre maîtrise des institutions britanniques.

Sans revenir en détail sur les siècles de combat ayant abouti à la création du régime parlementaire au Royaume-Uni, il semble utile de rappeler que le Parlement a su s'imposer comme conseil d'abord et comme contre-pouvoir ensuite face au pouvoir du roi. Bien que le Royaume-Uni ne dispose pas de constitution écrite, certains grands textes tels que la Magna Carta de 1215, le Bill of Rights de 1689 ou encore le Fixed-term Parliaments Act de 2011 illustrent l'évolution de la place du Parlement au sein de la monarchie. Il existe trois institutions principales au Royaume-Uni, le Parlement, la Couronne et le Gouvernement dont l'organisation et la répartition des pouvoirs sont particulières. Au Royaume-Uni, la place accordée au Parlement est centrale preuve en est notamment, la nomination du Premier ministre par la reine. En effet, est nommé Premier ministre, le leader du parti majoritaire à la Chambre des Communes mais ce dernier ne peut le rester que s'il parvient à garder la confiance de ladite Chambre.

Très vite, au XIIIe siècle, se dessine un Parlement bicaméral avec d'un côté la Chambre des Communes, dont les députés sont aujourd'hui élus pour cinq ans au scrutin uninominal majoritaire à un tour, et la Chambre des Lords, d'origine aristocratique, qui eux, ne sont pas élus, mais nommés bien qu'il reste encore quelques Lords héréditaires.

Le régime parlementaire britannique s'illustre par de nombreuses spécificités, ce qui a sans doute rendu le processus de retrait d'autant plus complexe. Spécificité en ce qui concerne le bipartisme qui rend la censure du Gouvernement peu probable en raison de la majorité le soutenant au sein de la Chambre des Communes. Spécificité aussi, en ce que les membres du Gouvernement sont également membres de la Chambre des Communes (pour la majorité) ou de la Chambre des

Lords. Cette « double casquette » rend l'hypothèse d'une censure du Gouvernement par la Chambre des communes, là encore, peu probable.

Malgré ses complexités, la Constitution britannique, fruit de la coutume et de la pratique, a su au fil des siècles et plus particulièrement en ces temps de crise provoquée par le Brexit, s'adapter et protéger le régime parlementaire britannique.

B) La ténacité remarquable du régime parlementaire britannique

Nombreux sont ceux qui évoquent « une crise du régime » concernant l'impact du Brexit sur le régime parlementaire britannique. Nul ne peut contester que le Royaume-Uni ait fait face à une crise politique sans précédent durant les trois années de négociation de l'accord de retrait. En effet, après avoir essayé de convaincre, en vain, le Parlement à trois reprises concernant l'adoption de l'accord de retrait négocié avec Bruxelles, Theresa May, ex-Premier ministre démissionne le 7 juin 2019, n'ayant plus le soutien de la majorité. Cependant, le régime parlementaire britannique a su faire preuve de ténacité notamment grâce à l'intervention, à plusieurs reprises, de la Cour suprême britannique.

En effet, dans la décision Miller l'évoquée précédemment, la Cour suprême a, en raison de l'importance constitutionnelle de l'accord de retrait à négocier, imposé au Gouvernement d'obtenir l'autorisation du Parlement pour la notification de l'article 50 TUE ainsi que le *meaningful vote* imposant le consentement explicite des parlementaires au futur accord négocié avant qu'il ne puisse être ratifié.

Privilégiez les phrases courtes et claires, qui mettront plus en valeur votre démonstration.

Plus tard, en décembre 2018, c'est à la Chambre des Communes de renforcer la position du Parlement en votant une motion accusant le Gouvernement d'outrage au Parlement. Outrage pouvant être défini comme « *toute action obstruant ou empêchant le travail parlementaire* ». Il ne s'agit pas de la première fois que la Chambre des Communes utilise le *contempt of parliament* mais il s'agit bien de la première fois que cela est fait à l'encontre de l'ensemble du Gouvernement, ce qui illustre le combat entre le Parlement et le Gouvernement, que le Parlement semble remporter cette fois.

Attention, si vous citez un auteur, faites-le jusqu'au bout en citant au minimum son nom ainsi que l'ouvrage où se trouve la citation.

Ensuite, la Cour suprême est venue, par sa décision Miller II du 24 septembre 2019, renforcer une fois de plus, les pouvoirs du Parlement britannique. Par cette décision, la Cour devait juger de la constitutionnalité de la prorogation de cinq semaines du Parlement demandée par le Premier ministre, Boris Johnson. Cette dernière a déclaré la prorogation inconstitutionnelle en se fondant, notamment, sur la souveraineté parlementaire, chère au régime parlementaire britannique.

Même si vous l'évoquez en 2.B), vous pouvez dès à présent souligner que l'intrusion de la Cour Suprême dans les relations Gouvernement/majorité marque une redéfinition du régime parlementaire britannique.

Notions de souveraineté parlementaire et de prorogation à définir dès la première utilisation dans le devoir.

Enfin, les élections législatives du 12 décembre 2019 ayant abouti à la victoire démocratique du parti conservateur en réaffirmant la légitimité du Premier ministre Boris Johnson et en mettant fin par la même occasion au processus relatif à l'accord de retrait, il semblerait que le régime parlementaire britannique ait résisté aux tourments causés par le Brexit.

Il semblerait alors que le Brexit n'ait pas remis en cause le régime parlementaire britannique mais ait plutôt mis en exergue ses spécificités. En effet, le fait majoritaire lié au bipartisme propre au système britannique et concourant à renforcer le Gouvernement a été réaffirmé avec les élections de décembre 2019. La souveraineté parlementaire a elle aussi, été renforcée, par le biais des arrêts Miller I et II rendus par la Cour suprême britannique. Néanmoins, le Brexit semble également avoir mis en avant les failles du régime.

2 • Le Brexit, ou le révélateur des défaillances du régime parlementaire britannique

Comme l'a dit récemment Alain Duhamel lors d'une interview dans Libération, « *La crise des régimes parlementaires, cette forme la plus classique de la démocratie, devient de plus en plus théâtrale. L'impression se répand d'une maladie pernicieuse frappant tour à tour les Parlements les plus vénérables et les mieux enracinés* ». Le Brexit, en mettant la lumière sur les limites du régime primo-ministériel (A) amène à repenser le régime parlementaire britannique (B).

Soyez plus rigoureux dans la présentation des auteurs, précisez au moins leur qualité.

A) Le Brexit : la mise en exergue des limites du régime primo-ministériel

Évitez d'introduire une ponctuation dans vos titres.

Considérant les conséquences majeures, à la fois politiques et juridiques, qu'entraîne le retrait britannique de l'Union, il est difficile de penser que ce dernier se ferait sans susciter de vives tensions au sein de la classe politique britannique. En théorie, le Premier ministre dispose de la majorité puisque la reine nomme PM le leader du parti majoritaire à la Chambre des Communes. Or, Theresa May s'est révélée incapable de conserver cette majorité. Elle a ainsi dû, dès juin 2017 et alors qu'elle avait elle-même provoqué les élections en sollicitant de la Chambre le vote d'une motion d'autodissolution, faire alliance avec le Parti unioniste démocrate (DUP) afin de conserver sa majorité. Elle s'est ensuite battue 2 ans durant contre les forces contraires qui animaient son parti, le Gouvernement et sa majorité, avant de déclarer forfait en juin 2019, abandonnant la tête du parti puis celle du Gouvernement.

Évitez les abréviations.

Sans gouvernement majoritaire et sans discipline de vote, il semble alors que le Gouvernement ne gouverne plus. Le Parlement quant à lui, en plus des trois rejets successifs du projet d'accord présenté par l'ex-Premier ministre au printemps 2019, ne propose aucune alternative qui permettrait d'aboutir à un accord sur le retrait du Royaume-Uni et paralyse de ce fait, l'ensemble du processus. Plus encore, il invoque, voire invente, des moyens juridiques pour contourner l'action du Gouvernement ou au contraire, le forcer à agir. À titre d'exemple, le Parlement promulgue le 8 avril 2019 le *European withdrawal act* 2019 qui impose au Premier ministre de demander un report de la date de sortie du Royaume-Uni alors même que le Parlement ne dispose pas de compétence générale en matière d'affaires étrangères. Le Parlement bloque le processus en donnant sa confiance au Premier ministre mais en ne lui accordant pas les moyens nécessaires à la réalisation de sa politique. Déséquilibre au détriment du Gouvernement qui n'est d'ailleurs pas sans rappeler les IIIe et IVe Républiques françaises.

TB.

Le Brexit est alors illustré au Royaume-Uni par la création de nouveaux moyens juridiques visant à bloquer l'action du Gouvernement ou la mise à l'écart des règles de droit parlementaire. La décision Miller II du 24 septembre 2019 peut alors également être prise en exemple des limites du régime primo ministériel, en ce que la Cour suprême y contrôle les actes politiques du Premier ministre alors même que cela ne relève pas de sa mission. Le Brexit semble avoir affaibli le régime parlementaire britannique pourtant considéré comme modèle de référence pour de nombreux États européens et laisse penser à une refonte nécessaire du régime.

TB.

Bien. Sur un sujet d'actualité tel que celui-ci il est pertinent de consacrer votre 2.B) à une ouverture.

B) Le Brexit : vers une refonte du régime parlementaire britannique

En addition de l'ensemble des éléments évoqués précédemment, il faut souligner qu'en cette période de Brexit, les principes du régime Parlementaire offrent les moyens de résoudre une telle crise. En effet, le Parlement peut renverser le Gouvernement et ce dernier peut, quant à lui obtenir la dissolution de la Chambre basse. Mais c'est sans compter sur l'une des spécificités britanniques qu'est le *Fixed term Parliament's Act* de 2011, qui empêche le Premier ministre de disposer pleinement du droit de dissolution puisqu'il doit obtenir l'accord des deux tiers des députés de la Chambre des Communes pour le faire. Ce blocage institutionnel permet alors au Parlement de décider lui-même de sa dissolution et remet en cause le « régime de collaboration et d'équilibre des pouvoirs » britannique. Cet équilibre tiré de la séparation des pouvoirs promue par John Locke et Montesquieu, pourrait alors laisser place à un régime de confusion des pouvoirs tel que le régime d'assemblée. Il est cependant à préciser que Boris Johnson est parvenu à contourner cette contrainte du *Fixed Term Parliament*, ce qui témoigne d'une certaine souplesse institutionnelle et qui, une fois de plus, illustre la spécificité du régime parlementaire britannique. Le recours rigoureux au référendum ainsi que la dernière décision Miller de la Cour suprême britannique, renforce cette idée en ce qu'elle insiste sur le principe de souveraineté parlementaire, principe phare du régime d'assemblée selon lequel le peuple dispose de la souveraineté par le biais d'une assemblée. Il est vrai que les régimes d'assemblée ne laissent, en théorie, pas place à un Parlement bicaméral. Cependant, lors de ces trois années de négociation du Brexit, seule la Chambre des Communes s'est positionnée face au Gouvernement, laissant la Chambre des Lords plutôt inactive en la matière.

Mentionnez, même si cette hypothèse n'a pas été envisagée, la dissolution automatique suite au vote, par la Chambre des Communes, d'une motion de censure et à l'absence de vote de confiance envers un nouveau Gouvernement dans les 14 jours.

Comme Theresa May avant lui, qui a réussi à obtenir de la Chambre qu'elle vote, en avril 2017, la motion d'autodissolution.

Pour finir, des modifications quant au rôle de la Cour suprême sont également remarquables. En effet, avec sa décision Miller de 2019, la Cour suprême tend vers un contrôle de constitutionnalité qui laisse envisager la possibilité d'une constitution matérielle, pourtant contraire aux traditions constitutionnelles britanniques. Le Brexit laisse alors place au doute quant à la survie du régime parlementaire britannique, ou du moins de sa survie tel qu'il existe depuis des siècles au Royaume-Uni. Comme évoqué précédemment, l'une des particularités majeures du régime parlementaire britannique reposait sur l'équilibre ténu entre le Parlement et le Gouvernement, sur le lien de confiance entre ces deux institutions qui permettait leur bon fonctionnement. Il semblerait que le Brexit soit venu modifier cet équilibre au moins temporairement, à la faveur de la seule Chambre des Communes. C'est pourquoi certains, comme Vanessa Barbé, professeur de droit constitutionnel, y voient les prémices d'un régime d'assemblée, qui remplacerait le régime parlementaire britannique.

Commentaire de texte

Sujet 14

Durée de l'épreuve : 3 heures

Aucun document n'est autorisé

Vous commenterez le texte suivant :

Message adressé par le président Mac-Mahon à la Chambre des députés et au Sénat le 13 décembre 1877

Messieurs les Sénateurs, Messieurs les députés,

Les élections du 14 octobre ont affirmé, une fois de plus, la confiance du pays dans les institutions républicaines. Pour obéir aux règles parlementaires, j'ai formé un cabinet choisi dans les deux chambres, composé d'hommes résolus à défendre et à maintenir ces institutions par la pratique sincère des lois constitutionnelles.

L'intérêt du pays exige que la crise que nous traversons soit apaisée : il exige avec non moins de force qu'elle ne se renouvelle pas.

L'exercice du droit de dissolution n'est, en effet, qu'un mode de consultation suprême auprès d'un juge sans appel, et ne saurait être érigé en système de gouvernement. J'ai cru devoir user de ce droit et je me conforme à la réponse du pays.

La Constitution de 1875 a fondé une République parlementaire en établissant mon irresponsabilité, tandis qu'elle a institué la responsabilité solidaire et individuelle des ministres.

Ainsi sont déterminés nos devoirs et nos droits respectifs. L'indépendance des ministres est la condition de leur responsabilité. Ces principes, tirés de la Constitution, sont ceux de mon gouvernement.

OBSERVATIONS DU CORRECTEUR (A. Blandin)

Commenter un texte consiste à en expliquer les idées pour en faire une appréciation critique.

Deux écueils sont à éviter, faire de la paraphrase, c'est-à-dire recopier les idées de l'auteur sans les commenter ou faire une dissertation, c'est-à-dire « oublier » le texte et se livrer à une démonstration sans lien avec ce dernier.

Le piège du présent commentaire était justement de tomber dans une description détaillée de la crise du 16 mai 1877 en oubliant le contenu véritable du texte.

Cette phrase, prononcée par Léon Gambetta lors d'un discours à Lille, en août 1877, durant la campagne des élections législatives, est très connue, de sorte que votre accroche pourrait paraître trop banale. Elle colle néanmoins particulièrement bien au texte à commenter. Son utilisation était, par conséquent, tout à fait pertinente pour ce commentaire.

« *Quand la France aura fait entendre sa voix souveraine [...], il faudra se soumettre ou se démettre* » lançait Gambetta, lors de la crise dite du 16 mai 1877, à l'intention du président Mac-Mahon. C'est la soumission, avant la démission plus tard, que choisira effectivement le vieux président. Le message qu'il adresse le 13 décembre 1877 aux assemblées parlementaires acte précisément cette soumission.

Il est bien, comme vous le faites, de rappeler le sujet au début de l'introduction.

Attention aux répétitions.

Troisième président de la République française, élu en 1873 par une assemblée constituante monarchiste et lui-même monarchiste, Mac-Mahon se trouve confronté à une majorité républicaine à la Chambre des députés dès 1876, alors qu'il bénéficie du soutien d'une courte majorité conservatrice au Sénat. Ayant d'abord nommé des gouvernements susceptibles de faire consensus, il déclenche lui-même la crise en désavouant, le 16 mai 1877, son chef de Gouvernement, Jules Simon, qui démissionne. Mac-Mahon le remplace par Albert de Broglie, monarchiste, et sur les conseils de ce dernier, ajourne la Chambre des députés et le Sénat pendant un mois. La réaction de cette dernière ne se fait point attendre. Par un manifeste signé par 363 députés, les républicains protestent contre ce qu'ils considèrent comme un coup de force du Président. Lorsque les assemblées se réunissent à nouveau, en juin, la Chambre des députés déclare refuser sa confiance au ministère De Broglie. Le président de la République décide, alors, de prononcer, sur avis conforme du Sénat, conformément à l'article 5 de la loi constitutionnelle du 25 février 1875, la dissolution de la Chambre. S'ensuit, au cours de l'été 1877, une campagne législative très animée, menée, pour le camp républicain, par Gambetta. Elle voit la victoire des républicains à l'automne, lesquels restent donc majoritaires à la Chambre des députés. Après avoir résisté un peu en envisageant une nouvelle dissolution et en tentant de former un Gouvernement conservateur, Mac-Mahon se résigne à choisir un cabinet issu de la majorité parlementaire le 13 décembre. Le même jour, il adresse le message, objet de notre commentaire, à la Chambre des députés et au Sénat.

Sans tomber dans une présentation trop détaillée de la crise du 16 mai 1877, vous avez raison d'en rappeler brièvement les grandes lignes afin de replacer le texte à commenter dans son contexte.

Ce message s'apparente à une lettre d'excuse. Le Président y affirme sa volonté de se conformer « aux règles parlementaires » et de mettre un terme à « la crise » que traverse le pays. Néanmoins, transparaissent également des éléments préfigurant l'évolution du régime. Si la crise du 16 mai 1877 est avant tout une crise politique entre monarchistes et républicains dans les débuts balbutiants de la Troisième République, elle n'en comportait pas moins des enjeux institutionnels importants. Surtout, elle a donné son visage définitif à la Troisième République, lequel est, de fait, bien éloigné de la lettre des textes constitutionnels adoptés en 1875. En quoi le message adressé aux parlementaires par le président Mac-Mahon à l'issue de cette crise augure-t-il de l'évolution du régime de la Troisième République ?

La problématique est bien posée et correctement justifiée.

Dans ce message, le président Mac-Mahon acte, en réalité, déjà le passage d'un régime parlementaire de type dualiste à un régime parlementaire de type moniste (1). Par l'abandon des armes que la Constitution avait données au chef de l'État, il ouvre également la porte, avant même la « Constitution Grévy », à la dérive vers le régime d'assemblée (2).

Votre annonce de plan répond directement à votre problématique. C'est bien.

1 • Le passage à un régime parlementaire moniste

Ce titre est clair et correspond au plan annoncé. C'est bien. Le correcteur peut suivre facilement le fil directeur de votre devoir.

Ce passage à un régime parlementaire de type moniste est induit par deux éléments qui ressortent d'une lecture attentive du texte. Il apparaît, en effet, que le président Mac-Mahon renonce à la responsabilité du Gouvernement devant lui (A) et renonce également à jouer un rôle actif (B).

L'idée est bonne, mais maladroitement exprimée. Votre chapeau pourrait également être plus explicite afin de ne pas vous limiter à un copier-coller des titres de vos sous-parties.

A) La renonciation à la responsabilité du Gouvernement devant le chef de L'État

Même remarque, formulation maladroite.

Mac-Mahon affirme avoir « *formé un cabinet choisi dans les deux Chambres* », c'est-à-dire un Gouvernement composé notamment de républicains, « *pour obéir aux règles parlementaires* ».

Certes, dans un régime parlementaire, le Gouvernement émane, en principe de la majorité législative. Un régime parlementaire est, par essence, un régime de séparation des pouvoirs fondé sur la collaboration des organes législatifs et exécutifs. Cela signifie, qu'à côté de leurs fonctions principales, ceux-ci vont s'immiscer mutuellement dans leurs fonctions respectives. Un tel régime de collaboration des pouvoirs suppose nécessairement une confiance entre les organes exécutifs et législatifs. Logiquement, le Gouvernement est de la même couleur politique que la majorité au Parlement, devant lequel celui-ci est politiquement responsable.

Cette volonté affirmée du président monarchiste de se conformer « *aux règles parlementaires* » en nommant un Gouvernement républicain peut surprendre malgré tout. Les auteurs des lois constitutionnelles de 1875 formant la Constitution de la Troisième République avaient, en effet, entendu mettre en place un régime parlementaire de type dualiste. Or, dans le parlementarisme dualiste, le Gouvernement doit non seulement avoir la confiance du Parlement, mais aussi celle du chef de l'État, lequel joue un rôle actif. C'est à ce titre que Mac-Mahon avait notamment contraint le ministère de Jules Simon à la démission alors que celui-ci avait le soutien de la Chambre des députés. En nommant, le 13 décembre 1877, un Gouvernement qu'il désapprouve, Mac-Mahon provoque le passage à un régime parlementaire de type moniste, dans lequel le Gouvernement ne sera plus responsable que devant le Parlement. Sans doute le Président n'avait-il pas vraiment le choix. La dissolution de la Chambre des députés n'avait pas eu l'effet escompté. Le peuple ayant reconduit une majorité républicaine, il ne lui restait qu'à tenter le coup de force ou à se soumettre. Mais, le fait est qu'à cet instant, la Troisième République, bascule dans le monisme.

Vous auriez pu ajouter que c'est l'inconvénient du régime parlementaire dualiste. Celui-ci nécessite un compromis permanent entre le chef de l'État et le Parlement sans prévoir de véritable solution en cas de désaccord. Cela explique, parmi d'autres facteurs, que ce type de régime ait quasiment disparu.

Ce basculement vers le monisme est confirmé par la renonciation, bien visible dans la suite de son message, du président Mac-Mahon à jouer à un rôle actif.

B) La renonciation à jouer un rôle actif

Mac-Mahon établit un lien entre responsabilité et indépendance impliquant un rôle désormais effacé du chef de l'État. Il énonce, en effet, que « *la Constitution de 1875 a fondé une République parlementaire en établissant mon irresponsabilité, tandis qu'elle a institué la responsabilité solidaire et individuelle des ministres* ». « *Ainsi sont déterminés nos devoirs et nos droits respectifs* » ajoute-t-il. « *L'indépendance des ministres est la condition de leur responsabilité* ». Cela signifie que, parmi les organes exécutifs, seuls les ministres, responsables solidairement et individuellement, peuvent jouer un rôle véritable. Le président de la République, irresponsable, ne peut mener une politique propre. Il conclut par les mots suivants : « *ces principes, tirés de la Constitution, sont ceux de mon gouvernement* ».

Vous auriez pu ajouter que Mac-Mahon avait défendu jusque-là l'idée d'une responsabilité morale du chef de l'État devant le pays.

Cette dernière phrase, comme les deux précédentes, ne correspond évidemment pas à la lettre des textes constitutionnels. Élaborée par une assemblée constituante monarchiste, dans la lignée de l'expérience orléaniste, la Constitution de la Troisième République conférait au contraire un rôle de première importance au président de la République. C'était d'autant plus vrai qu'elle n'avait pas institutionnalisé

Précisez à quoi vous faites référence par « expérience orléaniste ».

Il est bien de citer l'une des lois constitutionnelles de 1875. Cela montre que vous avez de solides connaissances.

la fonction de chef du Gouvernement. La loi constitutionnelle du 25 février 1875 relative à l'organisation des pouvoirs publics faisait notamment du Président le titulaire du pouvoir réglementaire et de l'initiative des lois concurremment avec les parlementaires.

La vision nouvelle des institutions que développe Mac-Mahon, dans son message du 13 décembre 1877, correspond néanmoins à celles des républicains qui voyaient dans la Chambre basse le centre de gravité du pouvoir et préféraient, par conséquent, le régime moniste. Au-delà des aspects politiques, la crise du 16 mai 1877 est une crise constitutionnelle entre monarchistes défendant le dualisme et républicains souhaitant passer au monisme.

En 1879, suite au basculement du Sénat dans le camp républicain, Mac-Mahon démissionne de la présidence de la République. Il sera remplacé par Jules Grévy. Le message que ce dernier adresse à son tour aux assemblées parlementaires, le 6 février 1879, dit « Constitution Grévy », confirme définitivement le passage au monisme par la mise en retrait du chef de l'État.

C'est un peu maladroit, car cela donne l'impression que vous donnez votre avis alors que vous n'avez pas expliqué auparavant en quoi le régime parlementaire dualiste pouvait être problématique.

Si la disparition du régime parlementaire dualiste n'était pas en soi une mauvaise chose, le problème est que cette mise en retrait du président Mac-Mahon s'est accompagnée de sa renonciation à user des armes que la Constitution avait données au chef de l'État à l'encontre du Parlement. La porte était ouverte à la dérive vers le régime d'assemblée.

La formulation du titre aurait pu être plus élégante, mais votre plan est bien construit. Les deux axes que vous avez dégagés à partir du texte sont pertinents. Il est, par conséquent, dommage que ces qualités soient un peu éclipsées par des formulations malheureuses.

2 • La porte ouverte à la dérive vers le régime d'assemblée

Après s'être servi du droit de dissolution durant la crise, Mac-Mahon en rejette visiblement l'usage dans son message du 13 décembre 1877 (A). Or, à partir du moment où le pouvoir exécutif se dessaisit de ses facultés d'empêcher, l'équilibre du régime parlementaire se trouve rompu (B).

A) L'abandon du droit de dissolution

La référence que fait Mac-Mahon à l'utilisation qu'il avait faite du droit de dissolution prend la forme d'un *mea-culpa*. Affirmant que « *l'intérêt du pays exige que la crise [...] soit apaisée* » et « *ne se renouvelle pas* », il déclare que « *l'exercice du droit de dissolution n'est, en effet, qu'un mode de consultation suprême auprès d'un juge sans appel, et ne saurait être érigé en système de gouvernement* ». Le ton se fait encore plus repentant lorsqu'il ajoute : « *j'ai cru devoir user de ce droit et je me conforme à la réponse du pays* ». Une telle contrition à propos d'un droit que pourtant la Constitution lui donnait, peut, là aussi, surprendre et laisse entendre qu'il n'en fera plus usage.

Vous auriez pu utiliser le terme « discrédit » dont se trouve frappé le droit de dissolution suite à la crise du 16 mai 1877, discrédit qui entraîne sa désuétude.

Dans les faits, aucun autre président de la Troisième République n'usera du droit de dissolution. Son utilisation par un président monarchiste durant la crise du 16 mai 1877 l'aura durablement fait apparaître comme un instrument autoritaire et réactionnaire menaçant la République. La nécessité, sous la Troisième République, d'obtenir l'avis conforme du Sénat pour prononcer la dissolution n'aidera pas. Dès lors que le Sénat avait basculé dans le camp républicain, celui-ci était, relève le professeur Morabito, naturellement porté à se solidariser avec la Chambre basse, seule susceptible de faire l'objet d'une dissolution.

Cette précision sur la nécessité pour le président de la République d'obtenir l'aval du Sénat afin de prononcer la dissolution de la Chambre des députés est intéressante, car elle est souvent occultée dans la présentation de la désuétude du droit de dissolution sous la Troisième République. Conçu par l'assemblée constituante monarchiste comme un appui au chef de l'État, l'avis conforme du Sénat deviendra une protection pour la Chambre basse.

De manière plus générale, les présidents de la Troisième République ne chercheront plus à empêcher le Parlement d'une quelconque façon. Le principe en est arrêté dans la « Constitution Grévy ». Ce dernier y fait la promesse qu'il « *n'entrer[a] jamais en lutte contre la volonté nationale, exprimée par ses organes constitutionnels* ». Les présidents de la République ne dissoudront plus, n'ajourneront plus les Chambres, ne s'opposeront plus à un Gouvernement jouissant d'un soutien parlementaire…

Toutefois, en abandonnant leurs moyens de pression sur le Parlement, le président Mac-Mahon et ses successeurs vont rompre l'équilibre du régime parlementaire au détriment du pouvoir exécutif.

Les sous-parties de votre 2 sont déséquilibrées en volume. Afin d'étoffer un peu votre B vous auriez pu ajouter que la désuétude du droit de dissolution entraîne également une appropriation de la souveraineté du peuple par les parlementaires censés le représenter. Comme le dit Mac-Mahon, dans le texte, le droit de dissolution est « *un mode de consultation suprême auprès d'un juge sans appel* », c'est-à-dire le peuple.

B) La rupture de l'équilibre du régime parlementaire

Comme tout régime de séparation des pouvoirs, le régime parlementaire repose sur un équilibre des pouvoirs garanti par l'existence, chez les organes exécutifs et législatifs, de facultés réciproques de s'empêcher. Autrement dit, chaque pouvoir doit avoir les moyens de contrer l'autre, au risque autrement que l'un des pouvoirs prenne le dessus.

Il est bien d'avoir rappelé cette règle du régime parlementaire et plus généralement de tout régime de séparation des pouvoirs, même si en régime parlementaire les facultés réciproques d'empêcher peuvent avoir un effet plus radical.

Or, c'est au président de la République que les textes constitutionnels de 1875, qui ne disaient rien de l'existence d'un chef du Gouvernement, avaient confié les moyens de contrer le Parlement : droit de dissolution, droit d'ajourner les Chambres, droit d'exiger une nouvelle délibération de la loi…

En renonçant à user de ces moyens, le président de la République laisse le Gouvernement à la merci des caprices du Parlement. On sait que la Troisième République s'est caractérisée par une instabilité ministérielle chronique, les Gouvernements démissionnant à chaque mouvement d'humeur de l'une ou l'autre des Chambres. Les ministères successifs étaient dans l'incapacité de mener une politique véritable. En pratique, la Troisième République a davantage ressemblé à un régime d'assemblée, c'est-à-dire à un régime de confusion des pouvoirs au profit des organes législatifs.

C'est juste, mais n'oubliez pas le texte à commenter.

Le Gouvernement était effectivement responsable devant les deux Chambres sous la Troisième République et le Sénat ne s'est pas privé de contraindre des Gouvernements à la démission.

Paradoxalement, c'est celui qui avait fait usage de ces moyens de pression, le président Mac-Mahon, qui a également initié cette dérive le 13 décembre 1877.

Votre phrase conclusive n'est pas une citation, mais elle est efficace.

Sujet 15

Commentaire de texte

Durée de l'épreuve : 3 heures

Aucun document n'est autorisé

Vous commenterez le texte suivant :

Louis Aragon, *Les Communistes II* (3. - novembre 1939 - mars 1940 - XXVIII), Robert Laffont, 1966 (1949), p. 307-311.

[…] Dans les tribunes à peine ouvertes, il n'y a guère que la presse. Trois heures dix, pensez donc ! Ceux qui ne sont pas forcés… Herriot est au fauteuil présidentiel, on n'entend pas très bien ce qu'il marmonne, le marteau frappe la table, la salle des séances vous a un air de désarroi. Personne n'est à sa place, sauf le gouvernement, figé. Daladier se retourne fréquemment vers les groupes qui se sont formés en haut des travées. Dans l'hémicycle, les huissiers passent. Où est le Dauphin ? Paul Reynaud, comme toujours de trois quarts, vous voyez, mon cher, au banc du gouvernement… Dominique Malot, qui rentre en séance, après une courte absence, a pris Visconti par le bras : il baigne dans la sueur et le découragement. « Romain, dis-moi, vous n'allez pas faire ça ? Toi, Déat, les autres, si vous vous abstenez avec les socialistes… Tu réfléchis, en pleine guerre… Tout ça pour donner un portefeuille à Frossard ! vous serez responsables devant l'Histoire ! – Et Visconti : - Dis donc, mon vieux, qu'est-ce que tu préfères ? Répondre d'une chute ministérielle ou d'une guerre mondiale ? Mais quand on fait la guerre, on la fait. Pourquoi ton Daladier a-t-il laissé triompher Staline ? pour une fois qu'on aurait été tous d'accord ! » Dominique plie les épaules. Mais aussi, on ne lui en a pas laissé le temps, à Edouard… Encore deux ou trois mois, et certainement… - Deux ou trois mois ? – ricane Visconti. – Et si le chancelier Hitler est déjà dans la Galerie des Glaces ? »

Quand on a dissocié le premier paragraphe du texte Chichery, celui que les radicaux viennent de mettre sur pied et que, rejetant l'ordre du jour Louis Marin, le gouvernement demande qu'on vote, on voit bien les sentiments de la Chambre. Tous les bras levés pour l'hommage à la Finlande : les pacifistes de septembre, la droite classique, la majorité, l'opposition, on ne peut plus rien y reconnaître. Quelqu'un dit à Bresle dans l'ombre de la tribune : « On devrait avoir un gouvernement Mannerheim ! » Et le type à lunettes par-derrière souffle : « Nous avons bien notre maréchal à nous… pas si loin ! » Daladier pose la question de confiance. On passe au vote. Les boîtes circulent. Tout le monde a sommeil, mais on sent l'hostilité sur les bancs de gauche et de droite. Ils se répondent comme à l'hallali quand le cri : Pointage ! pointage ! s'élève d'un peu partout. Allons, il y en a pour une petite heure.

La séance à nouveau interrompue, on circule. Les membres du gouvernement sortent. Sauf Paul Reynaud. « Regarde, – dit le lunetteux à Bresle, – le vilain petit sphinx ! » C'est assez ressemblant.

[…]

« Vos amis ne soutiennent pas le cabinet. » C'est Malot qui, le visage défait, interpelle le ministre des Transports. Monzie soulève sa main sur le dossier du banc pour dire qu'est-ce que j'y puis : « Vous avez l'air de prendre mal ce qui se passe, mon brave Malot…. Je croyais que, depuis septembre, vous aviez une dent contre le Président, qui vous a un peu manqué de parole, non ? On est ministre un jour, on ne l'est plus le lendemain, mon cher, c'est la vie… Je l'avais dit au Président, prenez garde aux Ides de Mars ! Mais c'est la règle que César demeure sourd à la voix de devins… Asseyez-vous, Malot, vous faites peine à voir ! » Dominique Malot s'assied donc, un peu de travers sur une fesse, comme quelqu'un qui, dans une église, s'est trop approché de l'autel. Il est sorti bouleversé de la réunion du groupe radical. Jusque-là, il ne croyait pas à la catastrophe. Maintenant il attend ce vote… une confirmation, rien de plus. […]

La sonnette rappelle les députés. Ceux qui dormaient à leur place s'éveillent dans les bancs. Il traîne une rumeur assez lasse. On bâille. Deux cent trente-neuf voix contre une… Les applaudissements ont l'air d'erreurs, un peu au hasard des bancs, de l'inattention… « Ce n'est pas si mal ! » veut dire quand même Dominique Malot. Chichery hausse les épaules. On se lève dans un brouhaha. Tout d'un coup, Malot voit le visage d'Edouard Daladier. Et ça lui fait un coup au cœur. « Les lâches », pense-t-il. Il voudrait aller à son vieux camarade, lui parler, lui dire qu'il n'est pas seul… L'autre, une main dans la poche, les épaules voûtées, s'en va d'un faux pas tranquille, s'appuyant sur une canne, mal guéri de sa chute de cheval de janvier. Les députés se hâtent vers la sortie. Les huissiers ont l'air de garçons à l'heure de la fermeture d'un café. Ici, on ne peut pas mettre les chaises sur les tables pour chasser les clients. Les gens passent à côté de Malot, le heurtant, il veut rester là, finir la nuit ? Les rires d'un groupe de socialistes lui paraissent blasphématoires, comme dans la maison d'un mort. Visconti le prend par le bras, et lui dit : « Allons, viens, mon pauvre jobard ! » et lui se laisse entraîner, répétant l'expression de Monzie : « … les Ides de Mars… Romain ! J'ai peur… qu'est-ce que ça va donner, selon toi ? » L'aimable député des Pyrénées-Orientales a un geste vague : « La parole est au président de la République… à lui, de choisir ou non la voie des aventures ! »

Le président de la République ? Au vestiaire, Malot en reprenant son pardessus, son chapeau mou, se rend compte que, pour la première fois de sa vie, le président de la République lui apparaît autre chose qu'une machine à saluer. […]

OBSERVATIONS DU CORRECTEUR (N. Demontrond)

La difficulté de ce sujet est qu'il s'agit d'un roman qui se veut historique (dans lequel Aragon cherche à « mentir vrai »). Il faut alors relever les éléments de droit constitutionnel pour les expliquer et les commenter ; tout en négligeant les aspects romanesques et historiques. Il s'agissait en l'espèce d'expliquer cette crise ministérielle à partir de considérations plus systémiques et constitutionnelles que contingentes. Pour s'assurer de ne pas trop s'éloigner du texte, il vaut mieux commencer ou terminer ses remarques par lui (voire le citer directement).

« *L'avenir de l'homme, c'est la femme. Elle est la couleur de son âme* » a écrit Louis Aragon. C'est un écrivain français du XXe siècle. Il est connu pour son engagement au sein du surréalisme puis du Parti communiste français. À côté de sa dominante œuvre poétique, il a écrit des romans. *Les Communistes*, publié en plusieurs volumes, fait partie de ce type. Il a été édité une première fois en 1949, puis en 1966. La première date de parution correspond au sortir de la Seconde Guerre mondiale et à la mise en place de la IVe République. Tandis que la seconde date correspond à la stabilisation de la Ve République gaulliste suite à la réélection du président de Gaulle en 1965. L'action de l'extrait proposé du roman se situe pendant la « drôle de guerre ». L'Allemagne nazie et l'URSS stalinienne ont envahi la Pologne. Les alliés de cette dernière, dont la France, ont déclaré la guerre en représailles. L'extrait ne se déroule pas sur le champ de bataille, du moins pas celui militaire. Louis Aragon décrit le renversement par la Chambre des députés du Gouvernement Daladier alors même que la guerre presse de plus en plus le pays. L'intérêt de commenter un tel extrait est donc de voir comment fonctionnait la IIIe République jusqu'à sa fin et comment cela permettait-il – ou non – de répondre aux crises qu'elle rencontrait. Cette République est la plus longue que la France ait connue. Elle est née en 1870, suite à la défaite face à la Prusse, et s'est terminée en 1940, après que le maréchal Pétain a reçu les pleins pouvoirs. La question posée par cet extrait est comment le fonctionnement parlementaire de la IIIe République a-t-il participé à la défaite de 1940 ?

> La phrase d'accroche doit servir à amener vers le sujet et doit donc avoir un lien avec celui-ci. Sinon, vous pouvez rappeler un fait historique comme le déclenchement de la Seconde Guerre mondiale.

> L'introduction est bonne car elle suit les étapes attendues : phrase d'accroche ; présentation du texte (nature de l'œuvre, contexte) et de son auteur ; et l'intérêt du sujet permettant de guider la démonstration.

> La problématique est bonne mais ne colle pas assez à un commentaire. Il faut toujours partir du texte. Cela pourrait alors donner : comment ce roman montre-t-il la situation d'impuissance politique due au fonctionnement parlementaire de la IIIe République ?

L'annonce du plan est un peu légère. Il faut éviter une annonce trop scolaire et sommaire qui ne copierait que les titres. L'annonce doit être le reflet de l'évolution de votre raisonnement. Ainsi, cela pourrait donner : Dans le contexte pressant de la Seconde Guerre mondiale, Louis Aragon décrit le fonctionnement du régime parlementaire. L'appel au président de la République fait à l'issue du texte (2) se présente comme le dernier recours contre un Parlement omnipotent (1).

Pour y répondre, nous traiterons de l'omnipotence du Parlement dans une première partie (1) avant que nous n'évoquions l'appel au président de la République qui est fait dans le texte dans la seconde partie (2).

1 • Un parlement omnipotent

Les titres de la première partie sont trop généraux. Il faut davantage montrer qu'ils partent du et portent sur le texte. En revanche, employer un adjectif qualificatif (ici « omnipotent ») est une bonne idée pour traduire l'idée que défend la partie tout en utilisant peu de mots.

La suprématie du Parlement traduit la souveraineté parlementaire de la IIIe République (A). Il a pour conséquence l'impuissance du Gouvernement (B).

A) La souveraineté parlementaire de la IIIe République

Le Parlement de la IIIe République est composé de deux chambres : la Chambre des députés et le Sénat. Il s'agissait d'un bicamérisme égalitaire, dans lequel la Chambre haute pouvait même engager la responsabilité du Gouvernement. Dans le texte présent, la scène se déroule dans la Chambre des députés.

A minima puisque le Sénat devait même donner son avis conforme à la dissolution de la Chambre des députés, tandis que lui ne pouvait pas être dissous.

Sous la IIIe République, tous les pouvoirs procèdent du Parlement. Il s'agit de la souveraineté parlementaire. Les parlementaires se comportent comme des clients de café mais la souveraineté parlementaire empêche les huissiers de les mettre dehors. Cependant, le Parlement ne disposait pas d'une majorité cohérente et disciplinée ; ce qui conduisait à la démission fréquente du Gouvernement.

Les partis étaient nombreux et formaient des coalitions précaires et hétérogènes qui se disloquaient rapidement. Il y a ainsi « *les pacifistes de septembre, la droite classique, la majorité, l'opposition, on ne peut plus rien y reconnaître* ». Pour voter, « *les boîtes circulent* ». Le système des boîtes permet aux parlementaires de s'absenter mais de voter quand même en laissant leur bulletin dans ces boîtes.

Dans le texte, le groupe radical fait savoir lui-même au ministre des Transports qu'il ne soutient plus le Gouvernement, entraînant sa chute. Le ministre, qui comme « *dans une église, s'est trop approché de l'autel* », est en révérence face au Parlement.

B) Un Gouvernement impuissant

Sous la IIIe République, le Gouvernement est responsable solidairement devant les deux Chambres. Dans le texte, il ne s'agit pas d'une motion de censure dont la Chambre serait à l'origine mais d'une question de confiance posée par le chef du Gouvernement, Daladier.

Sous la IIIe République, il ne faut pas suivre de forme particulière pour soumettre la question de confiance. Dès que le Gouvernement estime ne plus avoir la majorité pour conduire sa politique, il peut poser cette question. L'objectif est de responsabiliser les parlementaires en leur faisant craindre une crise ministérielle. La question de confiance accompagne le vote d'un texte. Si celui-ci est rejeté, le Gouvernement démissionne. Les parlementaires en abusèrent.

Il y a eu 104 gouvernements entre 1871 et 1940. Il n'y avait pas de procédure particulière pour les renverser et une majorité simple suffisait. Le multipartisme et les coalitions précaires ont permis d'user fortement de cette simplicité de renversement. Ainsi que le dit le texte, « *on est ministre un jour, on ne l'est plus le lendemain* ».

N'oubliez pas de vous référer régulièrement au texte pour montrer que vous le commentez toujours. Vous pouvez simplement citer ici le texte : « *Tout ça pour donner un portefeuille à Frossard !* ».

Des gouvernements tombaient fréquemment, y compris lorsque les débats usaient le personnel jusque tard dans la nuit comme dans le texte où les trois heures du matin sont passées. La course aux portefeuilles incitait à renverser les gouvernements alors même que la guerre était déclarée avec l'Allemagne.

Le Gouvernement n'avait aucun moyen de pression contre le Parlement : le droit de dissolution était tombé en désuétude et le président de la République ne lui offrait plus d'assise.

2 • Le chef de l'État comme secours

Le texte se termine par le président de la République. Il apparaît comme un dernier recours (A). Mais dans les faits, ce fut le maréchal Pétain qui prit le pouvoir (B).

A) Le président de la République comme dernier recours

Dans le texte, il revient au président de la République de choisir ou non la voie des aventures. Le président de la République nommait le chef du Gouvernement et présidait le Conseil des ministres. Mais l'histoire de la IIIe République amène à considérer le Président comme n'étant qu'une « *machine à saluer* ». Il était prévu à l'origine et dans la Constitution de la IIIe République que le président de la République bénéficiait de pouvoirs étendus.

La crise du 16 mai 1877 changea l'application des textes. Le président monarchiste d'alors, le maréchal de Mac-Mahon, voulut imposer une direction politique au Gouvernement de Jules Simon, puis le remplaça par un Gouvernement guidé par le duc de Broglie. La Chambre des députés, majoritairement républicaine s'y opposa. Elle fut dissoute. Le résultat des élections donna raison aux républicains. Après que le maréchal de Mac-Mahon eut aussi perdu le soutien du Sénat deux ans plus tard en 1879, il se retira.

Jules Grévy lui succéda à la présidence de la République. Celui-ci établit la Constitution Grévy qui est une constitution coutumière dans laquelle le président de la République n'use pas de ses pouvoirs contre le Parlement. Par la suite, le président Millerand tenta de réformer la fonction présidentielle pour lui redonner du pouvoir. Mais ce fut un échec.

B) Le recours au maréchal Pétain

« *Le type à lunettes par-derrière souffle : « Nous avons bien notre maréchal à nous… pas si loin ! »* » Le texte fait probablement référence au maréchal Pétain. Le recours au maréchal Pétain s'imposa au Parlement au cours de la défaite que connut la France face à l'Allemagne. Ce héros de la Première Guerre mondiale obtint les pleins pouvoirs par la loi constitutionnelle du 10 juillet 1940 en vue d'établir une nouvelle constitution, notamment suite à des pressions sur les parlementaires.

Pétain garda les pleins pouvoirs, n'écrivit pas de nouvelle constitution et instaura, à son bénéfice, le Régime de Vichy. Mais en réalité, ce régime était contraint par l'envahisseur nazi. La France était coupée en deux entre la zone dite libre et celle occupée. Puis très vite, toute la France devint occupée. Dix-huit ans plus tard, un autre militaire demanda les pleins pouvoirs en vue de changer de constitution. Il s'agit du général de Gaulle qui les obtint pour instaurer la Ve République.

De Gaulle regretta qu'en 1940 le président de la République, Albert Lebrun, ne puisse exercer de réel pouvoir contre l'invasion allemande, qu'il ne puisse pas suivre « *la voie des aventures* ». C'est ce qui justifia, selon la légende, la rédaction de l'article 16 de la Constitution de 1958.

Le plan suit bien la méthodologie du commentaire de texte qui doit avoir son cœur en I/B et II/A.

Il s'agit plus précisément de trois lois constitutionnelles plus que d'une Constitution.

Président du Conseil ou de la République ?

À définir. Il s'agit d'une Constitution non écrite mais considérée comme obligatoire.

Vous vous éloignez trop du texte. En revanche, afin de montrer que le président de la République apparaissait seulement comme une « *machine à saluer* » comme le montre la fin du texte, vous pourriez citer Clémenceau selon qui « *il y a deux organes inutiles : la prostate et le président de la République* ».

Ces considérations sont plus historiques que juridiques.

Sujet 16

Cas pratique

Durée de l'épreuve : 3 heures

Aucun document n'est autorisé

À partir de vos connaissances, vous résoudrez le cas pratique suivant :

Le 11 Mai 1953, suite à la démission du Gouvernement de Jean Némard, Vincent Auriol, président de la République, désigne Alphonse Kelpeuv président du Conseil. Depuis les élections législatives du 17 juin 1951, l'Assemblée nationale est totalement imprévisible et les Gouvernements se succèdent les uns après les autres. Avec cette nouvelle nomination, Vincent Auriol est néanmoins confiant.

Le 14 Mai 1953, après une longue préparation et quelques nuits blanches, M. Kelpeuv prononce devant l'Assemblée nationale un très beau discours sur le programme et la politique gouvernementale qu'il souhaite mener. Habile, il séduit de nombreux députés et est investi par une majorité de 459 députés sur les 625 composant l'Assemblée nationale.

Après négociations et discussions, M. Kelpeuv parvient à composer un Gouvernement. En suivant les instructions de Vincent Auriol, il demande à l'Assemblée l'investiture de son Gouvernement le 20 Mai 1953. C'est une vraie douche froide : sur les 423 votes exprimés, seuls 224 se prononcent favorablement.

1. M. Kelpeuv vous consulte. Il ne comprend pas pourquoi, alors même qu'il avait déjà été investi, celui-ci a dû se présenter une nouvelle fois devant l'Assemblée nationale accompagné de son Gouvernement. Très déçu par ce deuxième vote, il vous demande si son Gouvernement peut commencer son travail ou si ces résultats traduisent un refus d'investiture ?

Les jours passent et M. Kelpeuv est de plus en plus en difficulté… Les députés ne votent pas les lois, les coalitions entre les partis éclatent et se renouent de manière inattendue. Le 29 juin 1953, une motion de censure est déposée contre le Gouvernement de M. Kelpeuv. Le jour du vote, celle-ci recueille 263 votes favorables sur les 503 exprimés. Pour lui, la motion de censure est adoptée, le Gouvernement précédent, dirigé par Jean Némard, ayant démissionné pour un vote de 230 voix favorables à la motion de censure sur les 402 exprimés.

M. Kelpeuv, chamboulé par tant d'hostilité de la part de l'Assemblée, s'effondre dans le bureau du président de la République. Celui-ci le réconforte en lui racontant qu'il y a pire que lui : le 9 janvier 1953, une motion de censure avait été adoptée contre le Gouvernement d'Eva Porée à 430 voix !

M. Kelpeuv sèche ses larmes. Les yeux encore brillants, il a une révélation et annonce à Vincent Auriol : « J'ai trouvé une solution… il faut provoquer de nouvelles élections législatives ! ».

2. Cette fois-ci, c'est M. Kelpeuv et le président de la République qui vous consultent. Ils vous demandent votre avis sur le vote de la motion de censure contre le Gouvernement de M. Kelpeuv. Par ailleurs, les deux hommes se demandent comment ils doivent procéder pour mettre en place de nouvelles élections législatives. Qu'en pensez-vous ?

Depuis votre dernier rendez-vous, M. Kelpeuv est au plus mal et Vincent Auriol a pris une décision radicale. Il souhaite réviser rapidement la Constitution en passant par un référendum.

3. Vincent Auriol vous consulte. Comment doit-il s'y prendre pour réviser la Constitution rapidement par la voie du référendum ?

Après quelques mois, ponctués par de nouvelles démissions gouvernementales, par l'incapacité du Parlement à adopter des lois, un groupe de discussion composé du président de la République, de membres du Gouvernement et de parlementaires se crée afin de réfléchir à une réforme constitutionnelle permettant de rénover la IVe République.

4. Le groupe vous consulte. Avez-vous des pistes à lui soumettre afin de revaloriser le pouvoir exécutif et de mettre fin à l'instabilité gouvernementale chronique ?

OBSERVATIONS DU CORRECTEUR (N. Paly)

La difficulté de ce sujet réside essentiellement dans la nécessité de connaître à la fois les dispositions constitutionnelles de la Constitution du 27 octobre 1946, mais aussi la manière dont celles-ci sont appliquées. En effet, certaines dispositions et règles constitutionnelles ont été déformées par la pratique de la IVe République. Pour répondre correctement aux questions posées, il faut donc à la fois se fier aux dispositions constitutionnelles mais également à la pratique constitutionnelle.

Par ailleurs, pour traiter correctement le sujet, il est nécessaire de bien comprendre la différence et la distinction entre « la majorité absolue des suffrages exprimés » et « la majorité absolue des députés composant l'Assemblée ».

Question n° 1 : Sur l'investiture de M. Kelpeuv et de son Gouvernement

M. Kelpeuv se questionne sur la pratique de la « double investiture » consistant à ce que le président du Conseil et son Gouvernement ne puissent être effectivement nommés qu'après avoir été investis par l'Assemblée nationale.

Très bien ! Le problème de droit est bien reformulé à partir des faits soumis.

L'article 45 de la Constitution du 27 octobre 1946 impose, avant sa nomination, que le président du Conseil, désigné par le président de la République, soit investi par la majorité absolue des députés composant l'Assemblée nationale.

Attention, cette disposition a fait l'objet d'une modification par la loi constitutionnelle du 7 décembre 1954. Il fallait donc bien faire attention à invoquer la disposition dans sa version antérieure.

En l'espèce, il y a 625 députés à l'Assemblée nationale, la majorité absolue des députés composant l'Assemblée correspond ainsi à 313 voix (soit 50 % +1 des membres). En ayant reçu 459 voix, M. Kelpeuv a donc largement obtenu la majorité suffisante pour être investi.

En vertu du seul texte constitutionnel, M. Kelpeuv n'avait donc pas à se présenter avec son Gouvernement devant l'Assemblée nationale et a donc raison d'être étonné par cette « double investiture ». Néanmoins, dès le début de la IVe République, en 1947, Paul Ramadier, président du Conseil, a décidé, une fois investi, de retourner devant l'Assemblée afin de soumettre son Gouvernement à l'investiture du Parlement, créant ainsi la pratique de la « double investiture ». Ce « précédent Ramadier » a ensuite toujours été suivi dans la pratique. M. Kelpeuv doit donc s'y conformer.

La réponse est ici peut être trop tranchée. En effet, l'obligation n'est ici pas juridique. M. Kelpeuv aurait aussi pu choisir de ne pas s'y soumettre et de rompre avec la pratique afin de renforcer la stabilité gouvernementale.

Pour se conformer à la pratique, M. Kelpeuv devait donc effectivement être investi par l'Assemblée nationale, puis recueillir l'investiture de l'Assemblée pour son Gouvernement.

M. Kelpeuv s'interroge ensuite sur les résultats obtenus lors de l'investiture de son Gouvernement.

Le principe est l'adoption de décisions à la majorité relative. Cette majorité ne cède que si la Constitution prévoit explicitement une majorité plus importante. Il ne peut ainsi y avoir de vote à la majorité absolue ou qualifiée sans l'existence d'un texte. En l'espèce, la double investiture n'est pas prévue par la Constitution, elle s'est créée dans la pratique. Ainsi, en l'absence de texte, l'investiture du Gouvernement doit recueillir la majorité relative des suffrages exprimés.

Bien.

Bien de conclure en répondant clairement et concrètement à la question posée.

En l'espèce, 423 votes ont été exprimés lors de l'investiture du Gouvernement de M. Kelpeuv. La majorité des suffrages exprimés est donc de 212. En recueillant 224 votes favorables, le Gouvernement de M. Kelpeuv doit être considéré comme investi par l'Assemblée nationale car il a obtenu une majorité absolue des suffrages exprimés.

Ainsi, ces résultats ne traduisent pas un refus d'investiture et le Gouvernement peut être nommé et commencer son travail.

Question n° 2 : Sur la motion de censure et sur la mise en place de nouvelles élections législatives

M. Kelpeuv s'interroge tout d'abord sur le vote de la motion de censure.

Attention aux termes. Un article ne « dit » pas, il « dispose ».

L'article 48 de la Constitution dit que le Gouvernement est politiquement responsable devant l'Assemblée nationale. Cette responsabilité peut être mise en jeu par le biais de deux mécanismes. D'une part, le Gouvernement peut engager sa responsabilité devant l'Assemblée par le biais d'une question de confiance, prévue à l'article 49 de la Constitution. D'autre part, les députés de l'Assemblée nationale peuvent, quant à eux, de leur initiative, soumettre au vote la responsabilité du Gouvernement par le biais d'une motion de censure, prévue à l'article 50 de la Constitution.

S'agissant de cette dernière, si elle est votée, elle entraîne la démission de l'ensemble du Gouvernement. Le vote ne peut intervenir qu'un jour franc après le dépôt de la motion. La motion de censure ne peut être adoptée qu'à la majorité absolue des députés composant l'Assemblée selon les dispositions de l'article 50 de la Constitution.

Bien ! Le raisonnement est bien expliqué.

En l'espèce, il y a 625 députés à l'Assemblée nationale, la majorité absolue des députés composant l'Assemblée correspond ainsi à 313 voix. Aussi, sur les 503 votes exprimés, la motion n'a recueilli que 263 votes. Ces votes correspondent certes à une majorité absolue des votes exprimés mais pas à la majorité absolue des députés composant l'Assemblée. En vertu de la Constitution, la motion n'a donc pas été adoptée et le Gouvernement de M. Kelpeuv n'a pas à démissionner.

Bien, il est ici nécessaire pour traiter correctement la question de s'appuyer à la fois sur les dispositions constitutionnelles mais aussi sur la pratique constitutionnelle.

Néanmoins, en pratique, il est fréquent et d'usage que les Gouvernements, suite à une motion de censure adoptée à la majorité absolue des suffrages exprimés, démissionnent alors même que la motion ne recueille pas la majorité absolue des membres composant l'Assemblée exigée par la Constitution et que les conditions prescrites par l'article 50 de la Constitution ne sont pas réunies.

Bien. Même si la question n'était pas posée, il est toujours bien d'éclaircir d'autres aspects des faits qui sont soumis.

Cette règle, établie dans la pratique, explique ainsi en l'espèce l'exemple donné par M.Kelpeuv du Gouvernement précédent ayant démissionné pour un vote de 230 voix favorables à la motion de censure sur les 402 exprimés. Ce Gouvernement a en effet démissionné alors que la motion avait recueilli la majorité absolue des suffrages exprimés mais pas la majorité absolue des députés composant l'Assemblée, soit 313 voix.

Bien d'utiliser ici le conditionnel ! Il s'agit bien d'une pratique et non d'une obligation textuelle. M. Kelpeuv pourrait rompre avec la pratique et refuser de démissionner.

Ainsi, au regard de la Constitution, la motion de censure contre le Gouvernement de M. Kelpeuv n'a en définitive pas été adoptée. Néanmoins, pour se conformer à la pratique du régime, M. Kelpeuv et son Gouvernement devraient être contraints de démissionner.

M. Kelpeuv et Vincent Auriol s'interrogent sur la possibilité de provoquer des élections législatives anticipées.

La tenue d'élections législatives avant la fin du mandat des députés de l'Assemblée nationale ne peut intervenir qu'en cas de dissolution de l'Assemblée.

Le pouvoir de dissolution est prévu à l'article 51 de la Constitution. En vertu de cet article, la dissolution doit être décidée en Conseil des ministres, après avis du président de l'Assemblée et doit être prononcée par un décret du président de la République. La dissolution ne peut cependant être décidée que si, au cours d'une période de dix-huit mois, deux crises ministérielles surviennent dans les conditions prévues aux articles 49 et 50 de la Constitution. Ainsi, le pouvoir exécutif ne pourra utiliser son pouvoir de dissolution que si, sur une même période de dix-huit mois, le Gouvernement a été renversé par le rejet d'une question de confiance ou le vote d'une motion de censure à la majorité absolue des députés composant l'Assemblée. Enfin, la dissolution ne pourra intervenir qu'à l'expiration des dix-huit premiers mois de la législature.

Bien de le réexpliquer ainsi, cela montre que l'article est bien compris.

En l'espèce, le pouvoir de dissolution est donc confié au pouvoir exécutif et pourra donc être déclenché par Vincent Auriol après décision en Conseil des ministres et consultation du président de l'Assemblée nationale. Par ailleurs, l'Assemblée a été élue le 17 juin 1951, le délai des dix-huit premiers mois de la législature ne peut donc constituer un obstacle à la dissolution. Concernant les crises ministérielles, sont portées à notre connaissance au moins deux crises dans un même délai de 18 mois :

- la motion de censure votée contre le Gouvernement de Jean Némard, qui a recueilli 230 voix ;
- la motion de censure votée contre le Gouvernement d'Eva Porée, qui a recueilli 430 voix.

Pour plus de rigueur, et comme les dates sont connues, il aurait été pertinent de les mentionner.

À ces deux crises ministérielles, pourrait éventuellement s'ajouter la motion de censure contre le Gouvernement de M. Kelpeuv qui risque bien d'entraîner également sa démission.

Néanmoins, le terme de « crises ministérielles » au sens de l'article 51 de la Constitution ne renvoie pas à la seule démission du Gouvernement. Il doit s'agir d'une démission qui surviendrait dans les conditions prévues aux articles 49 et 50 de la Constitution, c'est-à-dire, soit en cas de rejet de la question de confiance, soit en cas de vote de la motion de censure à la majorité absolue des députés composant l'Assemblée. Or, en l'espèce, seule la motion de censure votée le 9 janvier 1953 a été réellement adoptée à la majorité absolue des députés composant l'Assemblée. Les deux motions de censure contre les gouvernements de M. Némard et M. Kelpeuv ont été adoptées à la majorité absolue des suffrages exprimés mais pas à celle des députés composant l'Assemblée, soit 313 voix. Ainsi, sur la période des dix-huit mois, seule une crise ministérielle au sens de l'article 51 est intervenue, rendant alors la dissolution, et donc les élections législatives anticipées, impossibles.

Question n° 3 : Sur la réforme constitutionnelle

Vincent Auriol s'interroge sur la manière dont celui-ci doit s'y prendre pour réviser la Constitution rapidement et par la voie du référendum.

Selon l'article 90 de la Constitution, la révision constitutionnelle doit être décidée par une résolution adoptée à la majorité absolue des membres composant l'Assemblée nationale. Une fois adoptée, cette résolution est soumise, dans un délai minimum de trois mois, à une deuxième lecture devant l'Assemblée, dans les mêmes conditions. Sauf si le Conseil de République, chambre haute du Parlement, est saisi par l'Assemblée nationale et a adopté à la majorité absolue la même résolution. Après cette seconde lecture, l'Assemblée nationale élabore un projet de loi portant révision de la Constitution. Ce projet est soumis au Parlement et est voté à la majorité et dans les mêmes formes prévues pour la loi ordinaire. Ensuite, ce projet sera soumis au référendum, sauf s'il a été adopté en seconde lecture par l'Assemblée à la majorité des deux tiers ou s'il a été voté à la majorité des trois cinquièmes par chacune des deux assemblées. Le projet est promulgué comme loi constitutionnelle par le président de la République dans les huit jours de son adoption.

En l'espèce, Vincent Auriol est président de la République. Il n'a donc en réalité aucune prise sur la procédure de révision constitutionnelle. Pour commencer, l'initiative de réviser la Constitution n'appartient qu'à l'Assemblée nationale, il ne peut donc pas lancer une procédure de révision constitutionnelle. Par ailleurs, à moins que l'Assemblée nationale ne décide de saisir le Conseil de la République qui adopterait la résolution votée par l'Assemblée, la procédure de révision constitutionnelle ne pourra être rapide puisqu'il faudra attendre au moins trois mois pour que celle-ci se prononce en deuxième lecture sur la résolution de révision de la Constitution. Enfin, le choix de faire adopter le projet de révision par référendum n'appartient pas au président. Le projet ne sera en effet soumis au référendum que s'il n'a pas été adopté dans les conditions prescrites par l'article 90 de la Constitution. La seule compétence, qui reste néanmoins une compétence liée, du président de la République en la matière est la promulgation du projet de révision dans les huit jours de son adoption.

Ainsi, Vincent Auriol ne pourra pas, de son initiative, procéder à une révision Constitutionnelle par la voie du référendum.

Question n° 4 : Sur les pistes de révisions constitutionnelles permettant de revaloriser le pouvoir exécutif et garantir la stabilité gouvernementale.

Le groupe de discussion s'interroge sur différentes pistes de révisions constitutionnelles permettant de renforcer la stabilité gouvernementale et de revaloriser le pouvoir exécutif.

Pour formuler des propositions, il convient d'abord d'identifier certains éléments conduisant à l'instabilité gouvernementale et à l'affaiblissement de l'exécutif, pour pouvoir ensuite envisager des solutions.

La difficulté est que l'instabilité et l'affaiblissement du Gouvernement ne tiennent parfois pas au texte constitutionnel, mais à la pratique qui en est faite. C'est ainsi la pratique qu'il faudrait modifier et non le texte constitutionnel. Certaines pistes peuvent néanmoins être évoquées afin d'encadrer ou de revenir sur ces pratiques constitutionnelles.

Premièrement, il faudrait redéfinir la procédure de l'investiture malmenée par la pratique de la « double investiture ». Une solution simple serait de supprimer la procédure de l'investiture. Néanmoins, cette voie apparaît trop radicale. En effet, le régime repose sur une collaboration très forte entre le Parlement et le Gouvernement, collaboration rendue possible par la seule existence d'un lien de confiance existant entre ces deux organes. L'investiture apporte ainsi cette confiance nécessaire de l'Assemblée nationale au Gouvernement. Par ailleurs, cette voie semble inefficace puisque la pratique pourrait conduire le président du Conseil à aller solliciter, dès sa nomination, la confiance de l'Assemblée par le biais de la question de confiance prévue à l'article 50 de la Constitution. C'est ainsi une voie intermédiaire qu'il conviendrait d'adopter. Il s'agirait de prendre acte de la pratique de la double investiture et de la consacrer dans la Constitution sous la forme d'une investiture collective. Ainsi, l'Assemblée ne se prononcerait plus que par un seul vote sur l'investiture du président du Conseil et de son Gouvernement. Les conditions de majorité requises pour cette investiture collective devraient être une majorité absolue des membres de l'Assemblée. Cette modification de l'article 50 permettrait ainsi de faciliter l'investiture des Gouvernements, tout en offrant au président du Conseil une confiance et une légitimité suffisante.

Deuxièmement, une autre pratique conduisant à une instabilité gouvernementale chronique est celle consistant pour les Gouvernements à démissionner suite au vote à la majorité des suffrages exprimés, et non à la majorité des députés composant l'Assemblée, de la motion de censure ou du rejet de la question de confiance. Cette pratique conduit à des démissions fréquentes des Gouvernements alors que celles-ci ne répondent pas aux conditions de majorité fixées dans la Constitution.

La pratique semble persistante en dépit du texte constitutionnel. Ainsi, une modification des majorités fixées pour entraîner la motion de censure ou le refus de la confiance ne serait pas efficace. En effet, ces majorités sont déjà importantes puisqu'elles reposent sur une majorité absolue des députés composant l'Assemblée, soit 313 voix quel que soit le nombre de votants. Ainsi, une alternative semble envisageable : la mise en place d'une motion de censure constructive. Cette pratique consiste en effet à ce que le Parlement ne puisse renverser le Gouvernement que par l'investiture d'un autre. Cela rendrait alors la mise en jeu de la responsabilité gouvernementale plus complexe mais possible et empêcherait les démissions trop régulières de la part du Gouvernement.

> C'est une bonne alternative. Il aurait pu être évoqué au soutien de cette argumentation l'exemple de l'Allemagne qui, dans La loi Fondamentale de 1949, a mis en place un tel mécanisme afin de renforcer la stabilité gouvernementale.

Enfin, à côté de ces pratiques, une disposition constitutionnelle semble également affaiblir l'exécutif : l'article 51 de la Constitution relatif à la dissolution de l'Assemblée nationale. En effet, le pouvoir de dissolution de l'Assemblée confié au pouvoir exécutif ne peut être mis en œuvre que selon des conditions strictes et difficiles à réunir. Ces conditions privent en réalité l'exécutif d'une arme redoutable contre la domination parlementaire et conduit à un déséquilibre entre les moyens de pression dont dispose l'Assemblée à l'égard du Gouvernement et ceux dont dispose le Gouvernement à l'égard de l'Assemblée.

Il serait alors opportun de modifier l'article 51 de la Constitution en supprimant la condition des « deux crises ministérielles » intervenant dans un délai de 18 mois, mais en préservant les autres conditions empêchant qu'un usage abusif ne soit fait du pouvoir de dissolution. En assouplissant ces conditions, un équilibre sera établi entre les pouvoirs exécutif et législatif. En outre, le pouvoir de dissolution pourrait jouer comme un instrument radical de dissuasion à l'égard des parlementaires contre l'utilisation trop régulière de motions de censure.

> Soyez plus précis sur ces conditions de majorité.

Ces différentes pistes pourraient ainsi permettre de revaloriser le pouvoir exécutif tout en limitant l'instabilité gouvernementale. Toutefois, comme il a été précisé, l'Assemblée nationale, joue un rôle prépondérant dans la procédure de révision constitutionnelle et les conditions de majorités exigées sont importantes. Ces propositions conduiraient à affaiblir son influence, il est donc ainsi peu probable que ces pistes soient acceptées et votées par l'ensemble des députés dans le processus de révision constitutionnelle.

Sujet 17 Commentaire de texte

Durée de l'épreuve : 3 heures

Aucun document n'est autorisé

Vous commenterez l'extrait suivant :

Extrait de la conférence de presse de Charles de Gaulle du 31 janvier 1964

Je vous répondrai qu'une Constitution, c'est un esprit, des institutions, une pratique.

Pour ce qui est de la nôtre, son esprit procède de la nécessité d'assurer aux Pouvoirs publics l'efficacité, la stabilité et la responsabilité dont ils manquaient organiquement sous la Troisième et la Quatrième République.

Sans doute, le déclenchement de la réforme, en 1958, a-t- il été déterminé par la secousse survenue à Alger, étalant l'impuissance du régime d'alors à surmonter un drame où était en train de sombrer notre unité nationale. D'ailleurs, en 1940, dans des circonstances beaucoup plus tragiques encore, on avait déjà vu abdiquer un régime semblable. Mais, même en dehors de ces brutales démonstrations, nul ne doutait, et depuis longtemps, qu'un système qui mettait le pouvoir à la discrétion des partis, végétait dans les compromis, s'absorbait dans ses propres crises, était inapte à mener les affaires de notre pays. C'est pourquoi l'esprit de la Constitution nouvelle consiste, tout en gardant un Parlement législatif, à faire en sorte que le pouvoir ne soit plus la chose des partisans, mais qu'il procède directement du peuple, ce qui implique que le chef de l'État, élu par la nation, en soit la source et le détenteur. C'est ce qui fut réalisé au vu et au su de tout le monde quand je repris la direction des affaires, puis quand j'assumais les fonctions de président. C'est ce qui a été simplement précisé par le dernier référendum. Il ne semble pas que, depuis qu'elle s'applique, cette conception ait été méconnue par les responsables, ni rejetée par le peuple, ni infirmée par les événements.

Quant à la répartition des pouvoirs, elle a été observée suivant ce que prévoit notre Constitution. Les rôles attribués respectivement : au président, garant du destin de la France et de celui de la République, chargé par conséquent de graves devoirs et disposant de droits étendus ; au gouvernement, nommé par le chef de l'État, siégeant autour de lui pour la détermination et la mise en œuvre de la politique et dirigeant l'administration ; au Parlement, exerçant le pouvoir législatif et contrôlant l'action du ministère, ont été remplis ainsi que l'exigeaient la volonté du pays, les conditions où nous nous trouvons, l'obligation de mener les affaires d'une manière active, ferme et continue.

Il est vrai que, concurremment avec l'esprit et avec le texte, il y a eu la pratique. Celle-ci a naturellement tenu pour une part aux hommes. […] Mais, justement, l'épreuve des hommes et des circonstances a montré que l'instrument répond à son objet, non point seulement pour ce qui concerne la marche ordinaire des affaires, mais encore en ce qui a trait aux situations difficiles, auxquelles la Constitution actuelle offre, on l'a vu, les moyens de faire face : référendum, article 16, dissolution de l'Assemblée Nationale.

[…]

La France est ce qu'elle est, il ne faut pas que le président soit élu simultanément avec les députés, ce qui mêlerait sa désignation à la lutte directe des partis, altérerait le caractère et abrégerait la durée de sa fonction de chef de l'État. D'autre part, il est normal chez nous que le président de la République et le Premier ministre ne soient pas un seul et même homme. Certes, on ne saurait accepter qu'une dyarchie existât au sommet. Mais, justement, il n'en est rien. En effet, le président, qui, suivant notre Constitution, est l'homme de la nation, mis en place par elle-même pour répondre de son destin ; le président, qui choisit le Premier ministre, qui le nomme ainsi que les autres membres du gouvernement, qui a la faculté de le changer, soit parce que se trouve accomplie la tâche qu'il lui destinait et qu'il veuille s'en faire une réserve en vue d'une phase ultérieure, soit parce qu'il ne l'approuverait plus ; le président, qui arrête les décisions prises dans les conseils, promulgue les lois, négocie et signe les traités, décrète, ou non, les mesures qui lui sont proposées, est le chef des armées, nomme aux emplois publics ; le président qui, en cas de péril, doit prendre sur lui de faire tout ce qu'il faut ; le président est évidemment seul à détenir et à déléguer l'autorité de l'État. Mais, précisément, la nature, l'étendue, la durée de sa tâche, impliquent qu'il ne soit pas absorbé, sans relâche et sans limite, par la conjoncture politique, parlementaire, économique et administrative. Au contraire, c'est là le lot, aussi complexe et méritoire qu'essentiel, du Premier ministre français.

Certes, il ne saurait y avoir de séparation étanche entre les deux plans, dans lesquels, d'une part le président, d'autre part celui qui le seconde, exercent quotidiennement leurs attributions. D'ailleurs, les conseils et les entretiens sont là pour permettre au chef de l'État de définir à mesure l'orientation de la politique nationale et aux membres du gouvernement, à commencer par le premier, de faire connaître leurs points de vue, de préciser leur action, de rendre compte de l'exécution. Parfois, les deux plans sont confondus quand il s'agit d'un sujet dont l'importance engage tout et, dans ce cas, le président procède à la répartition comme il le juge nécessaire. Mais, s'il doit être évidemment entendu que l'autorité indivisible de l'État est confiée tout entière au président par le peuple qui l'a élu, qu'il n'en existe aucune autre, ni ministérielle, ni civile, ni militaire, ni judiciaire, qui ne soit conférée et maintenue par lui, enfin qu'il lui appartient d'ajuster le domaine suprême qui lui est propre avec ceux dont il attribue la gestion à d'autres, tout commande, dans les temps ordinaires, de maintenir la distinction entre la fonction et le champ d'action du chef de l'État et ceux du Premier ministre.

Pourtant, objectent parfois ceux qui ne se sont pas encore défaits de la conception de jadis, le gouvernement, qui est celui du président, est en même temps responsable devant le Parlement. Comment concilier cela ? Répondons que le peuple souverain, en élisant le président, l'investit de sa confiance. C'est là, d'ailleurs, le fond des choses et l'essentiel du changement accompli. De ce fait, le gouvernement, nommé par le chef de l'État et dont au surplus les membres ne peuvent être des parlementaires, n'est plus du tout, vis-à-vis des Chambres, ce qu'il était à l'époque où il ne procédait que de combinaisons de groupes. Aussi, les rapports entre le ministère et le Parlement, tels qu'ils sont réglés par la Constitution, ne prévoient la censure que dans des conditions qui donnent à cette rupture un caractère d'extraordinaire gravité. En ce cas extrême le président, qui a la charge d'assurer la continuité de l'État, a aussi les moyens de le faire, puisqu'il peut recourir à la nation pour la faire juge du litige par voie de nouvelles élections, ou par celle de référendum, ou par les deux.

OBSERVATIONS DU CORRECTEUR (F. Abouadou)

Ce sujet fait partie des sujets classiques sur la Ve République. Pourtant, l'étudiant devra veiller à commenter le texte et non à disserter sans lien avec celui-ci sur le régime actuel. Les nombreuses citations du texte vous aident à inscrire votre travail dans le commentaire. Il faudra également prendre garde à éviter la paraphrase, là encore, les citations vous y aident.

Des connaissances larges de la Ve République, et notamment sur son élaboration, doivent également permettre une remise en perspective de cette allocution de Charles de Gaulle.

Lors de la conférence de presse du 20 septembre 1962, Charles de Gaulle déclara qu'« *un des caractères essentiels de la Constitution de la Ve République, c'est qu'elle donne une tête à l'État* ». Cette déclaration s'inscrit dans la continuité de la position de De Gaulle qui souhaitait la mise en œuvre d'un régime qui corrigerait les errements de la IIIe, puis ceux de la IVe République, qui accordaient une place trop importante aux partis conjuguée à une faiblesse du pouvoir exécutif. Cette vision sera exprimée essentiellement dans ses discours de Bayeux du 16 juin 1946 et d'Épinal du 29 septembre 1946. La conférence de presse du 31 janvier 1964 fait figure de bilan, d'aboutissement, de la mise en œuvre du régime à la suite de l'instauration de l'élection du président de la République au suffrage universel direct en 1962.

Citation pertinente, vous pouvez également opter pour une citation postérieure comme celle d'Emmanuel Macron en octobre 2018 : « *La force de cette Constitution c'est qu'elle permet d'éviter la tyrannie de l'immédiateté. Une absurdité contemporaine. Ce ne sont pas les péripéties du quotidien qui doivent décider pour une Nation* ».

Ces deux discours sont à connaître.

Cette disposition est importante.

Cette notion doit obligatoirement être définie.

La référence doit être maîtrisée en ce qu'elle est un élément clef de la procédure d'élaboration de la Constitution.

Vous devez prendre soin de définir toutes les notions.

Apportez une attention particulière à votre problématique sur laquelle repose tout votre travail. Celle-ci doit être suffisamment précise pour éviter de vous égarer dans une présentation fleuve de la Vᵉ République sans pour autant être trop restrictive, ce qui vous conduirait à ne commenter qu'un aspect du texte.

Néanmoins, la vision gaulliste a dû se plier à des contraintes lors de l'élaboration de la constitution de la Vᵉ République. En effet, la loi constitutionnelle du 3 juin 1958, habilitant le gouvernement de Gaulle à rédiger une nouvelle constitution dans le cadre de la « crise algérienne », impose, dans la continuité de la IVᵉ République, le maintien d'un régime parlementaire. C'est-à-dire un régime où il existe une séparation souple des pouvoirs entre le législatif et l'exécutif ; le premier pouvant censurer le gouvernement et le second dissoudre l'Assemblée nationale. Mais c'est bien la place du président de la République dans cette architecture institutionnelle qui singularise la Vᵉ République. Michel Debré, dans son discours devant le Conseil d'État du 27 août 1958, voyait d'ailleurs dans le président de la République la « *clef de voûte de notre régime parlementaire* », en ce qu'il est le lien entre toutes les institutions et assure l'équilibre de la construction. Preuve de sa place indispensable et de la prépondérance de celui-ci dans ses relations avec le Premier ministre mais également avec le Parlement.

L'intérêt est ici d'analyser l'évolution de la Vᵉ République, cinq ans après son instauration. Indéniablement, une profonde modification du fonctionnement de la Vᵉ République s'est opérée sous la présidence gaulliste au point de pouvoir s'interroger sur ce qu'il reste de la lettre de la Constitution du 4 octobre 1958 à l'aune de cette intervention.

De Gaulle le dit lui-même en ouverture de son intervention : selon lui, la Constitution c'est un esprit, celui d'un président omnipotent dans un régime parlementaire (1), mais aussi une pratique engendrée par l'onction populaire du président (2).

1 • L'esprit gaulliste de la Constitution : le président « clef de voûte » du régime parlementaire

Le président de la République est la clef de voûte des institutions du fait de ses larges pouvoirs, ce qui le place en conséquence au-dessus des contingences quotidiennes (A) mais s'illustre également par l'idée gaulliste de sa relation au Parlement (B).

A) Un président aux larges pouvoirs au-dessus des contingences quotidiennes

Précisez lesquels comme celui de nomination du Premier ministre, des ministres et aux emplois civils et militaires ou celui de convocation du Parlement.

Les quatre objets de l'atteinte grave et immédiate de l'article 16 doivent être cités : « *Lorsque les institutions de la République, l'indépendance de la Nation, l'intégrité de son territoire ou l'exécution de ses engagements internationaux sont menacés d'une manière grave et immédiate et que le fonctionnement régulier des pouvoirs publics constitutionnels est interrompu* ».

L'esprit de la Constitution de la Vᵉ République octroie de larges pouvoirs au président qui le place de fait au-dessus des contingences politiques et quotidiennes.

Corollaire des « *graves devoirs* » dont le président a la charge, celui-ci dispose de « *droits étendus* », bien plus larges que ceux que l'on retrouve habituellement dans les autres régimes parlementaires. Charles de Gaulle détaille en profondeur l'ensemble de ses attributions et surtout les mécanismes extraordinaires que la Constitution offre au président pour sortir de « *situations difficiles* », notamment par l'appel au peuple par la voie du référendum et de la dissolution de l'Assemblée nationale ou encore la possibilité de l'« *article 16* ».

L'article 16 de la Constitution offre un cadre juridique d'exception pour le chef de l'État en opérant temporairement une confusion des pouvoirs exécutif et législatif à son profit afin de répondre à une situation d'extrême gravité comme une atteinte grave et immédiate à l' « *indépendance de la Nation, l'intégrité de son territoire ou [à] l'exécution de ses engagements internationaux* » et que cumulativement « *le fonctionnement régulier des pouvoirs publics constitutionnels est interrompu* ». Il est évident que Charles de Gaulle évoque cet article car il estimait nécessaire la disposition pour le président d'un instrument permettant de faire face à toutes les situations. René Capitant parlait d'ailleurs de « *constitutionnalisation de l'appel du 18 juin 1940* », ce qui illustre le lien quasi-personnel existant entre cet article et de Gaulle. Preuve également de ce lien, l'article 16 n'a, pour l'instant, été appliqué qu'une seule fois en France, en 1961, sous la présidence de Gaulle, après la tentative de « Putsch des Généraux ».

Référence intéressante qui appuie votre démonstration.

Le rôle central de la fonction présidentielle est renforcé par l'utilisation dans l'allocution d'une anaphore occupant six phrases commençant toutes par « le président ». Figure de style qui démontre combien tout gravite autour du président de la République.

La structure du texte doit également être analysée. La forme est souvent aussi importante que le fond.

Pour autant, bien qu'il dispose de larges pouvoirs, seul il ne peut rien. Ce n'est que lorsqu'existe une concordance des majorités que ses pouvoirs sont les plus étendus. Les périodes de cohabitation sont celles où l'esprit et la lettre de la Constitution sont le plus respectés. Cela se retrouve également dans la relation du président avec le Parlement.

N'oubliez jamais vos transitions qui permettent de lier vos parties et sous-parties.

B) L'expression de la conception gaulliste de sa relation au Parlement

Le général de Gaulle marque, ici, le poids qu'il entend exercer dans sa relation avec le Parlement. La qualification de « *Parlement législatif* », si elle peut apparaître comme redondante, ne l'est toutefois pas. Elle démontre en effet que dans l'esprit gaulliste le Parlement ne remplit que deux fonctions : celles de faire la loi et de contrôler « l'action du ministère ». Y compris dans cette seconde mission, la Constitution a entendu rationaliser la possibilité d'une motion de censure à l'encontre du Gouvernement afin de garantir la stabilité ministérielle en opposition aux IIIe et IVe Républiques, en donnant à cette procédure un « *caractère d'extrême gravité* ». En conséquence, la Constitution, dans le cadre de son article 49, impose un certain nombre de contraintes permettant la censure du Gouvernement. Cette rationalisation fonctionne puisqu'une seule motion de censure, en 1962, a été adoptée sur les 58 motions déposées depuis 1958. Ainsi, le discours de de Gaulle rappelle la place strictement délimitée du Parlement, qui ne peut pas gouverner comme dans un régime d'Assemblée.

Il est important d'analyser chaque mot du texte pour effectuer une analyse approfondie.

Présentez le mécanisme à partir de l'article 49 notamment sur les conditions de recevabilité de la motion et de majorité.

Le président se met, ici, en opposition avec les partis politiques. En effet, il voit dans ces formations l'un des maux des régimes précédents qui « *étai[en]t inapte [s] à mener les affaires de notre pays* ». L'illustration de la prédominance gaulliste sur le Parlement se retrouve par exemple en 1960 lorsqu'il refusa de faire droit à la demande des parlementaires de se réunir en session extraordinaire alors même que l'article 29 de la Constitution ne laisse pas le choix au président de la République lorsqu'une demande est formulée en ce sens. L'esprit gaulliste appuyé sur la pratique a malgré tout pris le pas sur le respect de la Constitution en créant une compétence discrétionnaire en la matière. François Mitterrand procédera de même en 1987, soit durant la 1re cohabitation, pour refuser au Premier ministre cette fois, la tenue d'une session extraordinaire.

Il est important de marquer la dissonance entre l'esprit gaulliste et la lettre de la Constitution.

Cet exemple démontre une connaissance élargie du sujet.

À cet esprit s'ajoute la pratique gaulliste se fondant essentiellement sur une relation directe du président au peuple.

2 • La pratique gaulliste de la Constitution : l'onction populaire du président

Dans la pratique, Charles de Gaulle estime que la légitimité présidentielle conduit à exercer le pouvoir de façon verticale dans sa relation avec le Premier ministre (A). De même, pour lui le peuple occupe la place d'arbitre suprême des conflits (B).

Il s'agit d'un des éléments incontournables du texte.

A) La légitimité présidentielle fondement de la verticalité du pouvoir au sein de l'exécutif

Depuis 1962, et l'élection au suffrage universel direct du président de la République, le président trouve une légitimité renforcée par rapport au Premier ministre puisqu'il est élu directement par le peuple alors que le chef du gouvernement est nommé par le chef de l'État. Ce nouveau mode d'élection marque l'aboutissement de la vision gaulliste de la Ve République. Même s'il faut noter que la première élection présidentielle au suffrage universel direct n'eut lieu qu'en décembre 1965.

La comparaison entre les articles 5 et 20 de la Constitution est nécessaire pour montrer la différence entre la lettre de la Constitution et la vision gaulliste de celle-ci.

Il est important de toujours définir les termes utilisés.

C'est ici un point central de cette relation au sein de l'exécutif qu'expose le président de Gaulle. Le rôle du Premier ministre est clair. Il appartient à ce dernier de mettre en œuvre de façon concrète la politique voulue par le président de la République. Pourtant ceci est en contradiction avec l'article 20 de la Constitution au terme duquel : « *le Gouvernement détermine et conduit la politique de la Nation* » alors que le président ne doit, selon l'article 5, qu'effectuer un arbitrage pour assurer le fonctionnement régulier des pouvoirs publics ainsi que la continuité de l'État. Mais pour de Gaulle, il appartient au chef de l'État de répartir lui-même les missions au sein de l'exécutif puisque « *parfois, les deux plans sont confondus quand il s'agit d'un sujet dont l'importance engage tout et, dans ce cas, le président procède à la répartition comme il le juge nécessaire* ». Le président réfute donc qu'il puisse s'agir d'une dyarchie, c'est-à-dire un pouvoir exécutif bicéphale où le Premier ministre et le président disposeraient d'un pouvoir égal. Au contraire, c'est bien la verticalité du pouvoir qui prime entre le président de la République et « *celui qui le seconde* », le Premier ministre. Plusieurs fois, l'exclusivité du pouvoir présidentiel est indiquée comme par exemple que « *l'autorité indivisible de l'État est confiée tout entière au président par le Peuple qui l'a élu* ». Dès lors, le pouvoir au sein de l'exécutif ne pourra être que vertical, alors même que la lettre de la Constitution ne marque pas aussi nettement cette forme de relation.

Intervention à connaître pour pouvoir habilement démontrer l'évolution de la position de De Gaulle.

Il est important de définir cette notion pour pouvoir comparer la lettre de la Constitution et sa pratique.

Bien. Vous faites la différence entre la Constitution, qui encadre le pouvoir par le droit, et la pratique, qui permet au Président de s'extraire du texte pour augmenter ses pouvoirs.

Il faut noter que la vision de de Gaulle sur sa relation avec le Premier ministre a changé par rapport à la position qu'il avait pu soutenir devant le Comité consultatif constitutionnel le 8 août 1958, où il estimait que le président ne devait pas détenir la possibilité de révoquer le Premier ministre et que cette possibilité appartenait au seul Parlement. Ici, de Gaulle montre au contraire qu'il peut révoquer le Premier ministre. La Constitution ne prévoit qu'une responsabilité du Premier ministre devant le Parlement. Pourtant la pratique a mis en place, en période de concordance des majorités, un régime parlementaire dualiste, c'est-à-dire où le chef du gouvernement est responsable devant le Parlement mais aussi devant le président. Celui-ci s'est arrogé le pouvoir de révoquer. Dès 1962, il sollicita donc la démission de Michel Debré, estimant que sa mission était terminée. Conscient de la nouvelle relation qui s'était créée entre le président et le Premier ministre, ce dernier ne put refuser.

Si de Gaulle accorde beaucoup d'importance à la nécessité d'une élection par le peuple, c'est qu'il considère également ce dernier comme l'arbitre suprême en cas de conflit entre les institutions.

B) Le peuple comme arbitre suprême

De cette volonté d'entretenir une relation directe avec le peuple, de Gaulle estime que seule la nation est à même de régler une situation de blocage ou de tension institutionnelle et ne laisse aucune ambiguïté à cet égard puisqu'il indique qu'« *il peut recourir à la Nation pour se faire juge du litige* ». Pour ce faire, il envisage deux voies : celle de « *nouvelles élections* » et celle du référendum.

Concernant le recours à de nouvelles élections, le général de Gaulle l'entend au sens d'une dissolution de l'Assemblée nationale. C'est ce qui se produisit lorsque l'Assemblée nationale fut dissoute après avoir renversé le Gouvernement Pompidou en 1962. Les Français confirmèrent alors une majorité gaulliste. À l'issue des évènements de mai 1968, De Gaulle souhaita recourir une nouvelle fois au référendum mais Georges Pompidou, alors Premier ministre, l'en dissuada. Il opta une nouvelle fois pour la dissolution comme moyen de mettre un terme à la crise, sociale cette fois.

Pourtant de Gaulle conservera l'idée de la nécessité de restaurer son lien avec les Français par le référendum et il y recourut en 1969. De Gaulle l'envisage comme un arbitrage qu'il peut solliciter même en « contournant » la Constitution. Or, il existe une profonde différence entre la lettre de la Constitution et sa pratique puisque normalement seul l'article 89 de celle-ci permet sa révision, l'article 11 ne permettant normalement que de procéder à un référendum portant sur le domaine législatif. Pourtant, de Gaulle recourut par deux fois à l'article 11, en 1962 et 1969, afin de demander au peuple de confirmer sa légitimité à la tête de l'État. Cet usage dévoyé de l'article 11 fut d'ailleurs très critiqué par le président du Sénat qui le qualifia de « *forfaiture* ». Il est vrai que de Gaulle l'envisage bien comme un moyen de mettre au ban le Parlement qui viendrait s'opposer frontalement à ses desseins alors même que la Constitution ne prévoit absolument pas cette hypothèse. Cette méthode conduit à douter du caractère totalement démocratique d'un régime qui s'éloigne à ce point du texte constitutionnel initial adopté par le peuple.

La présentation des mécanismes des articles 11 et 89 est attendue.

Cette citation doit figurer lorsque vous évoquez les référendums de l'article 11.

Sujet 18 — Commentaire de texte

Durée de l'épreuve : 3 heures

Aucun document n'est autorisé

Vous commenterez l'article 11 de la Constitution du 4 octobre 1958

Le président de la République, sur proposition du Gouvernement pendant la durée des sessions ou sur proposition conjointe des deux assemblées, publiées au Journal officiel, peut soumettre au référendum tout projet de loi portant sur l'organisation des pouvoirs publics, sur des réformes relatives à la politique économique, sociale ou environnementale de la nation et aux services publics qui y concourent, ou tendant à autoriser la ratification d'un traité qui, sans être contraire à la Constitution, aurait des incidences sur le fonctionnement des institutions.

Lorsque le référendum est organisé sur proposition du Gouvernement, celui-ci fait, devant chaque assemblée, une déclaration qui est suivie d'un débat.

Un référendum portant sur un objet mentionné au premier alinéa peut être organisé à l'initiative d'un cinquième des membres du Parlement, soutenue par un dixième des électeurs inscrits sur les listes électorales. Cette initiative prend la forme d'une proposition de loi et ne peut avoir pour objet l'abrogation d'une disposition législative promulguée depuis moins d'un an.

Les conditions de sa présentation et celles dans lesquelles le Conseil constitutionnel contrôle le respect des dispositions de l'alinéa précédent sont déterminées par une loi organique.

Si la proposition de loi n'a pas été examinée par les deux assemblées dans un délai fixé par la loi organique, le président de la République la soumet au référendum.

Lorsque la proposition de loi n'est pas adoptée par le peuple français, aucune nouvelle proposition de référendum portant sur le même sujet ne peut être présentée avant l'expiration d'un délai de deux ans suivant la date du scrutin.

Lorsque le référendum a conclu à l'adoption du projet ou de la proposition de loi, le président de la République promulgue la loi dans les quinze jours qui suivent la proclamation des résultats de la consultation.

OBSERVATIONS DU CORRECTEUR (B. Toudic)

Veillez en introduction à bien restituer l'article 11 : source, révisions, débats… De même, la lecture d'un tel sujet ne doit pas vous amener à adopter un plan purement scolaire. Privilégiez une approche thématique réflexive, permettant de montrer au correcteur que vous parvenez à « penser la matière ». À ce titre, l'apport d'adjectifs qualificatifs dans vos intitulés s'avère nécessaire. Enfin, appuyez-vous sur des passages précis de l'article 11 pour mobiliser vos aspects théoriques et ne pas sombrer dans une dissertation.

« *Vox populi, vox Dei* », ce leitmotiv constitue la base de nos sociétés démocratiques. Le Conseil constitutionnel, dans sa célèbre décision 62-20 du 6 novembre 1962 se refuse à apprécier la constitutionnalité des lois qui, « *adoptées par le peuple à la suite d'un référendum, constituent l'expression directe de la souveraineté nationale* ».

L'article à commenter en constitue l'illustration parfaite, il s'agit de l'article 11 de la Constitution de 1958 portant sur la procédure entourant le référendum législatif. Le référendum permet de convoquer directement les électeurs d'un État ou d'une collectivité locale sur le vote d'une question ou d'un texte, permettant d'approuver ou de rejeter une mesure proposée. En l'espèce, le référendum « législatif » se rapporte à un projet ou une proposition de loi, s'opposant au référendum « constituant » visant la révision de la Constitution figurant à l'article 89 de celle-ci. Cet instrument de consultation directe du peuple figure également à l'article 3 de la Constitution disposant « *la souveraineté nationale appartient au peuple qui l'exerce par ses représentants et par la voie du référendum* ».

> Précisez la date complète, celle du 4 octobre 1958.

> Il eût été intéressant de développer l'aspect contradictoire de cet article entre souveraineté nationale et référendum.

L'article 11 se situe précisément au Titre 2 consacré aux pouvoirs du président de la République, il s'agit d'un pouvoir qui lui est propre. Il ne nécessite pas de contreseing ministériel, le président de la République ne partageant pas le pouvoir de convocation du référendum. Outre ceux prévus par l'article V, les pouvoirs propres sont listés par l'article 19 de la Constitution : l'article 11 y figure bien.

> Attention à la forme. Soit vous optez pour les chiffres romains tout au long de votre propos, soit pas.

Historiquement, si cet article fut introduit dès l'entrée en vigueur de la Constitution s'agissant du référendum législatif « brut », il a pu faire l'objet de nombreuses évolutions qui seront étudiées plus en profondeur dans ce commentaire. Un mouvement de démocratisation de cet article a également été amorcé dans le dernier projet de loi constitutionnelle.

Ce sujet permet de s'interroger téléologiquement sur l'article 11 : remplit-il pleinement sa fonction démocratique d'association du peuple à l'élaboration de la loi ? Il s'agira de démontrer qu'en l'état, l'article censé constituer l'un des plus démocratiques de la Constitution de 1958 ne l'est pas tant que cela. En effet, le référendum législatif est tributaire du président de la République le maniant à sa guise, parfois dans un usage « *contra legem* » (1). De même, le référendum d'initiative partagée n'est qu'une chimère, corseté par des conditions de mise en œuvre irréalisables (2).

> Très bien pour l'intérêt du sujet et l'annonce de plan ! Votre démonstration illustre bien votre cheminement de pensée !

1 • Un référendum législatif tributaire du « bon vouloir » présidentiel

Cette première partie mettra en lumière la mainmise présidentielle sur le référendum législatif. Si sa procédure est strictement encadrée par l'article 11 (A), le président de la République a parfois pu abuser de certaines prérogatives transformant le référendum législatif en référendum constituant (B).

> Bien pour la formulation du chapeau !

A) Un procédé référendaire *a priori* conditionné

L'initiative du référendum de l'article 11 alinéa 1 ne dépend pas des citoyens. Elle peut provenir du Gouvernement qui doit alors faire une déclaration suivie d'un débat devant chaque assemblée et formuler sa proposition de référendum « *pendant la durée des sessions* ». Cela, afin d'assurer une potentielle mise en jeu de la responsabilité politique du gouvernement (article 49 de la Constitution) comme lors de la chute du gouvernement Pompidou, l'Assemblée nationale jugeant le référendum de 1962, abusif. L'initiative peut également émaner d'une proposition

> Bien, commenter un article tiré d'une Constitution impose une maîtrise de l'histoire institutionnelle.

conjointe des deux assemblées. Mais à ce jour si le Sénat a pu voter quatre motions en 1984, 1985, 1997 et 2008, elles furent toutes rejetées par l'Assemblée nationale. Même lorsque le Parlement propose un référendum, il porte sur un projet de loi et donc sur un texte n'émanant pas de lui mais du Premier ministre. Ainsi, le référendum législatif est-il un instrument à la discrétion des gouvernants/représentants et correspond à une logique entièrement « top-down », « du haut vers le bas », échappant au peuple.

À vrai dire, à l'origine il y avait un troisième objet possible, lequel a été supprimé en 1995 : l'approbation d'un accord de Communauté.

S'agissant des domaines d'intervention de l'article 11, ceux-ci, bien que limités à l'origine à un « *projet de loi portant sur l'organisation des pouvoirs publics* » ou à « *la ratification d'un traité ayant des incidences sur le fonctionnement des institutions* », ont fait l'objet d'un élargissement suite aux réformes intervenues les 4 août 1995 et 23 juillet 2008 basées respectivement sur les travaux du Comité Vedel et du Comité Balladur. La première révision constitutionnelle ajoutait ainsi les projets de loi portant « *sur des réformes relatives à la politique économique ou sociale de la Nation et aux services publics qui y concourent* » et la seconde y ajoutait la politique environnementale.

On a pu constater que si ce procédé référendaire est conditionné en théorie, la pratique peut avoir tendance à « aménager » ces conditions. L'exemple encore plus probant constitue le référendum de 1962.

B) Le primat de la légitimité sur la légalité : le subterfuge du référendum constituant

« *Une Constitution, c'est un esprit, des institutions et une pratique* ». Cette citation tirée de la Conférence de presse du général de Gaulle le 31 janvier 1964 illustre parfaitement ses agissements politiques, notamment son utilisation *contra legem* de l'article 11.

Dans la pratique, c'est le président de la République qui s'est à lui-même proposé l'organisation d'un référendum, le convoquant par un décret non-contresigné. En 1962, le général de Gaulle va, pour réviser la Constitution, contourner le nécessaire vote par les deux assemblées d'un texte identique avant qu'il soit soumis au référendum (ou au Congrès selon les cas en vertu de l'art. 89 C.) en le soumettant directement au peuple selon la procédure de l'article 11 de la Constitution. Si d'aucuns ont pu prétendre une justification par une lecture extensive du domaine des pouvoirs publics compris dans l'article 11, nul doute que le subterfuge d'un référendum constituant par l'article 11 est contraire à la Constitution. Le général de Gaulle a souhaité contourner les assemblées qui se seraient retrouvées lésées par ce nouveau mode d'élection conférant une légitimité populaire au chef de l'État, dont seule l'Assemblée nationale disposait alors.

Bien pour la qualification de ces référendums de nature juridique différente mais ayant fait l'objet de la même procédure.

Ce passage d'un référendum législatif à un référendum constituant illustre une tension entre légalité et légitimité, comme a pu le faire la pratique gaullienne du référendum-question de confiance (l'annonce par le président de sa démission en cas de victoire du non, ce qui se réalisa le 27 avril 1969). Pourtant le Conseil constitutionnel, chargé de veiller au contrôle de la constitutionnalité des lois, dans sa décision 62-20 du 6 novembre 1962 s'est refusé à apprécier la constitutionnalité des lois qui, « *adoptées par le peuple à la suite d'un référendum, constituent l'expression directe de la souveraineté nationale* ». Le Conseil constitutionnel est donc resté muet sur ce subterfuge en contradiction avec le texte constitutionnel, prônant l'effet « réparateur » du peuple souverain, par l'acceptation de ce référendum. De même, pourtant chargé de la régularité des opérations référendaires, le Conseil considérait que le décret de convocation du peuple aux urnes constituait un acte de gouvernement, impossible de recours.

Le Conseil constitutionnel, dans sa décision 2000-21 REF Hauchemaille fait un premier pas sur l'admissibilité d'un tel contrôle en concédant la possibilité de connaître du décret par lequel le président de la République décide de soumettre un projet de loi au référendum, fixe la date de la consultation et son organisation. Ce n'est pas la première fois que le Conseil constitutionnel fait preuve d'audace, il a encore eu l'occasion de le faire lors de sa décision rendue suite au projet de référendum d'initiative partagée concernant la privatisation des aérodromes de Paris.

Excellente référence.

La transition est intelligente, votre devoir est très fluide !

2 • Le corsetage minutieux d'un référendum d'initiative partagée chimérique

Le référendum d'initiative partagée fut introduit par la révision constitutionnelle du 23 juillet 2008, dans un souci de modernisation des institutions. Si les conditions drastiques de mise en œuvre ont rendu sa concrétisation impossible (A), l'exécutif envisage désormais sa modification dans un souci de « démocratisation » (B).

A) Des conditions drastiques de mise en œuvre

De prime abord, le référendum d'initiative partagée fut certes, introduit lors de la révision constitutionnelle du 23 juillet 2008, mais il fallut attendre 7 ans pour que cette disposition puisse entrer en vigueur dans l'ordre juridique. En effet, les textes chargés de sa mise en application ne furent introduits que le 6 décembre 2013, avec une mise en œuvre effective différée au 1er janvier 2015.

Ce référendum d'initiative partagée figure à l'article 11 alinéa 3 de la Constitution, sans y être pour autant mentionné comme tel. Il répond une fois encore à une logique « top-down » puisqu'il ne s'agit pas d'une initiative citoyenne à l'état pur. La proposition émane d'un cinquième des parlementaires, soutenu ensuite par un dixième des électeurs : les représentants sont à l'initiative de ce processus. En outre, le seuil fixé à un dixième des électeurs, soit 4,7 millions de citoyens relève de l'impossible.

Une fois encore, prenez garde aux tournures journalistiques maladroites…

Surtout, le Conseil constitutionnel est chargé de contrôler la constitutionnalité de la proposition de loi « parlementaire-populaire ». Sa saisine est obligatoire en vertu de l'article 61 de la Constitution, contrairement à l'article 11 alinéa 1 sur le référendum législatif « brut ». À ce titre, il vérifie que la proposition de loi couvre le *quorum* requis d'un cinquième des membres du Parlement, que l'objet de la proposition entre dans le champ matériel de l'article 11, qu'elle n'a pas pour objet l'abrogation d'une disposition législative promulguée depuis moins d'un an (al. 3), qu'elle ne porte pas sur le même sujet qu'une proposition de loi rejetée par référendum il y a moins de deux ans (al. 6) et enfin, en vertu de l'article 61 de la Constitution, qu'aucune disposition de la proposition de loi n'est contraire à la Constitution. Une fois seulement ces conditions remplies, la campagne de recueil des soutiens est autorisée. Enfin, selon l'article 11 alinéa 5, l'initiative permet de soumettre *in fine* le texte au *référendum* uniquement faute d'examen par les deux assemblées parlementaires dans un délai de 6 mois.

Excellent développement sur la technicité de la procédure de contrôle.

Ainsi, si la conjugaison des deux types de légitimité populaire et représentative a amené à la création du référendum d'initiative partagée, la possibilité de mise en œuvre de ce mécanisme est quasi nulle. Un mouvement tendant à sa démocratisation se dessine.

Excellent, pourquoi ne pas avoir développé cet aspect ?!

B) Vers une démocratisation du référendum d'initiative partagée

Bon exemple d'actualité ! Allez plus loin encore sur les suites de cette initiative : en l'espèce nulles, puisque le nombre de soutiens n'a pas été atteint.

Pour la première fois, un groupe de parlementaires a déclenché cette procédure de l'initiative partagée le 9 avril 2019. Cette proposition de loi déposée par 248 parlementaires de l'opposition vise à contrer le projet de privatisation des aéroports de Paris. Celle-ci est validée le 9 mai 2019 par le Conseil constitutionnel dans une décision critiquée, aboutissant à une potentielle dérive en « *veto populaire* » : le projet de loi, bien que n'ayant pas encore été promulgué, avait bien été voté à la date à laquelle le Conseil constitutionnel rendit sa décision.

Excellent sur les débats actuels entourant la procédure du référendum d'initiative partagée !

D'ailleurs, le projet de réforme constitutionnelle, « *Pour un renouveau de la vie démocratique* », présenté en août 2019 remédie à une telle dérive du référendum d'initiative partagée. Selon ce projet, la proposition de loi soumise à cette procédure ne pourrait avoir pour objet l'abrogation d'une disposition législative promulguée depuis moins de trois ans (contre un actuellement). De même, elle ne pourrait porter sur le même objet qu'une disposition introduite au cours de la législature et en cours d'examen au Parlement ou définitivement adoptée par ce dernier et non encore promulguée, afin de contrer la décision du Conseil constitutionnel.

En contrepartie, le projet de révision propose notamment l'élargissement du champ du *référendum* de l'article 11 de la Constitution à des questions de société. Surtout, la rénovation dans un titre XI dédié à la participation citoyenne, des conditions de mise en œuvre du référendum d'initiative partagée : son seuil de signatures serait abaissé à un million, et ce mécanisme pourrait aussi être enclenché sur proposition des électeurs appuyés par des parlementaires (10 % et non plus 20 %).

Les enjeux démocratiques entourant le référendum d'initiative partagée ne sont pas aisés : à la fois contrer « la dérive veto » de ce mécanisme et démocratiser ses conditions de formation.

Dissertation juridique

Sujet 19

Durée de l'épreuve : 3 heures

Aucun document n'est autorisé

Vous traiterez le sujet suivant :

« La responsabilité du président de la République sous la Ve République »

OBSERVATIONS DU CORRECTEUR (T. Hoeffner)

Pour cet exercice, et comme pour toute dissertation, il convient de n'être ni trop descriptif, ni trop abstrait. Sur le fond, on attendra de l'étudiant une présentation et analyse rigoureuse des articles de la Constitution encadrant le principe d'irresponsabilité du Président. Pour autant, le seul exposé du droit positif n'est pas suffisant et constitue un écueil à éviter. De la même manière, le sujet ne porte pas sur les pouvoirs du Président : il conviendra donc de ne pas confondre sur ce sujet « les responsabilités » du Président au sens commun du terme, et « la responsabilité » au sens juridique. Le sujet porte en lui de nombreuses références historiques, ainsi qu'à la théorie générale de l'État (principe de séparation des pouvoirs, régime parlementaire, responsabilité notamment politique). Ces références doivent être mises à profit pour alimenter le raisonnement.

Aux termes de l'article 6 de la loi constitutionnelle du 25 février 1875 « *le président de la République n'est responsable que dans le cas de haute trahison* ». Cette disposition transposa pour la première fois dans l'ordre républicain le principe traditionnel d'irresponsabilité du roi « *The king can do not wrong* ». Depuis, ce principe demeure inchangé.

Préférez une accroche fondée sur l'actualité, plutôt que sur l'histoire pour un tel sujet. Cela montre d'une part, que vous suivez l'actualité, et que vous êtes capable de la lier avec le sujet d'autre part. Le déclenchement de la procédure de destitution du Président au Pérou en septembre 2020 pouvait être mobilisée.

Le terme « responsabilité » dérive du latin « *respondere* », ce qui signifie « *se porter garant* » ou « *répondre de* ». Au sens juridique du terme, la responsabilité pourrait se définir comme étant l'obligation de répondre de ses actes. Cette responsabilité peut revêtir de multiples natures : pénale si l'individu commet une infraction, civile s'il commet un dommage, administrative ou encore politique dans le cas du président de la République.

Dans un régime parlementaire, il est traditionnel de distinguer deux fonctions que sont celles du chef du Gouvernement et celle du chef d'État. Le premier assume en principe la responsabilité politique du premier, dès lors que tout acte du chef d'État doit être contresigné par les ministres compétents : ils leur revient d'apposer leur signature sur les actes du Président afin d'endosser sa responsabilité politique. Ce transfert de la responsabilité rend donc le Président irresponsable politiquement, ne lui laissant qu'un rôle majoritairement honorifique. L'équivalent est vrai, que la fonction de chef d'État soit assurée par un président dans une République, ou un monarque dans une monarchie.

Vous devriez préciser ici qu'il ne s'agit pas que de la responsabilité politique du Président, mais bien aussi des responsabilités pénales, administratives ou civiles.

En France, le caractère honorifique accordé à la présidence est dépassé depuis 1958. Une place centrale est laissée au président de la République de par son élection, ses pouvoirs propres, et les rapports qu'il entretient avec les autres pouvoirs publics. Cette transition, la mutation de la fonction présidentielle en France, souligne l'importance de la responsabilité du Président : sa puissance politique et institutionnelle ne doit en aucun cas déboucher sur des abus de pouvoirs. Outre l'encadrement de ses pouvoirs par la Constitution, des règles de responsabilité doivent exister pour éviter tout abus. Dans le même temps, de telles règles ne doivent pas non plus entraver le bon exercice du mandat présidentiel.

Il existe donc un équilibre à trouver entre la stabilité du mandat et la puissance politique du Président qui doit être limitée. Dans quelle mesure le principe d'irresponsabilité du président de la République permet le maintien de cet équilibre ?

La Vᵉ République conserve le principe d'irresponsabilité du président de la République (1). Toutefois, ce principe peut être levé de façon exceptionnelle (2).

1 • Une irresponsabilité de principe conservée

N'oubliez pas de préciser la date. En l'espèce, il s'agit de la révision constitutionnelle du 23 février 2007.

Les dispositions relatives à la responsabilité du président de la République sont aujourd'hui prévues aux articles 53-2, 67 et 68 de la Constitution. La réforme constitutionnelle de 2007 a simplifié ce régime juridique : par principe, le Président est irresponsable des actes qu'il commet dans l'exercice de ses fonctions (A) et bénéficie d'une immunité, à raison des autres actes (B).

A) Une irresponsabilité totale à raison des actes accomplis ès-qualité

Il s'agit du Royaume-Uni. L'Angleterre est une région du royaume.

Par principe, le président de la République n'est pas responsable des actes commis dans l'exercice de ses fonctions. Cette irresponsabilité est justifiée par le fait qu'il faut dissocier la fonction de l'individu qui l'occupe : dans une monarchie parlementaire comme l'Angleterre, la reine est irresponsable puisque sa personne est inviolable et sacrée. Par principe, le roi ne peut mal faire. Dans une république, avant d'occuper la fonction de Président, l'individu est un citoyen comme un autre. Il est avant tout un membre du corps électoral pouvant potentiellement accéder, durant une période déterminée, à ladite fonction. Par conséquent, afin de ne pas abîmer la dignité de la fonction présidentielle, les actes accomplis en cette qualité ne peuvent entraîner une quelconque responsabilité de sa part.

Cette irresponsabilité de principe connaît cependant des exceptions. Le droit positif a connu des évolutions en la matière. Malgré les changements de régimes politiques successifs survenus entre 1875 et 1958, la responsabilité du Président ne pouvait être engagée qu'en cas de haute trahison, le Parlement prenant alors une forme juridictionnelle, comme la Haute cour de justice de 1958 à 2007.

Vous l'avez déjà dit antérieurement.

Incompatible. C'est le manquement qui est manifestement incompatible avec l'exercice de la fonction, et non pas les devoirs.

Cette formulation est ambiguë et semble contredire l'idée que vous défendez dans votre 1.B). Précisez « s'il commet une infraction pénale en sa qualité de Président » pour que la phrase soit correcte.

La réforme constitutionnelle de 2007 a réaffirmé le principe d'irresponsabilité à l'article 67 de la Constitution et l'a assorti de deux exceptions. D'une part, la notion de haute trahison a disparu au profit de celle de « *manquement à ses devoirs manifestement incompatibles avec l'exercice du mandat* ». D'autre part, la révision constitutionnelle a également créé une nouvelle exception, prévue à l'article 53-2 de la Constitution : la responsabilité pénale du Président peut désormais être recherchée devant la Cour pénale internationale, s'il commet une infraction relevant de la compétence de cette juridiction. Ainsi, s'il commet une infraction pénale par exemple, et que celle-ci ne rentre ni dans le cadre de l'article 68, ni dans celui de l'article 53-2, le Président ne pourra tout simplement pas être tenu responsable.

Si le président de la République est irresponsable à raison des actes commis dans l'exercice de ses fonctions, il bénéficie également d'une immunité pour les actes commis en dehors de celles-ci.

B) Une immunité consacrée à raison des autres actes

L'ancien article 67 de la Constitution en vigueur a posé des difficultés d'interprétations. En effet, le Président était irresponsable à raison des « *actes accomplis dans l'exercice de ses fonctions* » sauf cas de haute trahison. Cette formulation a créé une ambiguïté lorsque le président Jacques Chirac fut impliqué dans des actes qu'il aurait commis lorsqu'il était maire de Paris, c'est-à-dire avant d'être président. Or, si l'irresponsabilité va de soi pour les actes commis dans le cadre de la fonction présidentielle, la question des actes commis en dehors des fonctions n'a pas de réponse si tranchée au vu de la formulation retenue. La portée de l'ancien article 67 impliquait une ambiguïté sur l'étendue de l'irresponsabilité du Président, notamment pour les actes accomplis avant l'entrée en fonction, ou ceux accomplis durant le mandat, mais sans lien apparent avec la fonction présidentielle.

De plus, à supposer que la responsabilité du Président soit engagée, se pose la question de la juridiction compétente. Sur ce point, le Conseil constitutionnel a estimé dans une décision de 1999 que, si le Président était irresponsable à raison des actes accomplis en sa qualité de Président, il demeurait, toutefois, responsable des actes commis en dehors de sa fonction. Mais, selon le Conseil constitutionnel, il bénéficie d'une sorte de privilège de juridiction dans la mesure où, même pour ces actes, il ne peut être jugé que par la Haute cour de justice. La Cour de cassation, le 10 octobre 2001, a fait une interprétation différente du silence de la Constitution en considérant que le Président était, pour ces actes, inviolable pendant toute la durée du mandat, mais que les juridictions ordinaires pourraient le juger à l'issue de celui-ci.

Désormais le débat est tranché par l'actuel article 67 de la Constitution qui précise le régime juridique applicable. Le président de la République est responsable des actes commis avant l'entrée en fonction, ou pendant le mandat s'ils n'ont pas de lien avec la fonction présidentielle. Cependant, le président bénéficie d'une inviolabilité pendant la durée de son mandat : aucune poursuite ne peut être engagée contre lui, et il ne peut être requis de témoigner. Les délais de prescription ou de forclusion sont suspendus. Cette inviolabilité se termine un mois après la cessation des fonctions. Ainsi, à la fin de son mandat, le président de la République redevient un justiciable parmis d'autres et pourra répondre de ses actes devant les juridictions de droit commun.

L'irresponsabilité du président de la République a donc été réaffirmée par la révision constitutionnelle de 2007. La stabilité du mandat a été renforcée par la consécration de l'immunité présidentielle : le Président doit pouvoir être jugé, mais pas au détriment du mandat pour lequel il a été élu. Ce faisant, sa responsabilité n'est qu'exceptionnellement retenue.

2 • Une responsabilité exceptionnellement retenue

Si le Président est irresponsable, il doit tout de même répondre de ses actes dans les cas prévus aux articles 53-2 et 68 de la Constitution. La mise en œuvre de cette responsabilité n'est désormais plus une réponse pénale et politique (A), bien que la solution retenue demeure imparfaite (B).

Le titre semble en décalage avec le contenu de la partie dans la mesure où il ne rend pas compte des difficultés d'interprétation ayant mené à l'actuel régime juridique et que vous évoquez d'ailleurs.

Précisez de quelles affaires il est question : financement occulte du RPR.

Précisez la référence à cette décision et à celle de la Cour de cassation mentionnée plus bas. Vous pouvez aussi expliquer le contexte de celles-ci.

Le correcteur attend ici une critique du caractère large de cette inviolabilité, avec des exemples à la clé. Pensez notamment au divorce du couple Sarkozy : en s'en tenant à la lettre du texte constitutionnel, le divorce n'aurait été juridiquement possible qu'après le mandat, puisque sauf destitution, le Président ne peut faire l'objet d'aucune action.

« Parmi » ne prends pas de « s ».

A) Les responsabilités pénales et politiques désormais distinguées

La question de la responsabilité du président de la République a posé des difficultés d'interprétation, notamment en ce qui concerne la nature de la sanction lui étant appliquée. Sous l'empire des textes constitutionnels antérieurs à 2007, le Président était irresponsable sauf en cas de haute trahison. Le cas échéant, le Parlement prenait une forme juridictionnelle et prononçait à l'encontre du Président une sanction à la fois pénale et politique. Les lois constitutionnelles de 1875 prévoyaient une telle procédure, teintée d'un langage de droit pénal. En effet, l'article 12 de la loi du 16 juillet 1875 prévoyait que le président de la République ne pouvait être mis en accusation que par la Chambre des députés, et ne pouvait être jugé que par le Sénat. De même, la Constitution de la Ve République prévoyait jusqu'en 2007 l'existence de la Haute Cour de Justice, une formation juridictionnelle du Parlement. Le Président ne pouvait être mis en accusation que par les deux assemblées, statuant par un vote identique au scrutin public et à la majorité absolue des membres les composant. Il était ensuite jugé par la Haute Cour de Justice.

Cette intrication entre droit pénal et politique a posé des questions. En effet, au regard du principe de séparation des pouvoirs, le fait qu'une assemblée parlementaire puisse s'arroger le droit de juger un individu pose des questions : il n'est pas certain que le rôle d'une assemblée parlementaire puisse être celui d'un juge dans une démocratie. Désormais, les responsabilités politiques et pénales sont distinctes. L'actuel article 68 de la Constitution prévoit une procédure de destitution à l'encontre du président de la République en cas de « *manquement à ses devoirs manifestement incompatible avec l'exercice de son mandat* ». La sanction prononcée est politique, puisque la Haute cour ne se prononce que sur la destitution du Président, c'est-à-dire l'arrêt prématuré du mandat présidentiel. En d'autres termes, elle ne juge plus le Président. En revanche, toutes les décisions prises en application de l'article 68 sont soumises à une majorité des deux tiers et non plus à la majorité absolue : c'est dire que la procédure de destitution doit transcender les clivages politiques. En assurant une majorité élevée, la procédure de destitution du Président impliquera nécessairement la recherche d'un consensus.

Il aurait été utile de traiter du changement de dénomination : Haute cour au lieu de Haute cour de justice.

La révision constitutionnelle de 2007 a clarifié le régime juridique des cas dans lesquels la responsabilité du Président peut être recherchée. Toutefois, la solution retenue n'est pas sans limites.

B) Une solution politique néanmoins imparfaite

Le régime juridique consacré en 2007 a clarifié le statut de la responsabilité du président de la République. Toutefois, la solution retenue n'est pas dépourvue de limites. D'une part, la procédure semble complexe à mettre en œuvre. Tout d'abord, la majorité des deux tiers requise s'applique à l'ensemble des phases. Il est possible de se demander quels manquements pourraient être concernés. La haute trahison a disparu du texte constitutionnel, notamment en raison de son ambiguïté, et lui a succédé la notion de « *manquement à ses devoirs* ». Cette notion reste tout aussi large : quid du fait pour le président de la République de ne pas signer les ordonnances du Premier ministre ? Il pourrait s'agir là d'un manquement aux devoirs du Président. Ces conditions assurent donc à la procédure de destitution une utilisation exceptionnelle. De ce fait, elle complexifie la possibilité d'y avoir recours. Paradoxalement, la procédure limite les cas de destitution, et renforce *in fine* la position politique du Président. En ce sens, il est possible de penser à la proposition de destitution formée à l'encontre du Président François Hollande. Cette motion avait été déposée par des députés de droite mais a été déclarée irrecevable par le bureau de l'Assemblée nationale le 23 novembre 2016.

Vous auriez pu développer ce point : pourquoi la notion était-elle ambiguë ? Pourquoi a-t-elle été remplacée par cette nouvelle notion ?

Il est vrai que la notion retenue en 2007 est toujours large. Elle est, quoi qu'il en soit, plus souple à mettre en œuvre. L'idée que vous défendez est donc biaisée.

D'autre part, la responsabilité ne dépend pas que du texte constitutionnel mais aussi de la pratique des institutions. Même si l'irresponsabilité politique du Président est affirmée depuis 1875, il convient de rappeler la pratique du Président de Gaulle, qui consistait à régulièrement mettre en jeu sa responsabilité politique par l'usage du référendum. Il démissionna d'ailleurs en 1969, suite à l'échec du référendum sur la réforme des régions et du Sénat. Or cette pratique n'a pas été reprise par ses successeurs, comme l'illustre le référendum de 2005. Ainsi, la responsabilité politique du Président ne semble pouvoir être engagée qu'à l'issue de son mandat, devant les électeurs, s'il décide de briguer un second mandat. En ce sens, le passage du septennat au quinquennat permet de mettre en jeu cette responsabilité plus souvent.

Malgré ces critiques, il convient d'en relativiser la portée : les règles retenues en 2007 ont répondu à des problématiques qui méritaient une réponse. Ainsi, si la solution retenue n'est pas parfaite, il convient de se demander si les autres solutions ne seraient pas pires : lutter contre la position prédominante du Président en supprimant l'irresponsabilité et en le considérant comme un justiciable comme un autre, ou encore baisser le nombre de voix requises pour engager la procédure, risqueraient de nuire à la stabilité des institutions.

Sujet 20 Commentaire de décision

Durée de l'épreuve : 3 heures

Aucun document n'est autorisé

Vous commenterez la Décision n° 62-20 DC du 6 novembre 1962 à la lumière de la lettre de saisine du Conseil de Gaston Monnerville, président du Sénat.

Décision n° 62-20 DC du 6 novembre 1962,

Loi relative à l'élection du président de la République au suffrage universel direct, adoptée par le référendum du 28 octobre 1962, [Incompétence pour statuer]

Le Conseil constitutionnel,

Saisi par le président du Sénat, sur la base de l'article 61, 2e alinéa, de la Constitution, du texte de la loi relative à l'élection du président de la République au suffrage universel direct et adoptée par le Peuple dans le référendum du 28 octobre 1962, aux fins d'appréciation de la conformité de ce texte à la Constitution ;

Vu la Constitution ;

Vu l'ordonnance du 7 novembre 1958 portant loi organique sur le Conseil constitutionnel ;

1. Considérant que la compétence du Conseil constitutionnel est strictement délimitée par la Constitution ainsi que par les dispositions de la loi organique du 7 novembre 1958 sur le Conseil constitutionnel prise pour l'application du titre VII de celle-ci ; que le Conseil ne saurait donc être appelé à se prononcer sur d'autres cas que ceux qui sont limitativement prévus par ces textes ;

2. Considérant que, si l'article 61 de la Constitution donne au Conseil constitutionnel mission d'apprécier la conformité à la Constitution des lois organiques et des lois ordinaires qui, respectivement, doivent ou peuvent être soumises à son examen, sans préciser si cette compétence s'étend à l'ensemble des textes de caractère législatif, qu'ils aient été adoptés par le peuple à la suite d'un référendum ou qu'ils aient été votés par le Parlement, ou si, au contraire, elle est limitée seulement à cette dernière catégorie, il résulte de l'esprit de la Constitution qui a fait du Conseil constitutionnel un organe régulateur de l'activité des pouvoirs publics que les lois que la Constitution a entendu viser dans son article 61 sont uniquement les lois votées par le Parlement et non point celles qui, adoptées par le Peuple à la suite d'un référendum, constituent l'expression directe de la souveraineté nationale ;

3. Considérant que cette interprétation résulte également des dispositions expresses de la Constitution et notamment de son article 60 qui détermine le rôle du Conseil constitutionnel en matière du référendum et de l'article 11 qui ne prévoit aucune formalité entre l'adoption d'un projet de loi par le peuple et sa promulgation par le président de la République ;

4. Considérant, enfin, que cette même interprétation est encore expressément confirmée par les dispositions de l'article 17 de la loi organique susmentionnée du 7 novembre 1958 qui ne fait état que des « lois adoptées par le Parlement » ainsi que par celles de l'article 23 de ladite loi qui prévoit que « dans le cas où le Conseil constitutionnel déclare que la loi dont il est saisi contient une disposition contraire à la Constitution sans constater en même temps qu'elle est inséparable de l'ensemble de la loi, le président de la République peut promulguer la loi à l'exception de cette disposition, soit demander aux Chambres une nouvelle lecture » ;

5. Considérant qu'il résulte de ce qui précède qu'aucune des dispositions de la Constitution ni de la loi organique précitée prise en vue de son application ne donne compétence au Conseil constitutionnel pour se prononcer sur la demande susvisée par laquelle le président du Sénat lui a déféré aux fins d'appréciation de sa conformité à la Constitution le projet de loi adopté par le Peuple français par voie de référendum le 28 octobre 1962 ;

Décide :

Article 1er : Le Conseil constitutionnel n'a pas compétence pour se prononcer sur la demande susvisée du président du Sénat.

Article 2 : La présente décision sera publiée au Journal officiel de la République française.

Lettre de saisine du Conseil constitutionnel du président du Sénat Gaston Monnerville, à propos de la loi référendaire du 6 novembre 1962 relative à l'élection du président de la République au suffrage universel direct

En confirmation de la lettre que je vous ai adressée le samedi 3 novembre, j'ai l'honneur de vous faire connaître que, conformément au second alinéa de l'article 61 de la Constitution, je défère au Conseil constitutionnel, avant sa promulgation, la loi relative à l'élection du président de la République au suffrage universel qui a été adoptée par le référendum du 28 octobre 1962. En application de l'article 18 de l'ordonnance n° 58-1067 du 7 novembre 1958 portant loi organique sur le Conseil constitutionnel, j'ai avisé M. le président de la République et M. le Premier ministre de ce que je soumettais cette loi au Conseil Constitutionnel.

Je demande au Conseil constitutionnel de déclarer non conforme à la Constitution la loi adoptée par référendum, afin qu'en application de l'article 62 de la Constitution, cette loi ne puisse être promulguée.

Je dois donc vous faire connaître les raisons pour lesquelles je considère, d'une part que j'ai le droit de déférer au Conseil constitutionnel le texte dont il s'agit et que le Conseil est compétent pour statuer, d'autre part que le projet de loi adopté par référendum n'est pas conforme à la Constitution. L'article 61 de la Constitution dispose que les lois peuvent être déférées au Conseil constitutionnel, avant leur promulgation, par le président de l'une ou l'autre Assemblée.

Or, aux termes du décret n° 62-1127 du 2 octobre 1962 et de son annexe, le projet soumis au référendum du 28 octobre 1962 est intitulé « Projet de loi relatif à l'élection du président de la République au suffrage universel ». La loi adoptée par référendum n'a donc pas la nature juridique d'une loi constitutionnelle ou d'une loi organique : il s'agit d'une loi ordinaire, que je suis habilité par l'article 61 à soumettre au Conseil constitutionnel.

On ne saurait par ailleurs soutenir que, du fait qu'elle a été adoptée par la procédure du référendum, et non par celle des délibérations et des votes des Assemblées parlementaires, le Conseil constitutionnel serait incompétent pour se prononcer sur la conformité de cette loi à la Constitution. Aucune disposition constitutionnelle ne pourrait en effet être invoquée à l'appui d'une telle opinion. La lecture attentive de la Constitution démontre au contraire que celle-ci a prévu l'examen par le Conseil constitutionnel de textes adoptés par référendum. En effet, la Constitution prescrit dans deux articles différents que les lois organiques doivent être examinées par le Conseil constitutionnel avant leur promulgation.

Cette prescription figure d'abord à l'article 46, au Titre V « Des rapports entre le Parlement et le Gouvernement » : elle concerne alors le cas où une loi organique a été votée par le Parlement. Mais elle est répétée à l'article 61, au Titre VII « Le Conseil constitutionnel » et, cette répétition l'indique évidemment, elle s'applique alors au cas où une loi organique a été votée par référendum. Il s'ensuit que le Conseil constitutionnel, compétent pour vérifier la conformité à la Constitution d'une loi organique adoptée par référendum, ne saurait être incompétent, à condition d'être saisi par une des autorités visées au second alinéa de l'article 61, pour vérifier la conformité à la Constitution d'une loi ordinaire adoptée par référendum.

On ne saurait prétendre que les Constituants, en rédigeant l'article 61, n'aient pas eu présente à l'esprit l'hypothèse de l'adoption d'une loi par référendum, puisque l'article 60, immédiatement antérieur, est précisément consacré au rôle du Conseil constitutionnel en ce qui concerne la régularité des opérations et la proclamation des résultats du référendum.

On doit remarquer d'ailleurs que la Constitution a défini le rôle et la compétence du Conseil constitutionnel d'une part à l'égard des rapports entre le Parlement et le Gouvernement, ce qu'elle a fait au Titre V, articles 37, 41 et 46, d'autre part en ce qui ne concerne pas ces rapports, ce qu'elle a fait au Titre VII, exclusivement consacré au Conseil constitutionnel.

Le Titre VII, qui fixe les attributions générales du Conseil constitutionnel, ne mentionne pas celles antérieurement définies au Titre V, articles 37 et 41 : mais il reprend par contre les règles formulées à l'article 46 quant à la vérification de la conformité des lois organiques à la Constitution. Il y a là la preuve que ces règles doivent recevoir application en dehors du cadre du Titre V, c'est-à-dire dans le cas où une loi organique a été adoptée, non par le Parlement, mais par référendum. La compétence du Conseil constitutionnel est de droit dans cette hypothèse. S'agissant au contraire d'une loi ordinaire adoptée par référendum, elle est subordonnée au fait que le président de la République, le Premier ministre, ou le président de l'une ou l'autre Assemblée l'ait déférée au Conseil constitutionnel.

Mais lorsqu'une telle décision est intervenue, la compétence du Conseil n'est pas contestable : car si la Constitution avait entendu limiter aux seules lois votées par le Parlement la saisine du Conseil constitutionnel par l'une des autorités mentionnées au second alinéa de l'article 61, ce n'est pas dans cet article, mais bien à l'article 45, consacré à la procédure du vote des lois ordinaires, qu'aurait été insérée la disposition dont il s'agit. Ou bien encore la Constitution aurait expressément indiqué, soit à l'article 61, que ses dispositions ne visaient pas les lois adoptées par référendum, soit à l'article 11, que le délai de promulgation de ces textes ne pourrait être suspendu par une saisine du Conseil constitutionnel.

Le silence de l'ordonnance du 7 novembre 1958 portant loi organique sur le Conseil constitutionnel à l'égard de la procédure de vérification de la conformité à la Constitution des lois adoptées par référendum ne saurait par ailleurs être invoqué dans le sens de l'incompétence du Conseil à procéder à cette vérification.

S'agissant de textes organiques, en effet, le Conseil n'a pas à être saisi par une transmission faite par le Premier ministre comme pour ceux qui sont adoptés par le Parlement : étant chargé par l'article 60 de proclamer les résultats du référendum, le Conseil constitutionnel connaît par là-même tout projet de loi organique adopté selon cette procédure.

Quant aux lois ordinaires adoptées par référendum, la lacune de l'ordonnance portant loi organique en ce qui les concerne ne saurait faire obstacle à l'application du second alinéa de l'article 61 de la Constitution, dont les termes ne comportent aucune distinction entre les lois votées par le Parlement et celles qui ont été adoptées par référendum.

Il convient enfin d'affirmer que la compétence du Conseil constitutionnel ne peut pas être contestée par une argumentation fondée sur l'article 3 de la Constitution, dont le premier alinéa dispose : « La souveraineté nationale appartient au peuple, qui l'exerce par ses représentants et par la voie du référendum ».

L'exercice de la souveraineté nationale, que ce soit par les représentants du peuple ou par les électeurs, consultés par voie de référendum, n'est en effet légitime que dans le respect des règles et des procédures instituées par la Constitution.

Admettre qu'il en puisse être autrement en cas de référendum conduirait nécessairement à admettre que les représentants du peuple ne sont également soumis à aucune règle constitutionnelle dans l'exercice de la souveraineté qui leur est déléguée. Ce serait donc ruiner, non seulement la base même du Droit, mais celle de toute stabilité des institutions.

Quant au fond du problème, la loi adoptée par référendum m'apparaît comme inconstitutionnelle à la fois en raison des conditions dans lesquelles le référendum a été décidé, de l'irrégularité intrinsèque de ce référendum, et du contenu du texte soumis à l'approbation du corps électoral. Le Journal Officiel du 3 octobre 1962 a sans doute rendu publique une lettre de M. le Premier ministre à M. le président de la République, datée du 2 octobre 1962, et constituant la proposition du Gouvernement, formulée pendant une session parlementaire, sans laquelle, aux termes de l'article 11, M. le président de la République n'est pas habilité à décider un référendum. Mais, dès le 20 septembre 1962, M. le président de la République avait annoncé par un discours radio-télévisé sa décision de soumettre au peuple français, par voie de référendum, un projet tendant à confier au suffrage universel le soin d'élire ses successeurs.

Prise à la date et dans les conditions où elle a été rendue publique, cette décision n'était pas conforme à la Constitution, car le Parlement n'était pas en session, et le Gouvernement n'avait fait aucune proposition à M. le président de la République.

Intrinsèquement, le référendum du 28 octobre 1962 était irrégulier, car la seule procédure instituée par la Constitution pour sa propre révision est celle définie par l'article 89. Aux termes de cet article, un projet de révision ne peut être soumis à référendum qu'après avoir été voté en termes identiques par les deux Assemblées. Cette condition n'a pas été remplie en ce qui concerne le texte soumis au référendum du 28 octobre 1962.

D'autre part, l'article 11 de la Constitution ne permet pas de soumettre à référendum un projet de révision. Cela résulte directement de ce qu'il mentionne « tout projet de loi portant sur l'organisation des pouvoirs publics », ce qui exclut les projets de loi constitutionnelle. Cela résulte en outre indirectement de ce qu'il mentionne « tout projet de loi tendant à autoriser la ratification d'un traité qui, sans être contraire à la Constitution, aurait des incidences sur le fonctionnement des institutions ». Dans l'hypothèse, en effet, où la procédure de référendum serait applicable à une révision de la Constitution, il n'y aurait aucune raison pour qu'elle ne le fût pas également à la ratification d'un traité contraire à la Constitution, dont cette ratification entraînerait par elle-même révision.

Enfin le contenu du texte du projet de loi adopté par référendum n'est pas conforme à la Constitution. Celle-ci comporte en effet une distinction fondamentale entre trois catégories *de lois, les lois constitutionnelles, les lois organiques, et les lois ordinaires. L'objet des lois constitutionnelles est de réviser la Constitution. L'objet des lois organiques est défini par une série d'articles de la Constitution qu'il est inutile d'énumérer ici, mais parmi lesquels figure l'article 6, dernier alinéa, en ce qui concerne la fixation des modalités d'application dudit article 6. L'objet des lois ordinaires est défini par l'article 34 de la Constitution.*

Or, le projet de loi qui a été adopté par le référendum du 28 octobre 1962 fait fi de ces distinctions essentielles : d'après son titre, il s'agit d'une loi ordinaire ; mais les articles 1er et 2, portant remplacement du texte des articles 6 et 7, de la Constitution, ont par là-même un caractère constitutionnel ; et l'article 3 dispose expressément que les dispositions qu'il contient ont valeur organique, ce qui interdit toute promulgation avant déclaration par le Conseil constitutionnel de leur conformité à la Constitution.

Telles sont les raisons pour lesquelles j'ai décidé de déférer au Conseil Constitutionnel la loi adoptée au référendum. Cette loi m'apparaît non conforme à la Constitution, tant en raison de son contenu que des irrégularités flagrantes de la procédure qui a abouti à son adoption. L'article 61 me permet de la soumettre au Conseil constitutionnel aux fins de vérification de sa conformité à la Constitution, et il donne compétence au Conseil pour procéder à cette vérification. C'est donc pour moi un devoir d'user du moyen qui m'est donné pour faire respecter le droit. N'est-ce pas d'ailleurs une des raisons d'être fondamentales du Conseil constitutionnel que de protéger la minorité, en garantissant le respect de la Constitution, même à l'encontre d'un vote exprimé, à la demande de M. le président de la République, par la majorité des électeurs, lorsque ceux-ci ont été consultés dans des conditions et sur des textes non conformes aux prescriptions expresses de la Constitution.

OBSERVATIONS DU CORRECTEUR (M. Glinel)

Vous devez ici réaliser un exercice assez singulier, car vous devez commenter une décision du Conseil constitutionnel en vous aidant de la lettre de saisine, ce qui intègre votre commentaire dans un contexte juridique et politique qui n'est pas neutre, et que vous ne devez pas ignorer pour mener à bien votre réflexion. Du reste, il est important de cibler votre réflexion sur la finalité de cette décision à la fois technique (l'autolimitation du Conseil en matière référendaire) et politique (la primauté de l'expression directe du peuple et la place du président de la République dans cette équation).

« *Croit-on qu'à soixante-sept ans, je vais commencer une carrière de dictateur ?* » interroge Charles de Gaulle dans sa conférence de presse du 19 mai 1958. Si cette phrase intervient quinze jours avant sa nomination en tant que président du Conseil par René Coty, le 1er juin, elle conserve encore un écho en 1962, lorsqu'il décide de modifier à jamais la place du Président, désormais légitimé par l'élan populaire du scrutin universel direct. Certains, comme le président du Sénat et les parlementaires à qui il revenait le soin de désigner le chef de l'État, se sont élevés contre cette légitimation directe par le peuple, au détriment de la légitimation indirecte issue la représentation nationale.

> Bien, vous faites le lien entre votre accroche et le sujet et présentez ainsi celui-ci de manière intelligente.

> Pour partie seulement.

En saisissant le Conseil constitutionnel, le président du Sénat cherche à désapprouver le projet gaullien, qui vise à offrir au peuple la désignation du chef de l'État. Le Conseil est confronté à deux séries d'interrogations. Il doit d'abord se prononcer sur sa compétence à se saisir d'une loi référendaire. Il doit ensuite se prononcer sur le fond de la loi référendaire, à savoir l'emploi, par le président de la République, de l'article 11 aux fins de réforme d'une telle institution. Si la saisine est très détaillée, notamment en ce qui concerne la compétence du Conseil en matière de loi référendaire, la décision est extrêmement laconique à propos du fond de l'affaire.

Dans sa décision du 6 novembre 1962, le Conseil constitutionnel offre une décision très courte, dans laquelle il se déclare incompétent pour statuer sur une loi référendaire, en raison de l'expression directe de la souveraineté nationale contre laquelle il ne souhaite opposer de censure. Cette décision marque ainsi la victoire du président de la République qui, conforté dans son usage audacieux de l'article 11 de la Constitution, voit en même temps sa légitimité directement émerger de la volonté du peuple souverain. Si le Conseil décline sa compétence, c'est avant tout parce qu'il n'agit que dans les limites du principe d'attribution, mais également parce qu'il autolimite son office en refusant de contrôler l'expression directe de la souveraineté nationale.

Vous avez bien cerné le sujet.

De quelle manière le Conseil constitutionnel décline-t-il sa compétence en matière référendaire au profit de l'expression directe du peuple ?

Après avoir étudié l'incompétence à statuer, telle que décidée par le Conseil, en matière référendaire (1), il apparaît que le Conseil, par cette décision, valorise implicitement l'interprétation gaullienne de l'article 11 de la Constitution (2).

Une utilisation correcte du vocabulaire juridique qui montre que vous maîtrisez non seulement la forme, mais aussi le fond.

1 • La compétence d'attribution, assise procédurale de l'incompétence pour statuer

Le Conseil constitutionnel développe très largement son incompétence pour statuer, en se fondant sur la compétence d'attribution qu'il tire de la lettre et de l'esprit de la Constitution. Après avoir étudié les règles de compétence auxquelles le Conseil est limité en matière référendaire (A), il sera intéressant d'étudier comment le Conseil, applique cette limitation en l'espèce pour aboutir à une incompétence pour statuer (B).

A) La compétence limitée du Conseil en matière référendaire

Le Conseil, en vertu de l'article 60 de la Constitution, est compétent lors de la préparation du référendum, la surveillance du référendum et la proclamation des résultats du référendum. Concernant la première étape, le Conseil se contente de donner un avis non publié au Gouvernement qui lui a transmis l'intitulé de la question et la date du scrutin. Cet acte du gouvernement a été qualifié d'acte de gouvernement par le Conseil d'État en 1970, ce qui le rend insusceptible de recours. Ce n'est qu'en 2000 que la répartition du contentieux se clarifie dans les arrêts « Hauchemaille » du 25 juillet 2000 et « Larrouturou » du 23 août 2000, où le Conseil constitutionnel acquiert une compétence en matière de contrôle de décrets sur l'organisation du référendum. Enfin, la proclamation des résultats revient depuis toujours au Conseil constitutionnel, qui a su faire évoluer son office en s'ouvrant la possibilité de réformer les résultats, comme à l'occasion du référendum relatif à la ratification du Traité de Maastricht en 1992. La proclamation des résultats par le Conseil a la forme juridique d'une décision constitutionnelle, qui ne saurait être l'objet d'un contrôle de constitutionnalité postérieur, car ce dernier ne porte que sur des « lois » et non des « décisions ». Le Conseil dispose bien d'un pouvoir régulateur, très limité en matière référendaire.

Que signifie la notion de « réformation » ? Vous devez expliquer qu'il s'agit pour le Conseil d'annuler et d'y substituer sa propre décision, ce qui, en soi, est un pouvoir assez important.

S'il ne tire que de l'esprit de la Constitution son rôle « *d'organe régulateur de l'activité des pouvoirs publics* » (considérant 2), le Conseil tire néanmoins des « dispositions expresses de la Constitution » son rôle en matière référendaire. Selon Gaston Monnerville, il est impossible que les constituants « *n'aient pas eu présente à l'esprit* » l'hypothèse de la loi référendaire pour la simple et bonne raison que l'article 60 de la Constitution précède immédiatement l'article 61 relatif au contrôle constitutionnel. Au considérant 3, le Conseil va rappeler quel est son rôle en matière référendaire, pour tirer de cette disposition les possibles attributions qu'il pourrait mettre en œuvre dans le cadre d'un contrôle des lois référendaires. Hélas, l'article 60 de la Constitution « *ne prévoit aucune formalité entre l'adoption d'un projet de loi par le peuple et sa promulgation par le président* », alors le Conseil constate qu'il ne saurait intercaler une étape supplémentaire dans ce processus, ce qui l'invite à décliner sa compétence, dans sa décision du 6 novembre 1962.

Attention à l'utilisation de ces termes qui pourraient laisser à penser que vous donnez votre avis.

B) La restrictive interprétation du pouvoir d'attribution aboutissant à l'incompétence pour statuer du Conseil

Comme il le rappelle au premier considérant « *la compétence du Conseil constitutionnel est strictement délimitée par la Constitution* », ainsi « *il ne saurait donc être appelé à se prononcer sur d'autres cas que ceux qui sont limitativement prévus par ces textes* », ce qui constitue sa compétence d'attribution. Hors des cas limitativement et expressément mentionnés dans le texte de la Constitution, le Conseil refuse de se prononcer. Comme la Constitution « *ne précise pas* » s'il est compétent en matière référendaire, alors il décline sa compétence, car les lois qui sont issues d'un référendum n'ont pas, pour lui, la valeur d'une loi ordinaire ou d'une loi organique, qui sont les deux types de lois qu'il peut contrôler. Il a néanmoins fait preuve d'une certaine audace par la suite lorsqu'il a décidé en 1963, dans sa décision 63-24, de contrôler la régularité du règlement du Congrès alors même que la Constitution lui permet expressément de ne contrôler que les règlements des assemblées parlementaires. C'est bien parce que le texte est laconique, que le Conseil tire de l'esprit de la Constitution un pouvoir d'attribution nécessairement limité.

C'est bien car vous ne vous contentez pas de citer le texte, vous l'analysez en « traduisant » juridiquement ces phrases comme signifiant que le Conseil a une compétence d'attribution.

C'est un parallèle intéressant. À exploiter davantage

Selon le président du Sénat, la Constitution a prévu que le Conseil examine les lois référendaires, car elle prescrit l'examen des lois organiques par le Conseil avant leur promulgation par le président de la République. Toute la question est de savoir quel type de loi fait l'objet du contrôle constitutionnel. Le Conseil dégage, au considérant 2, de l'esprit de la Constitution que « *les lois que la Constitution a entendu viser dans son article 61 sont uniquement les lois votées par le Parlement* ». Il complète cela en rappelant que l'article 61 donne au Conseil « *la mission d'appréciation de la conformité à la Constitution des lois organiques et des lois ordinaires* » uniquement. Cela dit, le Conseil insiste sur le caractère évasif de ces dispositions, ce qui lui laisse le champ libre pour l'interpréter conformément au principe d'attribution, c'est-à-dire de manière restrictive. *In fine*, le Conseil exclut les « *lois adoptées par le Peuple à la suite d'un référendum* » des lois qui peuvent lui être déférées car elles « *constituent l'expression directe de la souveraineté nationale* » au considérant 2. Si cette appréciation paraît faible car elle est appuyée sur l'esprit de la Constitution, le Conseil complète ce propos en l'appuyant sur la lettre de la Constitution car il précise que cette appréciation est « *expressément confirmée par les dispositions de la loi organique qui ne fait état que des lois adoptées par le Parlement* » (considérant 4). Compléter ainsi avec un fondement express permet de véritablement renforcer son refus de contrôler les lois référendaires.

Attention au langage écrit.

Ce n'est pas un propos rapide, mais un propos exprimé. Donc vous devez écrire « exprès » et non « express » !

Le Conseil conclut dans sa décision à une incompétence pour statuer, en raison d'une lecture stricte de la Constitution, cantonnant son office à une compétence d'attribution elle-même stricte. Cependant, cette décision d'incompétence à statuer, qui ne délivre pas de décision au fond, a pour conséquence de valider une interprétation audacieuse et par-là même très extensive de l'article 11 de la Constitution, cœur de la décision.

Les intitulés de vos deux parties gagneraient à se répondre davantage. Pourquoi pas : « L'incompétence du Conseil, voie ouverte vers la toute puissance populaire et présidentielle » ?

2 • Les effets de la puissance de l'expression directe du peuple souverain sur l'incompétence du Conseil constitutionnel

En rendant cette décision, le Conseil appuie son incompétence à statuer sur l'absence de décision au fond, car il ne souhaite pas se substituer à l'expression directe du souverain (A) pour approuver l'usage présidentiel de l'article 11 de la Constitution (B).

A) L'impuissance du juge à remettre en cause l'expression directe du souverain

Dans sa lettre de saisine, le président du Sénat a anticipé l'argumentation d'incompétence du Conseil constitutionnel tirée de l'article 3 de la Constitution. Tout l'enjeu du requérant est de mettre sur un pied d'égalité à la fois le peuple, qui s'exprime par la voie du référendum et les représentants du peuple, qui s'expriment par le vote de la loi. La loi parlementaire pouvant être contrôlée par le Conseil constitutionnel, il doit pouvoir en être de même de la loi référendaire.

Dans sa décision du 6 novembre 1962, le Conseil constitutionnel prend le contrepied de l'argumentation du président du Sénat, pour expliquer que c'est précisément parce que les dispositions déférées « *constituent l'expression directe de la souveraineté nationale* » qu'il doit se retirer et ne pas censurer cet exercice direct de la souveraineté. Cela rappelle les propos de Antonin Scalia, juge de la Cour suprême des États-Unis qui, dans l'affaire Obergefell c. Hodges de 2015 disait : « *cette pratique de la révision constitutionnelle par un comité de neuf juges non élus, animés d'une extravagante affection pour la liberté, dérobe au peuple la liberté qu'il a consentie dans la déclaration et qu'il a gagné à la révolution : la liberté de se gouverner lui-même* ». Le Conseil autolimite ici sa propre compétence. La souveraineté nationale désigne généralement la souveraineté telle qu'elle est exprimée par la représentation nationale, commodément désignée par la fiction « nation », seule notion capable de juguler les disparités en postulant une unité de droit. La souveraineté populaire désigne la souveraineté telle qu'elle serait directement exprimée par le peuple, notamment par le biais d'un référendum. L'article 3 de la Constitution désigne donc, par métonymie, les deux types de souveraineté. Aussi, « *l'expression directe de la souveraineté nationale* » employée par le Conseil interroge. Par définition, théoriquement, la souveraineté nationale ne peut être exprimée directement. Il est donc difficile de déceler ce que le Conseil a voulu signifier par l'emploi de cette expression. Il est fort probable que cette ambiguïté contrecarre précisément les prétentions du requérant, en répondant par l'amalgame des deux types de souveraineté. « *Clairement manifestée* », la volonté populaire est ainsi insusceptible d'être censurée par l'appréciation du Conseil, neutralisant ainsi toute menace ultérieure de censure d'une loi référendaire.

Cette citation est à la fois pertinente et originale. Excellent.

Vous gagneriez à rappeler le libellé de l'article 3 alinéa 1 de la Constitution, cela donnerait plus de force à votre propos.

B) L'impuissance pérenne du juge aboutissant à la validation implicite de l'usage présidentiel de l'article 11

La loi référendaire qui a été déférée au Conseil constitutionnel par le président du Sénat est fondée sur l'article 11 de la Constitution, tel qu'il a été employé par le président de la République. Selon le président du Sénat, la loi référendaire est inconstitutionnelle à cause des conditions de recours et de son contenu. En effet, le président de la République aurait dû utiliser l'article 89 pour réviser la Constitution. En réalité, « *tout projet de loi portant sur l'organisation des pouvoirs publics* », tel qu'il en résulte de l'article 11, ne semble pas, selon le requérant, inclure une telle révision constitutionnelle. Le Conseil constitutionnel, dans sa décision, n'a pas relevé le mésusage de l'article 11 de la Constitution, ne tentant pas, ainsi, de désapprouver la politique du président de la République mais participant, de surcroît, à la légitimation de son entreprise. Ainsi, le silence du Conseil constitutionnel en la matière est très éloquent. La seule allusion qui est faite à l'article 11 concerne la place laissée au Conseil constitutionnel dans la procédure du référendum, et cela ne concerne en rien ce qu'il pense de la manière dont le président s'en est servi. Reste à savoir si le « coup d'État permanent », tel que le qualifie François Miterand, reçoit dans cette décision un brevet de constitutionnalité, parce que le Conseil n'en censure pas l'usage.

C'est courant qu'un juge qui se déclare incompétent ne juge pas le fond.

Attention Mitterrand et non Miterand (deux T et deux R).

Malgré l'évolution du Conseil constitutionnel depuis 1962, il a toujours maintenu cette jurisprudence tendant à son incompétence à censurer l'expression directe du souverain (Cons. const., 23 septembre 1992, n° 92-313 DC, Maastricht III) et l'a même renouvelée dans le cadre de la QPC (Cons. const., 25 avril 2014, n° 2014-392 DC, Province sud de Nouvelle-Calédonie). De légères atténuations ont pu être aperçues dans deux hypothèses. D'une part, depuis sa décision Hauchemaille de 2000, le Conseil constitutionnel tire de sa mission générale de contrôle de la régularité des opérations référendaires, la possibilité de se saisir des requêtes qui mettent en cause la régularité des opérations référendaires si l'irrecevabilité qui leur est opposée pouvait remettre en cause l'efficacité du contrôle du Conseil en matière référendaire et vicierait les opérations référendaires ; ce qui est en soi assez restrictif et conditionné. Il en est de même pour sa décision 2019-1 RIP, où le Conseil limite ici aussi très clairement sa compétence, en dépit de la nature ambiguë du RIP, entre initiative parlementaire et populaire, même si la Constitution lui réserve la possibilité d'un contrôle en amont. L'incompétence née de la décision de 1962 draine encore la position actuelle du Conseil, soit pour ne pas censurer l'expression populaire, soit pour ne pas compromettre la position présidentielle et ainsi valider une interprétation très audacieuse de l'article 11 de la Constitution.

Phrase trop longue.

Sujet 21

Questions à réponses courtes

Durée de l'épreuve : 1h30

Aucun document n'est autorisé

Vous répondrez en 40 lignes au maximum aux questions suivantes :

1 **La dyarchie de l'Exécutif sous la Ve République : mythe ou réalité ?**

2 **Légiférer par ordonnances, un Parlement dépossédé ?**

3 **La suppression du Premier ministre, le fantasme du régime présidentiel ravivé ?**

OBSERVATIONS DU CORRECTEUR (L. Gonot)

Être concis tout en étant précis, telle est la difficulté de cet exercice. L'étudiant doit garder en mémoire que la seule différence entre une question à réponse courte et une dissertation, c'est la longueur de la réponse apportée. Aussi, la réponse ne doit pas s'étendre au-delà du nombre de lignes autorisé.

Sur le fond, les trois questions posées se rapportent au Gouvernement de la Ve République et son rapport aux institutions. La première interroge les rapports entre le président de la République et le Premier ministre. Le deuxième questionne les rapports entre le Gouvernement et le Parlement dans l'exercice de la fonction législative. La dernière pose la question plus générale de la place du Premier ministre dans la Ve République et son impact dans la définition du régime politique.

À vous de jouer !

QUESTION N° 1

La dyarchie de l'Exécutif sous la Ve République : mythe ou réalité ?

Il faudra définir ce terme qui suppose un partage équitable des compétences et le distinguer, notamment du bicéphalisme qui permet simplement d'identifier un « exécutif à 2 têtes ».

« *Certes, on ne saurait accepter qu'une dyarchie existât au sommet. Mais justement, il n'en est rien* ». En ces termes clairs, prononcés à l'occasion d'une conférence de presse le 31 janvier 1964, le général de Gaulle réaffirme la position subordonnée du Premier ministre à l'égard du président de la République qui le nomme, refusant d'être cantonné au rôle d'« *inaugurateur de chrysanthèmes* ».

D'ailleurs, la Constitution du 4 octobre 1958 instaure une répartition des compétences entre un président arbitre, garant de la Constitution (art. 5 C.) et un Premier ministre, chef du Gouvernement qui « *détermine et conduit la politique de la Nation* » (art. 20 C.). La révision constitutionnelle de 1962, par l'instauration de l'élection du président de la République au suffrage universel direct et l'apparition du fait majoritaire, a conduit à une hiérarchisation par la subordination du second par rapport au premier, qualifiant l'Exécutif de la Vᵉ République de bicéphalisme inégalitaire. Le régime parlementaire glisse du monisme au dualisme, le Gouvernement devenant désormais responsable devant le Parlement mais aussi devant le président. La dyarchie toutefois, suppose un exercice conjoint du pouvoir exécutif, sans principe hiérarchique et tend à faire apparaître une véritable coopération, parfois contrainte et forcée, entre le président de la République et le Premier ministre.

Il aurait été judicieux de noter que ce rapport hiérarchique était inverse dans les Républiques précédentes. C'est parce que les constituants de la Vᵉ République ont souhaité restaurer l'autorité de l'État avec un Président fort que cette subordination est possible.

Vous auriez même pu pousser davantage le raisonnement en évoquant le monisme inversé.

Davantage mythe que réalité, la dyarchie au sein de l'Exécutif s'inscrit comme une exception au principe du bicéphalisme inégalitaire. Apparue en filigrane dans l'histoire constitutionnelle de la Vᵉ République, l'existence d'une dyarchie dépend toujours d'un affaissement du soutien de la majorité parlementaire apporté au président de la République, permettant au Premier ministre de retrouver un certain éclat. Il n'est alors pas surprenant que la dyarchie se soit principalement exprimée lors des épisodes de cohabitation, lesquels correspondent à une situation dans laquelle il n'y a plus de concordance des majorités présidentielle et parlementaire. Conséquence d'un calendrier électoral asynchrone, le président de la République et le Premier ministre appartiennent à des partis politiques opposés, le premier devenant le chef de l'opposition parlementaire, le second celui de la majorité au Parlement. Observée à trois reprises (en 1986-1988, 1993-1995 et 1997-2002), la cohabitation permet la dyarchie en ce qu'elle impose au président de coopérer avec le Premier ministre pour mettre en place ses réformes. État anormal qui freine la bonne administration de l'État, la cohabitation est censée disparaître du paysage politique depuis l'inversion du calendrier électoral par la loi organique du 15 mai 2001 qui prévoit que les élections législatives suivront l'élection présidentielle. De manière moins criante, on peut identifier une forme de dyarchie de l'Exécutif lorsque le Premier ministre se rebelle et s'oppose ouvertement au président de la République qui perd le soutien de son électorat même si cette opposition se solde par sa démission (exemples des gouvernements Chirac en 1976 ou Rocard). De même, la dyarchie peut se retrouver lorsque c'est la majorité présidentielle qui se scinde, comme ce fut le cas des frondeurs de gauche, lors de la présidence de François Hollande, permettant de faire apparaître ce que certains ont appelé, le fait majoritaire contestataire. En somme, un seul soutien lui manque, et tout président est dépeuplé.

QUESTION N° 2

Légiférer par ordonnances, un Parlement dépossédé ?

« *Les ordonnances sont la preuve que, pour faire de bonnes lois, on n'a encore rien inventé de mieux que le Parlement* ». Par cette citation, Guy Carcassonne insiste sur l'importance de la réflexion commune entre les deux chambres législatives pour nourrir, enrichir le texte de loi.

L'étude de cette question porte sur la faculté dont dispose le Gouvernement d'étendre son pouvoir réglementaire en légiférant dans le domaine de la loi sans avoir à respecter le processus législatif ordinaire.

Faisant renaître les décrets-lois des Républiques précédentes, le procédé de l'ordonnance est prévu à l'article 38 C. Il permet au Gouvernement, pour les besoins de l'exécution de son programme, de demander au Parlement de légiférer dans son domaine (article 34 C.) mais pour une durée limitée. Le Parlement apparaît

Exact. Toutefois, vous auriez pu utilement rappeler les raisons de cette « renaissance » en 1958. On se remémore l'interdiction des décrets-lois posée à l'article 13 de la Constitution de 1946 justifiée par l'impossibilité faite au Parlement de déléguer sa compétence législative au Gouvernement.

À préciser, notamment la limitation temporelle posée par l'habilitation législative. Si le projet de ratification n'est pas remis dans le délai fixé par la loi d'habilitation, l'ordonnance ne peut entrer en vigueur dès sa publication et devient caduque. Aucune ratification postérieure n'est permise.

bien dépossédé de son pouvoir législatif. Pour autant cette dépossession est partielle parce qu'elle est consentie par l'institution parlementaire. En effet, la législation par ordonnances est soumise à une double acceptation parlementaire, d'une part en amont du processus, par l'adoption d'une loi d'habilitation autorisant conditionnellement le Gouvernement à légiférer par cette voie le contournant, d'autre part en aval du processus, par l'adoption d'une loi de ratification qui confère à l'ordonnance une valeur législative lorsqu'elle entre en vigueur. Donc un recours à ce procédé peut se justifier au nom de l'efficacité de l'action gouvernementale, permettant au Gouvernement de gérer les sujets techniques à l'instar de la transposition du droit de l'Union européenne ou des codifications législatives, le Parlement pouvant ainsi se recentrer sur les travaux dont l'enjeu politique est plus retentissant, nécessitant un débat au sein des assemblées législatives. Pour autant, ce processus utile ne peut s'entendre que s'il est modéré.

Attention aux phrases longues, vous risquez de perdre le correcteur.

Or, la présidence du général de Gaulle ainsi que celle de ses successeurs ont attesté d'un recours facile et massif à ce procédé. Facile d'abord, parce que l'instauration durable du fait majoritaire a permis au Gouvernement d'être soutenu par la majorité au Parlement qui l'autorise à s'immiscer dans son domaine législatif. Massif ensuite, parce que l'on note, depuis les années 2000, une tendance à la hausse du nombre d'ordonnances adoptées, dépassant même parfois le nombre de lois votées. On observe, par exemple, un nombre record d'ordonnances adoptées pendant la période de confinement qui a débuté, en France, le 17 mars 2020, pour gérer la crise sanitaire de COVID-19. Le problème résulte du fait qu'une ordonnance, c'est finalement un projet de loi adopté directement par le Gouvernement sans recourir à la délibération parlementaire. Où commence l'excès, là finit la vertu. Par conséquent, le recours abusif à l'ordonnance consiste bien en une dépossession du Parlement. Surtout, il prive la loi de la discussion pouvant l'enrichir. En ce sens, le recours systématique aux ordonnances dépasse le jeu de la répartition des compétences, puisqu'il dépossède également la loi d'un débat démocratique, propre à l'améliorer et participe alors à la dégradation de sa qualité. Si le temps de la loi s'est indubitablement accéléré, il faut battre la mesure afin d'assurer le bon tempo.

Oui, les parlementaires ont ainsi pu dénoncer, au début du régime, le recours conjoint aux articles 38 C. et 49, al. 3 C. permettant l'adoption sans vote du projet de loi d'habilitation (49 al 3+ 38=16).

QUESTION N° 3

La suppression du Premier ministre, le fantasme du régime présidentiel ravivé ?

« *Je plaide pour l'instauration d'un véritable régime présidentiel* », sans Premier ministre. Cette proposition du président Hollande, pour « *Répondre à la crise démocratique* », ravive le fantasme d'un régime présidentiel en France ayant pour objectif de renforcer le Parlement de la Ve République et pour conséquence de supprimer le Premier ministre. Le débat est rouvert.

L'année 1962 a constitué un tournant dans l'histoire de la Ve République par l'instauration de l'élection du président de la République au suffrage universel direct et l'émergence du fait majoritaire. Le schéma du constituant de 1958, proposant un Exécutif bicéphale avec un président arbitre (art. 5 C.) et un Premier ministre, chef du Gouvernement déterminant et conduisant la politique de la Nation (art. 20 C.), s'est brisé. Le président de la République devient un gouvernant, endosse alors l'habit de chef de l'Exécutif tout en étant irresponsable politiquement alors que le Premier ministre apparaît responsable de tout, tout en n'étant plus chef de rien.

Bonne formule !

Cette réforme a bousculé l'équilibre du régime parlementaire devenu « présidentialiste », profitant au chef de l'État fort de sa légitimité démocratique et soutenu par la majorité parlementaire dont il devient le chef, laissant un Premier ministre affaibli.

Ce contexte soulève alors deux hypothèses. La première consiste à expliquer que la dilution de la fonction du Premier ministre permet de qualifier le régime de la Vᵉ République de régime présidentiel alors que la seconde nécessite une suppression effective du Premier ministre pour que le changement de régime opère. La première hypothèse étant nulle, la seconde reste la seule option.

En effet, le régime de la Vᵉ République, malgré sa présidentialisation, n'est pas devenu un régime présidentiel. Si la question se pose, c'est d'abord, parce que les mécanismes d'action réciproques, la dissolution du Parlement et le renversement du Gouvernement, n'ont qu'une faible effectivité depuis l'apparition du fait majoritaire, fait renforcé par la révision constitutionnelle du 2 octobre 2000 instaurant le quinquennat et rétablissant le calendrier électoral. Le Premier ministre et son Gouvernement ne sont plus responsables devant le Parlement qui les soutient mais devant le président de la République, comme cela s'observe dans un régime présidentiel (seul le Gouvernement Pompidou a été censuré par l'Assemblée nationale alors que quantité de Premiers ministres ont démissionné à la demande du président). Le Premier ministre devient un « collaborateur » pour reprendre la formule du président Sarkozy, sa fonction apparaît réduite à peau de chagrin. Or, si l'on peut se satisfaire de tels éléments, ils relèvent de la pratique et non de la lettre Constitutionnelle. La Constitution est certes « *un esprit, des institutions, une pratique* » mais tant que demeurera le principe de responsabilité politique au sein du texte constitutionnel, le régime sera parlementaire sans considération de l'affaiblissement du Premier ministre en pratique. Dès lors, pour que le fantasme du régime présidentiel devienne réalité, il faut une suppression de la fonction de Premier ministre qui nécessite en premier lieu, un changement de Constitution.

Précisez la paternité de cette citation.

Ce débat récurrent mésestime pourtant la mission cruciale du Premier ministre sous la Vᵉ République, comme chef d'orchestre incontesté de la majorité politique au Parlement et comme leader indispensable de l'administration étatique. S'il joue le rôle de l'éternel second, sa fonction quant à elle, n'est pas secondaire.

Quelle que soit la qualité de votre QRC, celle-ci dépasse le volume autorisé. Il fallait adopter un style plus direct.

Sujet 22 Cas pratique

Durée de l'épreuve : 3 heures

Aucun document n'est autorisé

À l'aide de vos connaissances, vous résoudrez le cas pratique suivant :

Mars 1986. La coalition RPR-UDF remporte les élections législatives. Avec 286 sièges à l'Assemblée nationale et le soutien supplémentaire de 5 députés divers-droite, elle devance le Parti socialiste (212 sièges), le Parti communiste (35 sièges) et le Front national (35 sièges). Dans une déclaration télévisée, le président de la République, François Mitterrand, prend acte des résultats devant les Français : « Vous avez élu dimanche une nouvelle majorité de députés à l'Assemblée nationale. Cette majorité est faible, numériquement, mais elle existe. C'est donc dans ses rangs que j'appellerai, demain, la personnalité que j'aurai choisie pour former le Gouvernement. » Le lendemain, Jacques Chirac, est convié à l'Élysée. Le président de la République s'apprête à le nommer Premier ministre et évoque avec lui la composition du futur Gouvernement. Les décrets de nomination seront publiés quelques jours plus tard.

Dans ce contexte inédit, Jacques Chirac vous recrute dans son cabinet comme conseiller technique en charge des questions constitutionnelles. Il vous demande d'établir une note argumentée à son attention sur les questions suivantes :

1. Aura-t-il l'entière liberté de la composition de son Gouvernement ?

2. Devra-t-il solliciter de l'Assemblée nationale l'investiture ou la confiance ?

3. Comment pourra-t-il réaliser, le plus rapidement possible, son programme de privatisation des entreprises publiques ? Quelles voies normatives lui conseilleriez-vous d'emprunter ?

4. Le président de la République aura-t-il les moyens de s'opposer à la réalisation de ce programme ? Le cas échéant, comment surmonter ou contourner cette opposition ?

OBSERVATIONS DU CORRECTEUR (E. Quinart)

Le cas pratique est un exercice exigeant. Il suppose, d'abord, une bonne maîtrise des connaissances. Elles sont essentielles pour identifier les problèmes soulevés par les données du cas pratique, et les solutions à y apporter. Il est nécessaire de connaître les textes et la jurisprudence, mais aussi les difficultés que soulève leur application pratique. L'exercice suppose, ensuite, l'emploi d'une méthodologie rigoureuse. Il faut identifier les règles applicables, les interpréter et les expliquer, avant de les confronter aux données de l'espèce. Surtout, il faut proposer une solution claire aux problèmes juridiques soulevés et répondre expressément à toutes les questions qui vous sont posées. Enfin, l'exercice requiert le respect des exigences formelles imposées par la mise en situation pratique. La forme de votre devoir variera selon le destinataire à qui vous vous adresserez (haute personnalité, proche connaissance, électeurs etc.), la fonction que vous endosserez (magistrat, journaliste, collaborateur d'élu, autorité publique, etc.), ou la nature du travail que vous réaliserez (courrier, décision de justice, note de travail, etc.).

Paris, le 18/03/1986

Note à l'attention de Monsieur le Premier ministre sur diverses questions d'ordre constitutionnel

Question n° 1 : Le Premier ministre aura-t-il l'entière liberté de la composition de son Gouvernement ?

Aux termes de l'article 8, alinéa 2, de la Constitution du 4 octobre 1958 : « *Sur proposition du Premier ministre, [le président de la République] nomme les autres membres du Gouvernement et met fin à leurs fonctions* ». La nomination des membres du Gouvernement est une compétence formellement dévolue au président de la République, qui l'exerce par décret contresigné par le Premier ministre (article 19). Il s'agit donc d'un pouvoir présidentiel juridiquement partagé. Pour autant, les données politiques observées depuis 1958 révèlent le caractère largement artificiel du contreseing. En situation de concordance des majorités présidentielle et parlementaire, le Premier ministre ne dispose pas des moyens politiques pour s'opposer aux volontés présidentielles, *a fortiori* pour imposer ses choix, dans la désignation des ministres. La composition du Gouvernement est donc, depuis 1958, essentiellement l'œuvre du président de la République.

La situation inédite ouverte par les résultats des élections législatives du 16 mars 1986 change les données du problème. Pour la première fois depuis 1958, la majorité parlementaire à l'Assemblée nationale ne soutient plus la politique du président de la République. Il est permis d'y voir une situation de « cohabitation ». En l'état des forces politiques, il devient difficile, sinon impossible, pour le président de la République de s'opposer aux choix gouvernementaux du Premier ministre, soutenu par une majorité fraîchement élue à l'Assemblée nationale. Le contreseing exigé par l'article 19 de la Constitution retrouve sa pleine effectivité. La nomination des membres du Gouvernement exige désormais le plein accord du Premier ministre. Cette situation revient à lui conférer *de facto* le pouvoir de décision. **Majoritaire à l'Assemblée nationale, vous aurez donc, Monsieur le Premier ministre, conformément aux principes du régime parlementaire, une très large liberté de choix dans la composition de votre Gouvernement.**

La signature du président de la République demeure néanmoins indispensable. Rien n'empêcherait formellement le chef de l'État de faire obstacle à la désignation de tout ou partie du Gouvernement. Il est notamment permis de penser que le président de la République souhaitera conserver un droit de regard sur la nomination des ministres des Affaires étrangères et de la Défense nationale, secteurs dans lesquels la Constitution lui attribue des responsabilités particulières (articles 5, 14, 15, 52). Si tel devait être le cas, **Monsieur le Premier ministre, vous seriez placé dans la situation de devoir négocier avec le président de la République, et peut-être renoncer à des nominations de prime abord envisagées**, à moins de faire une grève des ministères comme en 1924, mais avec le risque de ne pas être compris par l'opinion publique.

Question n° 2 : Le Premier ministre devra-t-il solliciter de l'Assemblée nationale l'investiture ou la confiance ?

À la différence des règles et pratiques appliquées sous les IIIe et IVe Républiques, la Constitution du 4 octobre 1958 ne requiert aucune investiture du Gouvernement par tout ou partie du Parlement. L'entrée en fonction du Gouvernement procède exclusivement de la nomination du Premier ministre par le président de la République. **Vous n'aurez donc pas, Monsieur le Premier ministre, à solliciter de l'Assemblée nationale une quelconque investiture.**

Oui, il faut respecter les exigences formelles imposées par l'exercice, et se placer à la date des faits. Ici, vous adressez une note de travail au Premier ministre, en mars 1986.

Bien ! Il faut toujours partir de la règle applicable, l'interpréter ou l'expliquer, avant de la confronter aux faits de l'espèce.

En effet ! En droit constitutionnel, les données politiques occupent la même importance que le texte constitutionnel. Consacrez-y toujours des développements dans vos copies.

Oui, cette notion n'apparaît pas dans la formulation de l'exercice. Il vous appartenait de l'identifier et de l'expliquer.

Dans un cas pratique de cette nature (note de travail adressée au Premier ministre), les caractères gras, ou soulignés, sont bienvenus. Ils permettent d'attirer, d'un seul regard, l'attention de votre interlocuteur sur la solution proposée au problème de droit.

Bien ! Même si le plan n'a pas à être apparent dans ce type d'exercice, il est toutefois nécessaire d'ordonner vos idées et d'employer des mots de liaison pour les articuler.

Oui ! Vous montrez au correcteur que vous maîtrisez votre cours de droit constitutionnel de la Ve République. François Mitterrand s'opposa effectivement à la nomination de Jean Lecanuet et Pierre Méhaignerie aux Affaires étrangères, et de François Léotard à la Défense.

Bien ! Vous réintégrez les données politiques dans l'examen des contraintes qui s'imposent au Premier ministre.

Vous pourriez préciser que le « programme » paraît plus adapté que la « déclaration de politique générale » pour bien indiquer au président de la République que c'est le programme de la majorité qui deviendra la politique du pays.

Néanmoins, il serait **souhaitable** d'obtenir de l'Assemblée nationale un vote de confiance, en engageant la responsabilité de votre Gouvernement sur son programme, ou sur une déclaration de politique générale, sur le fondement de l'article 49, alinéa 1er, de la Constitution. Des raisons juridiques et politiques le justifient. Au plan juridique, l'article 20 de la Constitution dispose que : « *[le Gouvernement] est responsable devant le Parlement dans les conditions et suivant les procédures prévues aux articles 49 et 50.* » Cette disposition, caractéristique du système parlementaire, impose au Gouvernement de disposer de la confiance et du soutien des assemblées parlementaires. Engager la responsabilité de votre Gouvernement devant l'Assemblée nationale **permettrait de satisfaire positivement à cette obligation constitutionnelle**. Au plan politique surtout, la légitimité de votre action procède de la victoire de la coalition RPR-UDF aux élections législatives du 16 mars 1986. Or, pour l'heure, votre nomination aux fonctions de Premier ministre résulte exclusivement d'un acte du président de la République (article 8, alinéa 1er). En l'absence de mécanisme d'investiture (comme en Italie) ou d'élection du chef du Gouvernement par la Chambre basse (systèmes allemand et espagnol), il serait souhaitable **d'obtenir formellement de votre majorité à l'Assemblée nationale la confirmation de la légitimité du Gouvernement** à déterminer et conduire la politique de la Nation. Un vote de confiance permettrait ainsi d'asseoir votre légitimité sur celle de l'Assemblée nationale, élue au suffrage universel direct.

C'est malin ! Vous montrez au correcteur que vous maîtrisez des éléments de droit comparé.

Oui. Il ne faut pas vous contenter d'exposer le dispositif constitutionnel. Il faut vérifier sa réalisation pratique, à partir des données fournies dans l'exercice.

Bien ! Vous ne confondez pas la majorité des « suffrages exprimés » (hypothèse de l'article 49, alinéa 1er) et la majorité des « membres » de l'Assemblée nationale (hypothèse des alinéas 2 et 3 de l'article 49).

Vous n'aurez aucun mal à l'obtenir. À l'article 152 du règlement de l'Assemblée nationale, il est indiqué que le vote de confiance « *est émis à la majorité absolue des suffrages exprimés* ». Dans l'hypothèse où, conformément aux résultats de l'élection législative du 16 mars 1986, l'intégralité des députés du RPR et de l'UDF (286), du Parti socialiste (212), du Parti communiste (35), du Front national (35) et des non-inscrits (9) participerait au scrutin et s'exprimerait pour ou contre le Gouvernement, la confiance serait acquise à 289 voix. Les 286 députés de la coalition RPR-UDF, auxquels s'ajoutera la demi-douzaine de députés divers-droite qui soutiennent le Gouvernement, **vous permettront d'obtenir la confiance à la majorité absolue des suffrages exprimés**.

Le Premier ministre pourrait également obtenir du Sénat l'approbation d'une déclaration de politique générale, conformément aux dispositions de l'article 49, alinéa 4, de la Constitution.

Question n° 3 : Comment le Premier ministre pourra-t-il réaliser, le plus rapidement possible, son programme de privatisation des entreprises publiques ? Quelles voies normatives lui conseilleriez-vous d'emprunter ?

Aux termes de l'article 34 de la Constitution, « *la loi fixe les règles concernant : (...) les nationalisations d'entreprises et les transferts de propriété d'entreprises du secteur public au secteur privé.* » La privatisation des entreprises publiques relève ainsi du domaine de la loi. **Vous ne pourrez donc pas, Monsieur le Premier ministre, faire usage du pouvoir réglementaire autonome que vous tenez de la combinaison des articles 21 et 37 de la Constitution**. Il faudra recourir aux procédures constitutionnelles permettant de légiférer dans le champ de l'article 34 de la Constitution.

Oui. Dans un cas pratique, il est important de présenter également les options inenvisageables.

Parmi elles, **vous écarterez la procédure référendaire**. En effet, bien qu'elle intervienne sur proposition du Gouvernement ou sur proposition conjointe des deux assemblées, la décision de soumettre un projet de loi au référendum appartient exclusivement au président de la République (article 11 de la Constitution). Il s'agit d'ailleurs d'un pouvoir présidentiel non-contresigné (article 19). Le président de la République, François Mitterand, ayant publiquement fait connaître son intention de s'opposer au programme de privatisations, il est permis de penser qu'il refusera d'engager la procédure référendaire. La voie du référendum est donc à écarter.

Attention à l'orthographe ! François Mitterrand s'écrit avec deux « t » et deux « r ».

Vous pourrez, en revanche, Monsieur le Premier ministre, faire usage de la **procédure législative** ordinaire. Aux termes de l'article 39, alinéa 1er, de la Constitution, en effet, « *l'initiative des lois appartient concurremment au Premier ministre et aux membres du Parlement.* » Après avoir recueilli l'avis du Conseil d'État et la délibération du Conseil des ministres, vous pourrez déposer un projet de loi sur le bureau de l'Assemblée nationale ou du Sénat. Étant donné la majorité absolue des sièges que détient la coalition RPR-UDF dans les deux assemblées, **ce projet de loi aurait toutes les chances d'être adopté**.

Ce paragraphe est important : le Premier ministre vous interroge expressément sur les moyens de réaliser le **plus rapidement possible** son programme de privatisations. Il faut répondre à toutes les questions qui vous sont posées.

Pour hâter l'adoption de la loi, le Gouvernement dispose des armes constitutionnelles suffisantes pour y parvenir. Il peut d'abord, sur le fondement de l'article 45 de la Constitution, engager la procédure d'urgence permettant de provoquer – en cas de désaccord entre les deux assemblées – la réunion d'une commission mixte paritaire après une seule lecture du texte par chacune d'elle. Ainsi se trouverait abrégé le cours de la navette parlementaire. Le Gouvernement peut, ensuite, recourir au « vote bloqué » sur le fondement de l'article 44, alinéa 3, lui permettant de solliciter un scrutin public sur tout ou partie d'un texte épuré(e) des amendements non proposés, ou acceptés, par lui. Le « vote bloqué » présente l'avantage de pouvoir être utilisé, tant devant l'Assemblée nationale que devant le Sénat. En revanche, il n'interdit pas aux orateurs inscrits de défendre leurs amendements. Reste, alors et enfin, la possibilité pour le Gouvernement d'engager sa responsabilité sur le vote du texte sur le fondement de l'article 49, alinéa 3, de la Constitution. Dans cette hypothèse, le texte est considéré comme adopté par l'Assemblée nationale, sauf à ce qu'elle renverse le Gouvernement à la majorité absolue de ses membres (289 voix) dans les conditions de l'article 49, alinéa 2. En l'état actuel des forces politiques, ce seuil ne serait pas atteint (les oppositions, mêmes réunies, cumulant 286 voix). La mise en œuvre de l'article 49, alinéa 3, présente l'avantage de vous permettre de contourner l'obstruction éventuelle à l'Assemblée nationale et de souder votre majorité parlementaire sur ce chapitre fondamental de votre programme politique. Son usage est illimité devant l'Assemblée nationale, mais demeure impossible devant le Sénat.

Bien, vous vous placez à la date des faits ! Désormais, on parle de « procédure accélérée ».

Bien ! Ici encore, vous vous placez à la date des faits ! Depuis la révision du 23 juillet 2008, l'usage de l'article 49, alinéa 3, est limité à l'adoption d'un texte par session, à l'exception des textes financiers.

Vous pourrez également, Monsieur le Premier ministre, **procéder par voie d'ordonnances**. Aux termes de l'article 38 de la Constitution, en effet, « *le Gouvernement peut, pour l'exécution de son programme, demander au Parlement l'autorisation de prendre par ordonnances, pendant un délai limité, des mesures qui sont normalement du domaine de la loi.* » Disposant de l'initiative des lois, il vous suffira de déposer, sur le bureau de l'une des deux assemblées, un projet de loi d'habilitation autorisant le Gouvernement à procéder, dans un délai limité, à la privatisation des entreprises publiques. Ce projet de loi d'habilitation devra être adopté conformément à la procédure législative ordinaire ; mais vous pourrez, Monsieur le Premier ministre, employer toutes les armes mentionnées ci-dessus pour en hâter l'adoption (procédure d'urgence, vote bloqué, 49, al. 3). Après leur édiction, les ordonnances devront être ratifiées par le Parlement dans les mêmes conditions.

Les ordonnances doivent-elles impérativement être ratifiées ? Que deviendraient-elles en l'absence de ratification ?

Question n° 4 : Le président de la République aura-t-il les moyens de s'opposer à la réalisation de ce programme ? Le cas échéant, comment surmonter ou contourner cette opposition ?

Au-delà du « pouvoir de s'exprimer », que conserve le président de la République élu au suffrage universel direct, pour manifester publiquement son opposition au programme de privatisations, plusieurs moyens lui permettraient ou de s'opposer aux projets du Gouvernement ou de les retarder. Aucun d'entre eux n'est cependant insurmontable.

La présentation que vous proposez de cette réponse est intéressante. On aurait pu en envisager une autre :
1- si vous choisissiez la voie des ordonnances, voici ce qui pourrait se passer ;
2- si vous choisissiez la voie législative, que je vous recommander, voici comment surmonter l'éventuelle opposition du président de la République.

Les moyens de retarder les privatisations :

Le président de la République pourrait néanmoins s'appuyer sur l'article 9 de la Constitution pour refuser d'inscrire ce nouveau projet de loi à l'ordre du jour du Conseil des ministres, ce qui bloquerait la procédure législative. L'hypothèse demeure peu probable : ce blocage des institutions risquerait d'être mal compris par l'opinion publique.

1 - Sur le fondement de l'article 61, alinéa 2, de la Constitution, le président de la République pourrait **saisir le Conseil constitutionnel aux fins de contrôler, avant promulgation, la conformité de la loi à la Constitution**. La manœuvre demeurerait risquée : en cas de conformité de la loi à la Constitution, elle pourrait se transformer en désaveu du chef de l'État par le Conseil constitutionnel. Dans l'hypothèse d'une censure, la loi ne pourrait en revanche être promulguée. Pour contourner cet obstacle, il vous appartiendrait, Monsieur le Premier ministre, de corriger cette inconstitutionnalité en déposant sur le bureau d'une des deux assemblées, un nouveau projet de loi tenant compte de la censure du Conseil constitutionnel.

2 - Aux termes de l'article 10, alinéa 2, de la Constitution, le président de la République « *peut (...)* ***demander au Parlement une nouvelle délibération de la loi*** *ou de certains de ses articles.* » La mise en œuvre de cette disposition obligerait le Parlement à réexaminer la loi. Cette prérogative présidentielle ne s'apparente pas à un *veto*. D'une part, elle relève des pouvoirs contresignés du président de la République (article 19 de la Constitution). Vous pourriez donc, Monsieur le Premier ministre, refuser votre contreseing pour faire obstacle à cette décision. D'autre part, aucune condition de majorité renforcée n'est imposée aux chambres pour procéder au nouvel examen de la loi. Vous pourriez donc, Monsieur le Premier ministre, obtenir l'adoption du texte dans les mêmes conditions qu'exposées ci-dessus.

Les moyens de s'opposer aux privatisations :

1 - Aux termes de l'article 10, alinéa 1er, de la Constitution, « *le président de la République promulgue les lois dans les quinze jours qui suivent la transmission au Gouvernement de la loi définitivement adoptée.* » Il est unanimement admis qu'il s'agit là d'une **compétence liée**. Sauf à provoquer le blocage des institutions, qui risquerait d'être mal compris par l'opinion publique, il est **peu probable que le président de la République refuse la promulgation** des lois nécessaires à la privatisation des entreprises publiques.

Bien ! Vous vous placez à la date des faits. Le statut pénal du chef de l'État a été profondément modifié par la loi constitutionnelle du 23 février 2007. Aujourd'hui, le refus de promulguer la loi s'apparenterait certainement à un « manquement [aux devoirs du président de la République] manifestement incompatible avec l'exercice de son mandat » (article 68 de la Constitution), qui autoriserait sa destitution éventuelle.

2 - Resterait au président de la République la possibilité de r**efuser de procéder à la signature des ordonnances** édictées sur le fondement de la loi d'habilitation. Rien n'indique, en effet, que l'article 13 de la Constitution place ici le président de la République en situation de compétence liée, c'est-à-dire d'obligation de signer. Aucun moyen juridique ou politique ne permet de l'y contraindre. Sauf à dévoyer complètement le sens des mots, il paraît en effet difficile de voir dans le refus de signer les ordonnances, une situation de « haute trahison » (article 68) qui autoriserait la mise en accusation du chef de l'État. À la différence de certains pays étrangers, comme l'Italie ou l'Espagne, il n'existe pas en France de possibilité de saisir le Conseil constitutionnel d'une demande de résolution de conflit entre organes constitutionnels centraux. Cette solution est donc inenvisageable en l'état du droit positif.

Si le président de la République refusait de procéder à la signature des ordonnances, vous pourriez néanmoins, Monsieur le Premier ministre, **contourner cet obstacle en recourant à la voie législative ordinaire**. La privatisation des entreprises publiques serait alors réalisée par la loi.

Dissertation juridique

Sujet 23

Durée de l'épreuve : 3 heures

Aucun document n'est autorisé

Vous traiterez le sujet suivant :

« Président/Premier ministre : marionnette ou marionnettiste ? »

OBSERVATIONS DU CORRECTEUR (J. Prades)

Ce sujet est posé de manière tout à fait originale. Il ne faut pas se laisser impressionner par une telle formulation car en réalité c'est un sujet classique en droit constitutionnel : l'étude des rapports entre président de la République et Premier ministre. L'écueil principal d'un tel sujet est de se laisser déstabiliser par la formulation et de procéder à une analyse descriptive plus que démonstrative. Il faut veiller à étudier de manière argumentée et analytique un tel sujet en prenant parti dès l'introduction dans la détermination des qualités de chacun. Il faudra ensuite développer des arguments cohérents pour appuyer votre réflexion.

Jacques Atali a écrit « *Je regarde le Président regarder Michel Rocard comme il observerait un athlète qui, ployant sous une charge de deux cents kilos, marcherait sur une planche étroite au-dessus d'un ravin. Je me dis que si l'athlète s'en sort indemne, la prochaine fois, le Président fera passer la charge à quatre cents kilos. Quant à la planche, elle sera remplacée par un fil.* » Cette citation illustre parfaitement le rapport de forces, déséquilibré, entre le président de la République et le Premier ministre. Elle engage une réflexion nécessaire à savoir lequel d'entre eux, composant de l'exécutif bicéphale, « tire les ficelles ».

En réalité le sujet invite à s'interroger sur la relation entre le Président et le Premier ministre afin d'analyser le rapport de pouvoir qui se dessine entre eux. Au sommet de l'exécutif ce sont deux institutions, personnifiées par des Hommes, qui se partagent le pouvoir. L'un prenant l'ascendant sur l'autre, au regard des différentes périodes et contextes, il est le marionnettiste. L'autre, exécutant à la demande du marionnettiste les directives de celui qui, en le « faisant valser » comme une marionnette, « tient les ficelles » du pouvoir exécutif. Il est donc nécessaire de comprendre qui, et surtout comment Gepetto façonne Pinocchio afin de parvenir à un dessein commun : la conduite de la Nation. Le président de la République est l'un d'entre eux. Il est élu au suffrage universel direct depuis 1962. C'est le chef de l'État désigné par la Constitution républicaine. À ses côtés se trouve le Premier ministre, nommé par lui en application de l'article 8 alinéa 1 de la Constitution, et qui est le chef de la majorité parlementaire. Il est également le chef du Gouvernement.

> Commencer sa dissertation par une accroche originale et peu commune est très judicieux. Vous attirez directement l'attention de votre correcteur.

Se poser la question de la marionnette et du marionnettiste fait écho à la répartition des pouvoirs au sein de l'exécutif. Si la répartition existe, en revanche le centre du pouvoir a, quant à lui, du mal à être clairement déterminé. Pourtant lors de la rédaction de la Constitution en 1958 le général de Gaulle insista sur la nécessaire primauté du président de la République. Sous les IIIe et IVe Républiques, c'était le Parlement qui disposait d'une place centrale au cœur du pouvoir. Le président de la République n'étant « *qu'un manchot constitutionnel* » selon la célèbre formule de Raymond Poincaré. Sous la Ve République, c'est au sein de la pratique des différents chefs d'États et de Gouvernement que se dessine cette distinction entre le marionnettiste et la marionnette. C'est aussi au regard du contexte et paradoxalement de celui de la cohabitation qu'émerge cette différence.

Il est important, comme vous le faites, d'expliciter le sujet en le ramenant à des considérations juridiques afin de faciliter son traitement.

Attention aux répétitions, cela nuit à l'intelligibilité de votre propos.

Afin de traiter le sujet il faut partir d'un postulat général : c'est le président de la République qui « mène la danse ». Le Président est le marionnettiste, celui qui influence le Premier ministre. Même si certaines périodes ont fait fi de sa primauté, il reste, comme le disait de Gaulle, « *la clef de voûte des institutions* ». La question se pose néanmoins de manière nuancée car, si le Premier ministre est la marionnette du chef de l'État, d'une part, cela est pour la plupart du temps consenti et, d'autre part, cela suppose que le Président ne peut pas exercer l'entièreté de son pouvoir sans lui.

C'est en réalité Michel Debré qui est l'auteur de cette formule.

La question est donc de comprendre les rapports entre le Président et le Premier ministre sous la Ve République par le biais de l'influence du Président sur son second. En théorie, le président de la République dispose d'une influence limitée au regard du texte constitutionnel (1). Mais en pratique son influence est très importante (2).

Attention à ce terme (influence), il manque d'ancrage juridique.

Restez prudent avec les plans théorie/pratique, la formulation du sujet ne s'y prête pas toujours. De plus, cela peut mener à la construction d'un plan trop descriptif et pas suffisamment démonstratif.

1 • La théorie du texte constitutionnel : une influence limitée du Président sur le Premier ministre

Lorsque l'on étudie le régime constitutionnel français l'on ne peut que constater que le président de la République y détient une fonction extrêmement importante. S'il est le marionnettiste de l'exécutif, il ne s'en trouve pas moins limité d'une part par le cadre de la Constitution (A) et l'est plus encore dans le contexte de la cohabitation (B).

A) Le cadre de la Constitution

Si au regard de la pratique nous constatons que le président de République a souvent une ascendance sur les fonctions du Premier ministre, en revanche le texte constitutionnel est assez neutre en la matière.

Lors de la rédaction de la Constitution, les préoccupations sont concentrées sur le renforcement de l'exécutif par rapport au Parlement. Ainsi, la Constitution de 1958 met en place le dualisme de l'exécutif avec le président de la République et le Premier ministre. Elle opère une répartition des compétences entre eux mais ne précise pas les modalités ou le contenu des tâches attribuées à chacun. Ainsi, de nombreux pouvoirs du Président sont soumis à la proposition ou au contreseing du Premier ministre et font partie des « pouvoirs partagés ». L'article 8 alinéa 2 de la Constitution prévoit qu'il revient au Premier ministre de proposer les ministres qui composeront le gouvernement, ils sont ensuite nommés par le Président. Le Président a également besoin du contreseing du Premier ministre dans de nombreux domaines : la signature des ordonnances et des décrets, le pouvoir de convoquer le Parlement en session extraordinaire (article 29 de la Constitution) ou encore le

Vous pouvez citer M. Debré qui, le 27 aout 1958, affirmait devant le Conseil d'État que le président « *n'a pas d'autre pouvoir que celui de solliciter un autre pouvoir* ».

recours au référendum constituant (article 89 alinéa 2 de la Constitution). En théorie donc, le Premier ministre est indépendant du Président et peut refuser de signer ou proposer, comme le prévoit le texte constitutionnel. Ce qui écarte la question de l'influence du Président sur son Premier ministre. Aussi, les formulations du texte constitutionnel sont relativement floues concernant la répartition des pouvoirs et ne permettent pas toujours de savoir lequel décide et lequel exécute. Ainsi, en application de l'article 5 de la Constitution, et de la volonté du général de Gaulle, le Président est « l'arbitre » de la Nation. Là où le Premier ministre est, en application de l'article 20 de la Constitution, celui qui dirige le Gouvernement qui « conduit et détermine la politique de la Nation ». Le doute subsiste avec l'article 15 de la Constitution qui fait du Président le chef des armées et l'article 21 alinéa 1er qui fait du Premier ministre le responsable de la défense. Cette formule des fonctions exécutives ne fixe pas nettement les contours des pouvoirs entre Président et Premier ministre. L'on peut donc voir dans la rédaction formelle de la Constitution une limitation de l'influence du Président sur le Premier ministre.

Cette limitation de la fonction de marionnettiste du président de la République se révèle également dans le cadre du contexte de la cohabitation.

Des titres en « miroir » ou qui se répondent apportent une plus-value esthétique non négligeable à votre argumentaire.

B) Le contexte de la cohabitation

Le Président est également un marionnettiste limité dans le contexte de la cohabitation. Michel Rocard disait « *le poste de Premier ministre est un formidable poste d'autorité* », et c'est dans ce contexte qu'il s'est le plus épanoui sous la Ve République.

Référence malvenue, Michel Rocard n'ayant jamais été un Premier ministre de cohabitation.

La cohabitation correspond à la période où le président de la République n'est pas issu de la majorité parlementaire, c'est alors le Premier ministre qui devient le chef de celle-ci. Le Premier ministre est le chef de Gouvernement dans le même temps qu'il représente le parti majoritaire au Parlement. Il est nommé par le président de la République mais n'est pas responsable devant lui. C'est lui qui « mène la danse » en période de cohabitation, une situation qu'a instaurée malencontreusement le texte constitutionnel de 1958. Dans ce cadre le Premier ministre profite de la légitimité parlementaire et s'émancipe des recommandations du chef de l'État. La France a connu trois périodes de cohabitation, en 1986, en 1993 et en 1997. Deux sous les mandats de François Mitterrand et une sous le premier mandat de Jacques Chirac. Durant cette période, l'article 20 de la Constitution s'applique pleinement et c'est réellement le Premier ministre qui gouverne et qui conduit la politique de la Nation. Il « ne valse plus » au rythme des directives du Président et peut pleinement se saisir des pouvoirs conférés par la Constitution. Le Président se trouve quant à lui enfermé par le texte constitutionnel et ne dispose plus de la latitude nécessaire pour développer ses pouvoirs régaliens. Le Premier ministre peut aussi user du contreseing nécessaire des actes présidentiels pour négocier avec le Président. Toutefois, d'une part, il arrive aussi qu'en concordance le Premier ministre conduise cette politique, y compris parfois malgré une certaine hostilité présidentielle (J. Chirac sous la présidence de V. Giscard d'Estaing, M. Rocard sous la présidence de F. Mitterrand). D'autre part, il faut tout de même relativiser l'impossibilité d'agir pour le Président en période de cohabitation : il dispose d'un domaine réservé et, en outre, une période de cohabitation a peu de chances de se reproduire depuis l'adoption du quinquennat en 2000 et l'inversion du calendrier électoral.

Plus exactement à l'Assemblée nationale.

Formulation trop maladroite.

Restez mesuré dans vos propos et évitez les jugements de valeur dans une dissertation juridique.

Il faut tout de même rappeler que le président de la République garde la main pour toutes les matières liées aux Affaires étrangères.

Il faut développer ce point et évoquer les domaines réservés du président de la République : la défense nationale (articles 5 et 15 de la Constitution) et la politique étrangère (articles 14 et 52 de la Constitution). Il faut les détailler.

L'inversion du calendrier a eu lieu en 2001 par la loi organique du 15 mai.

En réalité et au regard de la pratique le président de la République possède davantage d'influence sur son Premier ministre.

2 • La pratique du texte constitutionnel : une influence accrue du Président sur le Premier ministre

De manière générale, c'est le président de la République qui « mène la danse ». C'est lui le marionnettiste. Mais si Mitterrand parlait de « *coup d'État permanent* » la pratique est plus nuancée. Cette puissance du marionnettiste est illustrée par la pratique d'une majorité présidentielle (A) et par le développement d'un monocéphalisme de l'exécutif (B).

A) La pratique d'une majorité présidentielle

Indiquez de quoi il s'agit. C'est un ouvrage qui regroupe les témoignages des différents Premiers ministres mais qui a été écrit par Raphaelle Bacqué, journaliste du « Monde ».

« *J'étais vraiment convaincu que nous étions dans une impossibilité de travailler ensemble* ». Ainsi Michel Rocard évoque-t-il, dans « L'Enfer de Matignon », sa situation de Premier ministre soumis aux soubresauts d'humeur du président Mitterrand. Cette anecdote illustre l'influence très importante du Président sur le Premier ministre dans la Ve République.

Attention aux généralités. Ce n'est pas toujours le cas comme vous l'avez évoqué en amont dans votre devoir avec le binôme Rocard/Mitterrand ou Chirac/Giscard.

Attention, ce n'est pas le cas de toutes les présidences puisque sous celle de François Hollande il y a eu trois Premiers ministres.

Il est important d'apporter des exemples comme vous le faites pour renforcer le poids de votre argumentation.

On l'a vu avec le contexte de cohabitation, le chef de la majorité parlementaire dispose d'une optimisation de ses pouvoirs régaliens conférés par la Constitution. Depuis l'instauration du quinquennat et l'inversion du calendrier électoral, il y a une concordance entre la majorité présidentielle et celle du Parlement. Le programme présidentiel est donc le programme de la majorité. Le Premier ministre n'étant qu'un des acteurs de sa mise en œuvre. À ce titre, ce dernier dispose de l'initiative de la loi (article 39 de la Constitution), du pouvoir règlementaire (articles 21 et 37 de la Constitution) et même du pouvoir de demander au Parlement d'agir par voie d'ordonnance (article 38 de la Constitution). En tant que chef de la majorité parlementaire, le Président nomme le Premier ministre parmi ses plus fidèles alliés afin de gouverner comme il l'entend. Gepetto dispose de toutes les possibilités pour faire danser Pinocchio. Le Président dispose des avantages de chef de la majorité sans les inconvénients, puisqu'il est irresponsable devant le Parlement. Le Président est « *placé au-dessus des partis* » comme l'a toujours désiré le général de Gaulle et le Premier ministre est son « *fusible* ». Celui qu'il fait « sauter » quand la conjoncture et l'opinion ne lui sont plus favorables. Ce n'est pas toujours le cas puisqu'au cours de plusieurs mandats, dont celui de Nicolas Sarkozy, a existé une certaine pérennité du duo Président et Premier ministre. D'ailleurs sous la présidence d'Emmanuel Macron et face à la crise sanitaire de 2020 liée à la propagation de la COVID-19, on observe une véritable unité du couple exécutif. Si Emmanuel Macron façonne son image de Président régalien, Édouard Philippe puis Jean Castex prennent le relai nécessaire dans la gestion de la crise. Le rapport de forces ne s'inverse pas mais il tend à s'effacer au profit d'un renforcement de l'exécutif. Il n'est plus ici question de chef de file de la majorité mais d'organisation des pouvoirs constitutionnels pour l'optimisation de la conduite de la politique nationale.

C'est également à travers le développement d'un monocéphalisme de l'exécutif que s'illustre cette grande influence du président de la République sur son second.

B) Le développement d'un monocéphalisme de l'exécutif

L'influence du Président sur le Premier ministre est tellement importante que l'on assiste à une monocéphalisation de l'exécutif. Le Président disposant de pouvoirs et surtout d'une aura acquise par les Présidents successifs, qui ne font du Premier ministre qu'un « second ».

Le général de Gaulle avait insufflé cette nécessité d'une prédominance du Président sur le Premier ministre en désignant ses conseillers comme son « entourage » et son Premier ministre comme un collaborateur dans les « *Mémoires d'espoir* ». Nicolas Sarkozy avait d'ailleurs repris cette expression pour qualifier son Premier ministre de l'époque, François Fillon. Les différents présidents de la République ont, pour la plupart, mis en œuvre une pratique présidentialiste du régime. Ils ont employé leur fonction de manière la plus élargie et la plus étendue, faisant du Premier ministre un exécutant de leur politique. Certains observateurs, comme Antonin Xavier-Fournier, évoquent le renouvellement de la notion de pouvoir d'État par la pratique des différents présidents de la République. Ceci illustre bien que le Président est le marionnettiste et le Premier ministre la marionnette. De ce fait, le président de la République se dégage des domaines réservés comme celui de la défense (alors pourtant qu'il y a partage des compétences en la matière). Il développe aussi son rôle de « président législateur » selon Jean-Claude Zarka, par le biais des ordonnances. Lors du mandat d'Emmanuel Macron, le Gouvernement y a beaucoup recouru. Ainsi, l'on constate d'une certaine manière que le Premier ministre exerce « sous la tutelle » du Président. Mais il faut noter quelque chose d'important, le Président et le Premier ministre ont le même dessein : la conduite de la Nation. Ainsi l'article 49-3, engageant la responsabilité du Parlement, est utilisé par le Premier ministre au service du Président pour assurer la concrétisation de certaines réformes sensibles. Manuel Valls et Édouard Philippe l'ont mobilisé au moment de leur fonction de Premier ministre, mettant en jeu la responsabilité du Gouvernement, pour assurer le dessein politique de l'exécutif bicéphale.

Vous devez citer l'ouvrage de l'auteur auquel vous faites référence : A. Xavier-Fournier, « *Les dynamiques du pouvoir sous la Vème République* », Presses de l'Université de Québec, 2008, 180 p.

Une ouverture plus ferme serait la bienvenue afin d'ouvrir sur d'autres questions tout aussi intéressantes comme les mutations de la nature du régime constitutionnel français.

Sujet 24

Dissertation juridique

Durée de l'épreuve : 3 heures

Aucun document n'est autorisé

Vous traiterez le sujet suivant :

« La rationalisation de la production normative du Parlement sous la Ve République »

OBSERVATIONS DU CORRECTEUR (M. Glinel)

Le sujet étant très précis, faîtes attention à ne pas tomber dans le hors sujet. Il est essentiel de bien commencer par définir ce que vous entendez par rationalisation, puis plus précisément ce que cela recouvre en matière de production normative, pour développer une réflexion juste, dans les bornes de la Ve République, en opposition à ce qu'il s'est passé sous les IIIe et IVe Républiques.

Votre citation est tout à fait dans le thème ! Mais vous devez impérativement la rattacher au reste du devoir, l'introduire en la reliant explicitement au thème du sujet.

« *Notre Constitution est à la fois parlementaire et présidentielle, à la mesure de ce que nous commandent à la fois les besoins de notre équilibre et les traits de notre caractère* » selon Charles de Gaulle dans sa conférence de presse du 1er avril 1961.

Non, la rationalisation ne prend qu'un seul « n ».

Si la Ve République institue une réelle rationnalisation du parlementarisme, c'est en réponse à l'instabilité gouvernementale rencontrée lorsque le Parlement était, au contraire, valorisé lors des IIIe et IVe Républiques. Le « parlementarisme rationalisé » désigne l'encadrement, par le droit, des relations entre le Gouvernement et le Parlement, pour assurer l'équilibre des pouvoirs et éviter l'instabilité gouvernementale. Naturellement, la question du parlementarisme rationalisé implique une réflexion sur la responsabilité politique du Gouvernement vis-à-vis du Parlement, et la capacité de renversement du Gouvernement par le Parlement. Un régime qui laisse au Parlement des possibilités trop souples de renversement du Gouvernement, implique nécessairement une instabilité gouvernementale contre laquelle le parlementarisme rationalisé lutte. La rationalisation peut alors être d'ordre technique, c'est-à-dire en instituant des outils pour lutter contre l'instabilité gouvernementale, et peut aussi être d'ordre politique, à savoir développer des moyens pour que le gouvernement soit renforcé par le fait majoritaire. La rationalisation porte à la fois sur l'encadrement de la confiance, et donc les rapports entre Gouvernement et Parlement, et sur l'encadrement de la procédure législative, et donc la collaboration entre Gouvernement et Parlement dans le travail législatif. Ce n'est que cette deuxième acception qui sera retenue dans la présente étude.

Il y a des manières plus subtiles d'annoncer l'intérêt du sujet.

L'intérêt d'un tel sujet réside avant tout dans l'ambiguïté de la Ve République, qui, en étant un régime parlementaire où le président de la République occupe une place très singulière, débute par une rationalisation extrême et se poursuit par des assouplissements très légers, par le biais de ce qui est communément nommé la « revalorisation » du Parlement. Ce mouvement de balancier, propre à la Ve République, s'est accentué avec la réforme constitutionnelle de 2008 qui a formellement revalorisé le Parlement, en le dotant d'outils participant à l'amélioration de la qualité de la loi : hausse du temps d'examen des textes, études d'impact, saisine du Conseil d'État sur les propositions de loi, renforcement du pouvoir des présidents des assemblées, réforme de la maîtrise de l'ordre du jour, outils de contrôle du gouvernement. Cependant, les effets de ces outils de revalorisation demeurent limités, c'est la raison pour laquelle, si la Ve République enclenche un temps de revalorisation, la rationalisation perdure.

On comprend votre idée à savoir, que par diverses révisions de la Constitution et par l'adoption de diverses lois et lois organiques, le corset orthopédique qui enserre le Parlement se desserre peu à peu, mais que l'œuvre de rationalisation a été si importante qu'elle demeure encore un obstacle à une revalorisation du Parlement. Mais l'expression de cette idée aurait pu être meilleure.

A priori, tout porterait à croire que l'étude de la rationalisation du parlementarisme se limite à l'étude des outils qui ont borné la compétence du Parlement, dans le « *corset orthopédique* » dont parle M. Prélot. Cette étude restrictive de la rationalisation du parlementarisme, amènerait à envisager ledit phénomène uniquement à travers ses effets, à savoir la restriction du pouvoir du Parlement. Or, il est tout aussi essentiel de se pencher sur les causes qui ont amené à cet état, ainsi que sur toutes les adaptations que la rationalisation a subies à travers la revalorisation du Parlement. Dans cette optique, de quelle manière la revalorisation a-t-elle adapté la rationalisation du parlementarisme en matière de production normative ?

Après avoir étudié les causes de la rationalisation du parlementarisme (1), il sera intéressant d'étudier son maintien, certes assoupli, même à travers les mécanismes de revalorisation du Parlement (2).

Formule un peu lourde.

1 • Une rationalisation du parlementarisme attendue et instaurée sous la Ve République

La rationalisation du parlementarisme sous la Ve République apparaît comme une évidence pour lutter contre l'instabilité gouvernementale qui en est la véritable cause (A) en instaurant des mécanismes constitutionnels, un « corset », qui l'encadre (B).

A) L'immobilisme de la République comme cause profonde de la rationalisation

La IIIe et la IVe République sont marquées par une conception organique de la loi, qui prend en compte l'organe qui adopte la loi, donc le Parlement. Le parlementarisme hérite de cette conception légicentriste du droit, où le Parlement est doté de pouvoirs très larges pour concurrencer le Gouvernement et ainsi le déstabiliser. Ainsi, sous la IIIe République, cent quatre gouvernements se sont succédé (entre 1871 et 1940), et vingt-quatre sous la IVe République (entre 1946 et 1958). Avant que la Ve République n'institue des mécanismes de rationalisation du parlementarisme, l'Assemblée nationale limitait considérablement le Gouvernement dans ses projets, au point de le contraindre à l'immobilisme à l'occasion d'évènements majeurs. En témoignent les difficultés avec lesquelles la loi sur la séparation de l'Église et de l'État a été votée, ou encore la gestion de la décolonisation, amorcée par P. Mendès-France pour l'Indochine, mais qui s'arrête en 1955 lorsque l'Assemblée n'accorde plus sa confiance à celui qui sera remplacé par G. Mollet puis P. Pflimlin. Dans ces deux épisodes, sous la IIIe puis la IVe République, l'Assemblée, maître du temps parlementaire, menaçait le Gouvernement alors incapable d'agir.

Plutôt des Églises car n'est pas concernée que l'Église catholique.

La rationalisation du parlementarisme entend donc rompre avec cette conception légicentriste et parlementariste. Sous la IVe République, en dépit des tentatives de rationalisation initiées, le scrutin à la représentation proportionnelle, pour l'élection des députés, favorise une instabilité gouvernementale certaine, en ne faisant émerger qu'une majorité assez faible, ce qui expliquera en grande partie l'institution de mécanismes solides de rationalisation sous la Ve. Dans ce contexte, la rationalisation du parlementarisme cherche à rééquilibrer, au sein d'un régime malgré tout parlementaire, les rapports entre Parlement et Gouvernement, par l'instauration d'outils constitutionnels permettant de lutter contre l'instabilité gouvernementale et l'immobilisme.

Les intitulés des deux sous-parties sont bien balancés ; ils se répondent bien en adoptant une structure identique. Il en est d'ailleurs de même des titres de vos parties.

B) L'instauration d'un « corset orthopédique » du Parlement comme expression de la rationalisation

La rationalisation du parlementarisme s'effectue dans un premier temps à travers des mécanismes constitutionnels visant à limiter le pouvoir du Parlement. Tout d'abord, en vertu de l'article 37 alinéa 2 de la Constitution, le gouvernement dispose d'une procédure de délégalisation, qui lui permet de reprendre la main sur sa compétence normative. En effet, concernant les lois antérieures à 1958, le gouvernement peut modifier par décret, après avis du Conseil d'État, une loi votée par le Parlement qui aurait empiété sur la compétence réglementaire. Concernant les lois postérieures à 1958, le Conseil constitutionnel doit opérer un contrôle assez strict pour que le Gouvernement puisse récupérer sa compétence perdue. Ensuite, l'article 41 de la Constitution institue une procédure d'irrecevabilité qui permet à la fois aux présidents des chambres et au Gouvernement d'opposer leur irrecevabilité aux amendements et propositions ayant investi le domaine du règlement. Enfin, en vertu de l'article 40, la proposition de loi est encadrée par un contrôle strict de la recevabilité financière, car elle ne doit pas augmenter les dépenses publiques ni abaisser les recettes de l'État. En tout état de cause, ces restrictions peuvent apparaître dissuasives et limiter les propositions de loi, car il est difficile de développer une emprunte économique nulle. Cependant, cela participe à la limitation de la production normative du Parlement, et ainsi rééquilibre la maîtrise de la production normative au profit du Gouvernement, ce qui en fait de véritables mécanismes de rationalisation du Parlement en tant que producteur de normes. Aussi, la procédure du vote bloqué de l'article 44 permet au Gouvernement de demander au Parlement de ne se prononcer que par un vote unique sur tout ou partie du texte, tout en sachant que le texte mis au vote n'est assorti que des amendements que le Gouvernement a soit émis, soit choisis. Il faut savoir que les amendements du Gouvernement ne sont pas soumis à des conditions de recevabilité financière, ce qui favorise leur dépôt. Ainsi, la rationalisation parlementaire, pour rééquilibrer les pouvoirs au profit du gouvernement, repose indéniablement sur une majorité stable, encline à voter et adopter un texte, dans des conditions où le débat est suspendu.

« Charge » est au singulier dans l'art. 40 C.

Si l'on assiste à un premier mouvement de rationalisation du parlementarisme, c'est pour lutter contre l'instabilité gouvernementale qui prédomine sous les IIIe et IVe Républiques, en instaurant des mécanismes de limitation du domaine de la loi et du pouvoir du Parlement. Ce n'est que progressivement que des mécanismes sont venus corriger cet étau, en introduisant un impératif de « revalorisation », tout de même insuffisant pour enrayer les effets d'une rationalisation très puissante sous la Ve République.

Cette limitation du domaine de la loi a été peu exploitée.

2 • Une rationalisation du parlementarisme renouvelée par la tentative de revalorisation

Si la rationalisation du parlementarisme est une évidence au lendemain de la IVe République, car le but était alors de pallier l'absence de majorité stable par l'encadrement juridique des relations entretenues entre le Gouvernement et le Parlement, il convient néanmoins d'étudier le desserrement de l'étau du parlementarisme rationalisé (A) avant de conclure à la persistance de la rationalisation par le renforcement de la majorité (B).

A) L'étau desserré du parlementarisme rationalisé par les tentatives de revalorisation

La révision de 2008 a tenté de revaloriser le Parlement. Par exemple, le nombre de commissions a augmenté, et c'est dorénavant le texte adopté par la commission permanente qui, sauf exceptions, fait l'objet de la discussion en séance publique, ce qui amplifie et étoffe le travail des commissions. Cependant, cette novation exclut les projets de loi constitutionnelle, de loi de finances et de financement de la sécurité sociale. Si le texte discuté est celui de la commission, le Gouvernement peut tout de même remodeler à son image initiale un texte qu'il jugerait trop dénaturé par la commission, que ce soit par les amendements de sa majorité parlementaire ou ses propres amendements, ce qui réduit finalement la portée de cette novation. En outre, le recours à l'article 49 al. 3 est encadré depuis la révision de 2008. Le projet ou la proposition de loi qui en fait l'objet, dans la rédaction choisie par le Gouvernement, est réputé adopté, si aucune motion de censure n'a été déposée dans un délai de 24h et signée par au moins 1/10e des députés, soit 58. Si une motion de censure est déposée, elle est discutée et votée après un délai de 48h et doit être adoptée à la majorité absolue des membres qui composent l'Assemblée, soit 289. Seront comptabilisées uniquement les voix favorables à la motion, ce qui a pour effet d'assimiler les députés favorables au texte et les députés abstentionnistes, et de défavoriser inéluctablement l'opposition. Si la motion est rejetée, alors le texte est adopté. Dans le cas inverse il est rejeté et le Gouvernement est renversé. Cela n'est jamais arrivé sous la Ve République, en dépit de la soixantaine d'utilisations de la procédure. Si le Gouvernement n'a jamais été renversé, sauf en 1962, c'est en raison de la forte majorité dont il dispose et de la difficulté des conditions de mise en œuvre de la motion. Depuis 2008, un seul texte de loi, autre que les finances ou le financement de la sécurité sociale, peut être l'objet de l'article 49 alinéa 3 au cours d'une session parlementaire. Cela restreint la rationalisation du parlementarisme, mais pour autant ne l'annihile pas, car aucune motion n'a abouti, et tous les textes soumis à cette procédure ont été adoptés à son issue. La réforme de 2008 a engagé un mouvement de revalorisation du Parlement, à revers de la rationalisation qui avait marqué les cinquante années précédentes. La revalorisation, sur les conseils de la Commission Balladur, a été concrétisée dans la réforme de 2008 notamment par l'évolution du rôle des présidents des chambres, des commissions, de la maîtrise de l'ordre du jour, l'augmentation du nombre de commissions permanentes… Cependant, ces réformes ne résistent pas à la nature rationalisée du parlementarisme tel qu'il est pratiqué sous la Ve République et n'aboutissent qu'à encadrer légèrement la rationalisation du parlementarisme.

> Soyez plus précis car il y a eu deux révisions en 2008. En l'occurrence vous traitez de celle du 23 juillet.

> Tout ce passage sur la procédure de l'article 49 al. 3 C. devrait être remanié pour aller davantage dans le sens de votre propos : certes sont usage est désormais limité mais le mécanisme est quant à lui toujours aussi efficace car inchangé.

> Vous êtes assez négatif sur cette révision et négligez qu'elle profite aussi, au sein du Parlement, au Sénat, lequel n'est pas nécessairement dans la majorité gouvernementale. Ainsi les nouvelles dispositions de l'article 41 ou de l'article 48 peuvent-elles s'avérer plus contraignantes pour le Gouvernement.

B) La persistance de la rationalisation à travers le renforcement de la majorité parlementaire

Les différentes révisions constitutionnelles, loin de renverser la rationalisation du parlementarisme, l'ont juste déplacée. En effet, toutes les novations de la réforme de 2008 ont surtout eu pour conséquence de renforcer la majorité de l'Assemblée, soutien du Gouvernement, et axe de la rationalisation du parlementarisme. L'on constate une évolution dans la maîtrise de l'ordre du jour, qui aboutit en 2008 à un rééquilibrage *a priori* favorable au Parlement mais qui, en réalité, ne l'est pas. Selon l'article 39 de la Constitution, l'initiative de la loi est concurrente entre le Parlement et le Gouvernement depuis 1958. Depuis 2008, sur un mois parlementaire, deux semaines sont consacrées à l'initiative du gouvernement, et deux semaines sont consacrées au Parlement, dont un jour à l'opposition et une semaine au contrôle de l'action du gouvernement et l'évaluation des politiques publiques. Or, selon l'article 48, durant la semaine consacrée au contrôle, la majorité parlementaire peut, sous condition, inscrire à l'ordre du jour des projets de loi du gouvernement. Il est aisé de constater que si le gouvernement dispose d'une majorité stable, il lui est tout à fait loisible de lui faire fixer ses projets de loi, par sa majorité parlementaire, durant les semaines qui sont dédiées à son contrôle. Ainsi, l'on constate que la répartition de la maîtrise de l'ordre du jour n'est absolument pas étanche, et qu'elle repose également sur l'existence d'une majorité stable. La Constitution, à travers ses différentes procédures de revalorisation, n'a toujours pas permis de freiner le cumul des procédures de rationalisation. Par exemple, la procédure d'urgence, devenue procédure accélérée, est à elle seule la preuve de l'impuissance de la revalorisation du parlementarisme, à tel point que la Constitution doit être suppléée par le Règlement de l'Assemblée nationale, qui exclut en partie la possibilité de cumul de la procédure accélérée et du temps législatif programmé. Aussi, le simple fait que le dernier mot soit donné à l'Assemblée par le Gouvernement, en cas d'échec de la commission mixte paritaire et en cas de désaccord du Sénat, démontre la persistance de la rationalisation, à travers le renforcement de la majorité parlementaire et de son rôle d'appui auprès du Gouvernement. S'il était envisagé une réelle réforme de revalorisation du Parlement, il faudrait avant tout réformer le mode de scrutin. Le scrutin majoritaire à deux tours, pour l'élection des députés, est actuellement le scrutin qui favorise la bipolarisation de la représentation à l'Assemblée et ainsi, accentue fortement le fait majoritaire.

C'est juste, mais surtout cela a été rendu possible par une décision du Conseil constitutionnel qu'il conviendrait de citer : Cons. const., 14 novembre 2013, 2013-677 DC.

C'est très juste ; peut-être pourriez vous expliquer en quoi le cumul demeure pour partie possible ?

Vous ouvrez bien vers un sujet connexe à celui que vous venez de traiter.

Commentaire de texte

Sujet 25

Durée de l'épreuve : 3 heures

Aucun document n'est autorisé

Vous commenterez cet extrait de l'article 24 de la Constitution du 4 octobre 1958 :

« (Le Parlement) contrôle l'action du Gouvernement. Il évalue les politiques publiques ».

OBSERVATIONS DU CORRECTEUR (L.-M. Gutiérrez)

Il ne faut pas se tromper d'exercice. Il est question ici de rédiger un commentaire de texte.

La difficulté majeure du sujet consiste en ce qu'il s'agit d'un extrait très court. La méthodologie doit être parfaitement maîtrisée pour ne pas tomber dans une dissertation déguisée.

Vous devez analyser le sujet à l'aune des évolutions récentes. Il faut situer la disposition normative sur le plan théorique mais aussi au regard de la pratique constitutionnelle.

Une bonne problématique vous permet de dégager un plan cohérent et équilibré. Il faut éviter un plan type : (1) Le Parlement contrôle l'action du Gouvernement ; (2) Le Parlement évalue les politiques publiques.

« *Non, les députés ne commentent pas. Ils votent. Et ce faisant ils prennent des positions politiques* ». C'est en ces termes que le Premier ministre Édouard Philippe s'adresse aux députés lors d'un discours portant sur la stratégie nationale de déconfinement prononcé à l'Assemblée nationale le 28 avril 2020. Il semble s'attaquer, avec cette phrase, à ceux qui, « depuis le début de la crise » et sur les « plateaux de télévision », critiquent les mesures prises par le Gouvernement pour faire face à la pandémie de COVID-19. Le Premier ministre invite ensuite les députés à débattre, dans un hémicycle presque vide en raison des circonstances sanitaires particulières, la stratégie qu'il vient de leur annoncer.

La phrase d'accroche ayant un lien direct avec l'actualité est une bonne idée pour attirer l'attention du lecteur.

Il semble probable que cette phrase ait pu susciter des interrogations chez le plus de 13,8 millions de personnes qui ont suivi ce discours à la télévision quant au rôle du Parlement dans le système politique français. En effet, à la lecture de la Constitution du 4 octobre 1958, il semblerait assez problématique de vouloir réduire la fonction des parlementaires à la seule action de voter. Bien que l'article 24 de la norme suprême dispose effectivement que « *Le Parlement vote la loi* », cet article se poursuit en affirmant que le corps législatif « *contrôle l'action du Gouvernement. Il évalue les politiques publiques* ». Il convient donc d'analyser la portée de cet extrait apparemment oublié par le Premier ministre dans son discours.

C'est une bonne idée.

Les références à l'histoire constitutionnelle sont toujours bienvenues.

Attention : originel (par rapport à l'origine) au lieu d'original (par rapport à l'originalité).

Ce type de formule est à éviter.

C'est une notion importante qu'il faut définir.

Comité de réflexion et de proposition sur la modernisation et le rééquilibrage des institutions de la Vᵉ République.

Il faut garder un langage neutre et impersonnel.

Très bonne annonce de plan. Vous y explicitez l'idée directrice de votre partie et indiquez comment vous allez la traiter en 2 temps.

Si l'on croit à l'ordre des priorités, il faudrait commercer par signaler la place principale que cet extrait occupe dans la Constitution. Il ouvre en effet le Titre IV consacré au Parlement et pose d'emblée le cadre juridique de son action. La dénomination de « Parlement » utilisée par la Constitution de 1958, et importée de la Constitution de 1946, ne se limite pas à identifier cet organe à partir de sa seule fonction législative. Traditionnellement en France, les Constitutions précédentes privilégiaient plutôt la dénomination de Corps législatif (1791 ; 1793 ; 1802 ; 1852) ou encore celle de Pouvoir législatif (1795 ; 1799 ; 1848 ; 1875). Sous la Vᵉ République, le Parlement dispose d'autres fonctions que celle de voter la loi, comme l'indique à juste titre l'article 24 de la Constitution : il contrôle ; il évalue. Le texte constitutionnel ne donne cependant pas une définition de ce que contrôler et évaluer signifient.

Dans le langage courant, le verbe « contrôler » renvoie au fait de « soumettre à un contrôle ». De son côté, la notion de « contrôle » dispose de multiples significations allant de la vérification à la surveillance jusqu'au fait de maîtriser. Ces trois acceptions sont bien connues en droit constitutionnel : les pouvoirs publics sont encadrés par la Constitution ; ils interagissent pour se contrebalancer mutuellement. En revanche, le verbe « évaluer » semble moins connu en droit constitutionnel français. Évaluer signifie porter un jugement, estimer ou apprécier. Il cherche à établir un rapport d'efficacité entre les moyens et les résultats dans la gestion de l'État. Pourtant, ce verbe n'est mentionné nulle part dans le texte original de la Constitution du 4 octobre 1958.

En effet, il convient de souligner que l'extrait qui fait objet de notre analyse n'a pas été rédigé par les « mains souveraines » du constituant originaire de 1958. Il est en réalité d'apparition relativement récente puisqu'inséré à la Constitution par l'article 9 de la loi constitutionnelle n° 2008-724 du 23 juillet 2008. Il s'inscrit dans une révision constitutionnelle de grande ampleur qui a modifié une trentaine d'articles et introduit neuf nouveaux articles. L'un des objectifs majeurs de la révision de 2008 a été, selon le Comité Balladur, le renforcement des pouvoirs du Parlement.

La nouvelle version de l'article 24 de la Constitution met sur un même pied d'égalité les trois fonctions du Parlement : voter la loi, contrôler l'action du Gouvernement, évaluer les politiques publiques. La nouveauté d'une reconnaissance expresse de ces fonctions parlementaires dans la Constitution pose immédiatement la question de leur correcte articulation. En ce qui nous concerne, il est possible de s'interroger sur les interactions entre le contrôle et l'évaluation parlementaires. Combinant l'ancien avec le moderne, ces deux fonctions visent à donner un nouvel élan à l'action du Parlement en France. D'un point de vue téléologique, elles partagent une même nature qui rend difficile leur différenciation. Malgré la douteuse spécificité de l'évaluation par rapport au contrôle (1), les efforts de la révision de 2008 semblent aller dans le sens d'une nécessaire complémentarité entre le contrôle et l'évaluation parlementaires (2).

1 • La douteuse spécificité de l'évaluation par rapport au contrôle

Dans l'alinéa 1ᵉʳ de l'article 24 de la Constitution, un seul signe de ponctuation (le point) sépare le contrôle du Gouvernement de l'évaluation des politiques publiques. Ce choix grammatical du pouvoir constituant dérivé laisse entendre qu'il s'agit de deux fonctions différentes exercées par un seul organe : le Parlement. Pourtant, la spécificité de chacune de ces fonctions semble se diluer à la lumière de la pratique constitutionnelle, et ce pour au moins deux raisons : un enchevêtrement des objets (A) et une diversification des organes (B).

A) L'enchevêtrement des objets

L'objet du contrôle parlementaire est singulier (l'action du Gouvernement) tandis que l'objet de l'évaluation parlementaire est pluriel (les politiques publiques). Cette délimitation matérielle qui semble claire ne résiste cependant pas aux interrogations sur l'identité des objets.

D'après, Jean-Claude Thoenig « *une politique publique se présente sous la forme d'un programme d'action propre à une ou plusieurs autorités publiques ou gouvernementales* ». On peut en déduire que, *lato sensu*, le Parlement peut évaluer non seulement des politiques publiques non gouvernementales, mais aussi évaluer des politiques publiques gouvernementales. Or, une politique publique gouvernementale est par définition une action du Gouvernement. Par conséquent, elle peut faire l'objet à la fois d'un contrôle et d'une évaluation parlementaires. Autrement dit, la politique de la Nation que le Gouvernement conduit et détermine (art. 20 de la Constitution) se décompose par thématiques en fonction des ministères : Économie et Finances ; Solidarités et Santé ; Transition écologique ; Culture ; Justice ; Intérieur, etc. L'action multiple du Gouvernement en matière de politiques publiques produit un phénomène d'enchevêtrement des objets qui rend difficile la distinction entre la fonction parlementaire de contrôle et celle d'évaluation.

Pour preuve, il est possible de constater que la plupart des manuels en droit constitutionnel identifient dans leurs tables des matières seulement deux fonctions du Parlement : la fonction législative et la fonction de contrôle (e.g. Ph. Ardant et B. Mathieu ; J. Gicquel et J.E. Gicquel ; V. Constantinesco et S. Pierré-Caps). La fonction d'évaluation est absorbée systématiquement par la fonction de contrôle du Parlement sur le Gouvernement. Le Parlement n'est pourtant pas le seul à intervenir dans ce contrôle.

B) La diversification des organes

L'article 24 de la Constitution précise que le Parlement « *comprend l'Assemblée nationale et le Sénat* ». Les deux chambres sont donc appelées à exercer les fonctions de contrôle et d'évaluation étant donné que le Gouvernement « *est responsable devant le Parlement* ». Pourtant, cette responsabilité est à géométrie variable en raison du bicamérisme inégalitaire français. Du fait de sa légitimité démocratique renforcée par l'élection au suffrage universel direct, l'Assemblée nationale joue un rôle prépondérant dans la mise en cause de la responsabilité gouvernementale (contrôle avec sanction : motion de censure et question de confiance des articles 49 et 50 de la Constitution), tandis que le Sénat y joue un rôle plutôt secondaire puisqu'il ne participe qu'au contrôle sans sanction (e.g. articles 49 al. 4, 50-1 et 51-2).

L'Assemblée nationale et le Sénat ne sont pourtant pas les seuls organes à intervenir dans les fonctions de contrôle et d'évaluation. L'alinéa 1er de l'article 24 doit être lu à la lumière d'autres articles de la Constitution qui le complètent. De manière constante, l'action du Gouvernement est surveillée par les commissions permanentes (art. 43) et, en particulier, celle des finances (art. 47 et 47-1 ; loi organique du 1er août 2001) et celle des affaires européennes (art. 88-4). L'article 47-2 établit que « *La Cour des comptes assiste le Parlement dans le contrôle de l'action du Gouvernement. Elle assiste le Parlement et le Gouvernement dans le contrôle de l'exécution des lois de finances et de l'application des lois de financement de la sécurité sociale ainsi que dans l'évaluation des politiques publiques* ». L'article 51-2 dispose que « *pour l'exercice des missions de contrôle et d'évaluation (...), des*

Donnez-nous quelques indications sur les auteurs cités. Ici, vous pouvez préciser que c'est un sociologue.

Abréviation de la formule latine *exempli gratia* (Par exemple).

Mettez la référence du texte que vous citez. Ici l'article 20 de la Constitution.

C'est important de mettre en relation les différentes dispositions constitutionnelles ayant un lien direct avec le sujet.

Cette loi organique dispose en effet que les commissions de finances « *suivent et contrôlent l'exécution des lois de finances et procèdent à l'évaluation de toute question relative aux finances publiques* ».

commissions d'enquête peuvent être créées au sein de chaque assemblée ». Par ailleurs, l'Assemblée nationale a créé, par la réforme du règlement du 27 mai 2009, un Comité d'évaluation et de contrôle des politiques publiques.

Phrase de transition bien construite.

Les fonctions parlementaires de contrôle et d'évaluation tendent à se confondre dans la pratique constitutionnelle. En tout état de cause, elles semblent aller de concert dans une logique de complémentarité.

2 • La nécessaire complémentarité entre le contrôle et l'évaluation parlementaires

L'économie générale du 1er alinéa de l'article 24 de la Constitution peut se résumer dans une phrase : légiférer moins pour contrôler et évaluer plus. En ce sens, la Ve République a développé de nombreux mécanismes parlementaires de contrôle et d'évaluation (A) qui coexistent et s'exercent dans la pratique de manière simultanée (B).

Il faut compléter le titre pour préciser votre idée. Il s'agit des mécanismes de contrôle et d'évaluation.

A) La multiplication des mécanismes

En l'occurrence, la commission d'enquête de l'Assemblée nationale a mal fonctionné. Au Sénat, ce n'est pas réellement une commission d'enquête, mais la commission (permanente) des lois qui a été dotée des pouvoirs d'une commission d'enquête qui, elle, a bien fonctionné.

Vous mentionnez les mécanismes de manière explicative. C'est une bonne idée pour ne pas dresser une liste descriptive.

Le Comité Balladur souhaitait une réaffirmation des « *voies et moyens d'un contrôle parlementaire digne d'une démocratie moderne* ». Nombreux sont les moyens qui permettent au Parlement d'exercer ses fonctions de contrôle et d'évaluation. Certains sont connus du grand public en raison de leur médiatisation dans certaines périodes (e.g. les commissions d'enquête parlementaire lors de l'affaire Benalla ou la déclaration du Gouvernement relative au déconfinement) ou de sa diffusion hebdomadaire (e.g. les questions au Gouvernement). D'autres en revanche font partie du savoir-faire du monde politique et de la pratique constitutionnelle (e.g. questions écrites ou orales, résolutions, missions). Tous ces moyens sont des techniques parlementaires d'information ou d'investigation qui fonctionnent un peu dans une logique de circularité. Pour contrôler et évaluer, les parlementaires doivent être informés mais en cherchant à être informés ils contrôlent et évaluent les actions du Gouvernement. L'information est la condition *sine qua non* de l'évaluation et du contrôle.

Vous auriez pu préciser que ces mécanismes de contrôle parlementaire ont été méticuleusement encadrés par la Constitution de 1958 dans une logique de « rationalisation » du parlementarisme afin d'éviter à la fois les dérives et l'instabilité gouvernementale connues pendant les IIIe et IVe Républiques.

Une analyse de la pratique de ces mécanismes aurait été appréciée.

Vous auriez pu expliquer davantage cette jurisprudence.

Ces moyens d'information viennent compléter les deux mécanismes classiques de responsabilité politique rencontrés dans les régimes parlementaires sous la forme de sanction. D'une part, la « question de confiance », prévue dans l'article 49 al. 1 de la Constitution, qui permet au Premier ministre, « après délibération du Conseil des ministres », d'engager devant l'Assemblée nationale la responsabilité du Gouvernement sur son programme ou sur une déclaration de politique générale. De l'autre, la motion de censure dans ses deux versions : soit spontanée (art. 49 al. 2), lorsque la mise en cause de la responsabilité du Gouvernement résulte de la seule initiative des députés, soit provoquée (art. 49 al. 3), lorsqu'elle accompagne le rejet par les députés d'un texte sur lequel le Premier ministre avait décidé, « après délibération du Conseil des ministres », d'engager la responsabilité du Gouvernement. Pourtant, de manière fort réductrice, le Conseil constitutionnel a laissé entendre que le contrôle de l'Assemblée nationale ne pouvait s'exercer que lorsqu'il était accompagné d'une sanction (Cons. const., décision n° 2009-581, 25 juin 2009 ; décision n° 59-2 des 17, 18 et 24 juin 1959). Cette jurisprudence procède à une distinction entre le contrôle et l'évaluation selon laquelle le premier doit toujours conduire à une mise en cause de la responsabilité du Gouvernement. Autrement dit, pas de contrôle sans possibilité de sanction. Pourtant, puisqu'elles ne sont pas exclusives, les fonctions parlementaires de contrôle et d'évaluation coexistent et s'exercent de manière simultanée.

B) L'exercice simultané des fonctions parlementaires

L'originalité de l'alinéa 1er de l'article 24 de la Constitution se trouve dans le rappel explicite de l'existence des trois fonctions parlementaires : voter, contrôler et évaluer. Il peut être interprété comme un aveu du constituant dérivé quant à la faiblesse et l'inefficacité de ces fonctions avant la révision de 2008. Guy Carcassonne a pu ainsi dire en 2007 que « *ce qui manque à l'Assemblée nationale, ce ne sont pas les pouvoirs, mais les députés pour les exercer* ». D'un point de vue formel, les deux verbes évoqués dans notre extrait sont rédigés au présent de l'indicatif, ce qui en droit est l'expression d'une règle impérative. Le contrôle de l'action du Gouvernement et l'évaluation des politiques publiques sont donc des obligations pour le Parlement. Ces deux fonctions parlementaires ne sont pas alternatives : le contrôle ne substitue pas l'évaluation ; l'évaluation ne remplace pas le contrôle.

Bien, votre argumentation est bien menée.

En France, les rapports entre le Parlement et le Gouvernement sont permanents et strictement encadrés par la Constitution (Titre V). Le couple Gouvernement-Parlement interagit, dans le cadre d'une séparation souple des pouvoirs, suivant une logique à la fois de collaboration et de limitation mutuelle. D'une part, « le Gouvernement détermine et conduit la politique de la Nation » (art. 20). De l'autre, le Parlement surveille, accompagne et parfois s'oppose à l'activité du Gouvernement. De façon constante, il l'oblige à s'expliquer et à se justifier.

Le dernier paragraphe doit être conclusif, ce qui est le cas ici.

Sujet 26

Cas pratique

Durée de l'épreuve : 3 heures

Aucun document n'est autorisé

À l'aide de vos connaissances, vous résoudrez le cas pratique suivant :

Madame Gagnant vient d'être élue pour la première fois députée de l'Assemblée nationale. À l'issue d'une campagne intense, elle vous a recruté pour l'assister dans le cadre de ses activités au palais Bourbon. Enthousiaste à l'idée de travailler auprès d'une élue de la Nation, vous souhaitez mettre à profit vos talents de juriste pour l'aider à y jouer un rôle de premier plan.

1. *Madame Gagnant est issue du parti politique « Nouvelle Vague », qui a remporté 123 sièges au total et constitue désormais la deuxième force politique du pays, tandis que le groupe majoritaire dispose de 290 sièges. Elle veut participer à la formation d'un groupe parlementaire d'opposition avec ses autres collègues élus et vous demande de lui indiquer la marche à suivre, ainsi que les avantages qui y sont associés.*

2. *Bien que novice, Madame Gagnant souhaite devenir une figure politique importante à l'Assemblée nationale. Elle vous interroge sur les possibilités d'accéder à des fonctions lui permettant d'atteindre ses objectifs et veut recueillir votre avis sur ses chances d'aboutir.*

3. *Finalement, Madame Gagnant n'a pas réussi à décrocher un poste à responsabilité mais nourrit encore de grandes ambitions politiques. Elle est toutefois parvenue à devenir membre de la commission des lois. Désireuse d'exercer pleinement sa fonction de député de l'opposition, elle vous sollicite pour que vous lui présentiez les instruments à sa disposition pour agir sur le processus d'élaboration des lois au cours des prochains mois à l'Assemblée nationale. Elle est aussi intéressée d'en connaître les avantages et les inconvénients.*

4. *Madame Gagnant est assez insatisfaite du fonctionnement institutionnel actuel et aimerait contribuer à une réforme constitutionnelle. Elle souhaiterait être conseillée à ce propos et vous consulte afin de connaître les possibilités qui s'offrent à elle pour intervenir en ce sens.*

OBSERVATIONS DU CORRECTEUR (B. Ridard)

La difficulté de ce cas pratique tient en particulier au caractère très ouvert de certaines questions et à la diversité des thématiques abordées. Vous veillerez donc à rester le plus précis possible, même si l'exercice autorise une certaine liberté dans le contenu et la formulation de la plupart des réponses. D'un point de vue formel, il est préférable de s'inscrire pleinement dans le cadre de la situation présentée et de s'adresser directement à la députée dont vous êtes le collaborateur. Enfin, il est important de s'exprimer sur l'opportunité de recourir à certains instruments procéduraux et sur la stratégie politique à adopter en pratique en fondant votre raisonnement sur les dispositions de la Constitution et du règlement de l'Assemblée nationale qui vous semblent les plus pertinentes.

1. Madame la députée, il apparaît crucial de constituer avec vos collègues un groupe parlementaire pour pouvoir peser sur le cours de la vie politique à l'Assemblée nationale et au-delà. Bien que le groupe que vous souhaitez créer ne disposera pas d'un statut comparable au premier groupe d'opposition britannique, il pourra cependant jouir de droits importants qui lui sont garantis par le Règlement de l'Assemblée nationale (RAN). À cet égard, l'opposition dispose notamment d'un jour mensuel réservé à un ordre du jour déterminé par elle et de la possibilité de créer une commission d'enquête par session ordinaire, à la demande de chaque président de groupe. Tous les groupes parlementaires disposent en outre d'une équipe de collaborateurs dédiés et de locaux pour se réunir chaque semaine, afin de se concerter sur la position à tenir concernant les différents sujets politiques du moment.

Si le groupe que vous souhaitez mettre en place a vocation à se rattacher à l'opposition et disposer à ce titre de droits spécifiques, son processus de formation est globalement analogue à l'ensemble des groupes parlementaires. La condition première pour créer un tel groupe, d'ordre numérique, est aisément remplie. L'article 19 du RAN indique en effet que le nombre minimum requis est de 15 membres, alors que votre futur groupe parlementaire, « Nouvelle Vague », devrait en toute hypothèse être composé des 123 députés issus du parti politique éponyme.

Pour former ce groupe parlementaire, vous devez vous mettre d'accord avec vos collègues sur le contenu d'une déclaration politique commune, qui devra être signée par chacun d'entre vous. Ce document, accompagné de la liste des membres de votre groupe et précisant le nom du président du groupe, doit être transmis à la présidence de l'Assemblée nationale. Je vous conseille également d'indiquer clairement que votre groupe s'inscrit dans l'opposition parlementaire. Tous ces documents seront publiés ensuite au Journal Officiel, afin que ces informations soient accessibles à l'ensemble de la population.

Enfin, vous pourriez éventuellement envisager, avec vos collègues, de négocier avec des députés de sensibilités proches et les solliciter à rejoindre votre groupe pour renforcer son poids politique ; certains droits et temps de parole étant répartis en fonction de l'importance numérique de chaque groupe. Il demeure néanmoins crucial de maintenir une ligne politique claire au sein de votre groupe parlementaire, afin d'en garantir la cohérence et d'y maintenir une certaine discipline, en particulier lors des votes.

2. En tant que *primo* députée, il vous sera difficile d'accéder à certaines fonctions, en premier lieu celle de président du groupe principal d'opposition, qui est le plus souvent occupée par un élu expérimenté. En revanche, vous pourriez prétendre à l'un des postes de questeurs de l'Assemblée nationale, dont l'un d'entre eux « *est réservé à un député appartenant à un groupe s'étant déclaré d'opposition* ». Il vous est aussi possible de vous présenter à l'élection du poste de premier vice-président de l'Assemblée nationale. Celui-ci est également réservé à un « *député appartenant à un groupe s'étant déclaré d'opposition et qui est le mieux classé* » à l'issue de l'élection organisée par scrutin au sein de l'hémicycle. Là encore, vos chances de succès sont particulièrement réduites, dans la mesure où vous venez d'intégrer l'Assemblée nationale.

En votre qualité de membre du plus grand groupe d'opposition, vous pourriez également tenter d'accéder au poste de président de la commission des finances.

> Bien, il faut reformuler la question qui vous est posée.

> Vous pouviez préciser que l'opposition parlementaire est reconnue depuis 2008 par la Constitution, dont l'article 51-1 énonce que le règlement de chaque assemblée attribue « *des droits spécifiques aux groupes d'opposition de l'assemblée intéressée* ».

> Information tout à fait pertinente. Si vous en avez connaissance, n'hésitez pas à citer les dispositions du règlement de l'Assemblée concernées, en l'occurrence les articles 48 alinéa 9 et 141 alinéa 2.

> Il aurait été intéressant d'indiquer que l'absence d'une telle déclaration d'appartenance du groupe à l'opposition avait pour conséquence de qualifier implicitement ce groupe de minoritaire, selon l'article 19 alinéa 3 du RAN, ce qui ne semble pas adapté à la situation puisque votre objectif est de vous opposer à la politique menée par la majorité.

> Ces conseils relèvent uniquement de la stratégie politique et ne reposent pas sur des arguments juridiques. Vous pouviez compléter ces développements en citant des dispositions du règlement intérieur relatives à la répartition du temps de parole, par exemple.

> Vous auriez pu illustrer la difficulté de maintenir la discipline politique au sein des groupes parlementaires par des exemples récents.

> Vous pouviez citer la disposition correspondante, à savoir l'article 10 alinéa 7 du RAN.

> Même remarque. Il s'agissait ici de l'article 11 alinéa 2 du RAN.

> Il pouvait être utile ici de préciser que les autres présidences sont attribuées à la majorité, qui demeure majoritaire dans les commissions parlementaires.

Vous pouviez toutefois indiquer à la députée qu'il était peu probable qu'elle soit élue à la présidence de la commission des finances, dans la mesure où la plupart de ceux qui s'y sont succédés disposaient déjà d'une expérience parlementaire particulièrement longue. À titre d'exemple, MM. Gilles Carrez et Didier Migaud ont exercé à tour de rôle cette fonction, alors que chacun d'eux était déjà député depuis 19 ans.

Ce poste est en effet réservé à un député de l'opposition depuis le début de la XIIIe législature et cette pratique parlementaire a finalement été consacrée à l'article 39 alinéa 3 du RAN lors du vote de la résolution parlementaire du 27 mai 2009.

Il était important d'être plus précis sur ce point. Ces postes ne sont pas simplement « attribués », mais résultent d'une élection au scrutin secret organisé par catégorie de fonction, comme le prévoit l'article 39 alinéa 4 du RAN.

En revanche, il apparaît relativement plus simple de devenir membre du Bureau d'une des huit commissions permanentes, en accédant à poste de secrétaire ou, plus difficilement, au poste de vice-président de commission. Certains de ces postes sont en effet attribués en pratique à des membres de l'opposition parlementaire. Enfin, avant même de postuler à l'une de ces fonctions, il est important de bien choisir la commission permanente dont vous souhaitez être membre. Le champ de compétence de certaines d'entre elles, comme la commission des lois constitutionnelles et de la législation par exemple, leur confère un rôle plus central que d'autres dans l'élaboration des lois.

Vous deviez répondre directement à la députée en vous adressant à elle, comme vous l'avez déjà fait dans vos réponses précédentes.

Vous l'avez déjà indiqué, en substance, lors de la réponse précédente.

Ce passage devait être indiqué entre guillemets et vous deviez préciser qu'il s'agit d'un extrait de l'article 86 alinéa 5 du RAN.

3. Lorsqu'un texte de loi est examiné à l'Assemblée nationale, celui-ci fait l'objet, pour chaque lecture, d'un examen en commission puis en séance plénière. À ce titre, la commission des lois est chargée d'examiner de nombreux textes et chacun de ses membres peut intervenir au cours des discussions pour défendre des amendements visant à les modifier. Le droit d'amendement est reconnu aux parlementaires à l'article 44 de la Constitution, qui précise que « *ce droit s'exerce en séance ou en commission selon les conditions fixées par les règlements des assemblées, dans le cadre déterminé par une loi organique* ». En commission, ces amendements doivent être transmis au secrétariat de la commission au plus tard le troisième jour ouvrable précédant la date de début de l'examen du texte à 17 heures, sauf décision contraire du président de la commission.

Vous avez oublié cette fois d'indiquer ce passage entre guillemets, alors même que vous avez bien fait référence à la disposition en question.

Vous pourrez donc, en tant que membre de cette commission permanente importante, déposer des amendements en vue d'améliorer le contenu du projet ou de la proposition de loi en cours d'examen. Cependant, en raison de votre appartenance à l'opposition, la plupart de vos amendements risquent d'être rejetés par la majorité des membres de la commission, dont la composition est favorable à l'exécutif. Ses membres sont en effet désignés par les groupes, qui disposent chacun d'un nombre de sièges proportionnel à leur importance numérique par rapport à l'effectif des membres composant l'Assemblée, conformément à l'article 37 alinéa 2 du RAN.

Précision intéressante. Vous pouviez indiquer aussi la disposition concernée, en l'occurrence l'article 100 alinéa 7 du RAN.

À l'occasion de la discussion en séance plénière, vous pourrez également exercer votre droit d'amendement et intervenir pour défendre chacun d'eux pendant deux minutes au maximum. À la suite de cette prise de parole, il est possible notamment au président ou au rapporteur de la commission saisie au fond et à un orateur d'opinion contraire d'intervenir pour une durée de deux minutes également. Afin de retarder l'adoption des projets de lois emblématiques du Gouvernement et très largement soutenus par la majorité parlementaire, vous pourriez ainsi prolonger les débats à l'Assemblée, en déposant en masse des amendements avec votre groupe.

Terme incorrect. Il s'agit au demeurant de l'article 44 alinéa 3 de la Constitution, non du règlement de l'Assemblée nationale.

Cette stratégie visant à gagner du temps n'est toutefois pas sans risque et pourrait être limitée drastiquement par l'activation d'instrument procédural en réponse à une telle « obstruction » parlementaire. D'une part, le Gouvernement pourrait très bien décider d'engager la procédure du « vote bloqué », qui contraint l'Assemblée nationale à se prononcer « *par un seul vote sur tout ou partie du texte en discussion en ne retenant que les amendements proposés ou acceptés par le Gouvernement* », en vertu de l'article 44 alinéa 3 du règlement intérieur. D'autre part, la Conférence des présidents de l'Assemblée nationale peut recourir au « temps législatif programmé », qui consiste à fixer une durée maximale de discussion. Cette procédure vise ainsi à restreindre le nombre d'amendements susceptibles d'être présentés pendant les débats en séance plénière et plus largement, à écourter la durée totale d'examen d'un texte de loi.

Au-delà des amendements, des motions de procédure peuvent aussi vous permettre de ralentir le cours de la procédure, au titre du droit de parole. Vous pouvez par exemple, demander un débat sur une motion de rejet préalable, qui vise à « faire reconnaître que le texte proposé est contraire à une ou plusieurs dispositions constitutionnelles ou faire décider qu'il n'y a pas lieu de délibérer », selon l'article 91 alinéa 5 du RAN. Une telle motion est généralement présentée par des parlementaires de l'opposition et n'a par conséquent que très peu de chances d'être adoptée.

Il était possible de signaler d'autres instruments procéduraux, comme la possibilité de prendre la parole avant la clôture de la séance pour un fait personnel, de demander une suspension de séance ou encore d'intervenir pour un rappel au règlement, comme le prévoit l'article 58 du RAN.

N'hésitez pas à terminer votre réponse par une brève conclusion.

4. En tant que parlementaire de l'opposition, il vous sera difficile de mettre en œuvre une réforme constitutionnelle, en dépit de votre détermination à faire évoluer le fonctionnement des institutions.

À court terme, vous pourriez préparer une proposition de loi constitutionnelle, comme vous y autorise l'article 89 de la Constitution. Toutefois, étant donné l'équilibre politique au sein de l'Assemblée nationale, où le groupe majoritaire dispose de pas moins de 290 sièges, il apparaît certain que cette proposition de loi constitutionnelle ne sera pas adoptée. Une telle issue est d'autant plus probable que le texte doit à la fois être « *voté par les deux assemblées en termes identiques* » et être ensuite approuvé par référendum, comme le précise l'article 89 alinéa 2 de la Constitution. Dans le meilleur des cas, une telle initiative de votre part aura pour effet d'amorcer un débat sur ces questions d'ordre institutionnel.

Vous pouviez être plus explicite à ce sujet et indiquer qu'aucune proposition de loi n'avait encore abouti à une révision constitutionnelle, alors même que quelques centaines d'entre elles ont déjà été déposées sur le Bureau de l'Assemblée nationale depuis 1958.

À moyen terme, si l'exécutif en place envisage une réforme de la Constitution, vous pourriez amender le projet de loi constitutionnelle au cours de ses lectures successives à l'Assemblée nationale. Dans l'hypothèse la plus courante, où le président de la République décide de soumettre le projet de révision au Parlement convoqué en Congrès, son succès dépendra alors de son approbation par la majorité qualifiée des trois cinquièmes des parlementaires. Il se peut alors que le groupe majoritaire, dont l'effectif est très insuffisant pour adopter le projet, accepte certains de vos amendements afin que vous lui apportiez en échange votre soutien au projet de loi constitutionnelle. Enfin, à plus long terme, si votre groupe parlementaire devient majoritaire à l'issue des prochaines élections législatives, vous pourriez alors envisager une révision d'ampleur de la Constitution visant à modifier en profondeur l'organisation institutionnelle de la Ve République.

Il aurait été intéressant de préciser que cette procédure est alternative à la procédure d'approbation par référendum prévue par l'article 89 alinéa 2, qui n'a été pourtant engagée qu'une seule fois, lors du passage au quinquennat, opéré par la loi constitutionnelle du 2 octobre 2000.

Cette dernière hypothèse apparaît très lointaine et ne correspond pas directement à la question posée par la députée.

Sujet 27

Durée de l'épreuve : 1h30

Aucun document n'est autorisé

Questions à réponses courtes

Vous répondrez dans l'ordre de leur choix, mais de manière méthodique et ordonnée, et en 50 lignes maximum aux 3 questions suivantes :

1. **Le bicamérisme sous la Ve**
2. **L'article 45 de la Constitution du 4 octobre 1958**
3. **L'immunité parlementaire**

OBSERVATIONS DU CORRECTEUR (D. Reignier)

Consignes générales : il ne faut pas envisager les QRC uniquement comme des questions de cours, elles nécessitent une réflexion et souvent une problématisation. Il faut dégager l'intérêt du sujet puisque comme les consignes vous y invitent vous devez répondre de manière méthodique et organisée. La difficulté est alors de respecter le nombre de lignes maximum fixé par le correcteur, qui a été ici généreux et vous offrant 50 lignes. À vous de les utiliser judicieusement.

QUESTION N° 1

Le bicamérisme sous la Cinquième République

> Il est conseillé de débuter la réponse par une définition rapide.

> Ce questionnement est intéressant, mais il convient de ne pas s'y attarder, sans quoi il sera impossible de respecter les consignes (50 lignes max).

> La problématique est ici nécessaire pour hiérarchiser les connaissances qui seront organisées autour de l'axe vote de la loi/contrôle du Gouvernement.

> Impossible de s'arrêter là, il faut maintenant démontrer son intuition.

Sous la Constitution de 1958 le Parlement est composé de deux chambres : l'Assemblée nationale et le Sénat, il est donc bicaméral (du latin *camera* qui signifie chambre et bi deux). En France, ce choix ne traduit ni le caractère fédéral de l'État, ni la volonté d'offrir une représentation à une catégorie de personnes. L'existence d'une seconde chambre a pour objectif de tempérer les élans d'une assemblée élue au suffrage universel direct et impatiente de voir son programme traduit en lois. Si les deux chambres du Parlement votent la loi et contrôlent l'action du Gouvernement, il est permis de se demander si elles détiennent les mêmes pouvoirs, si le bicamérisme est égalitaire ou si au contraire l'une des chambres détient plus de pouvoirs. La réponse semble évidente : la plus grande légitimité de la chambre issue du suffrage universel direct justifie qu'elle détienne davantage de pouvoirs. Il convient de confirmer, ou pas, cette intuition par une étude des mécanismes constitutionnels.

Même si en principe le Gouvernement peut choisir de déposer ses projets de loi sur le bureau de l'assemblée de son choix (ce principe connaît deux exceptions, l'art. 39 prévoyant d'une part que les projets de loi de finances et projets de loi de financement de la sécurité sociale doivent être déposés en premier lieu sur le bureau de l'Assemblée nationale et, d'autre part, que les projets de loi « *ayant pour principal objet l'organisation des collectivités territoriales sont soumis en premier lieu au Sénat* »), les deux chambres ne sont pas placées sur un pied d'égalité. En effet, le Gouvernement peut décider à l'issue de la procédure décrite à l'article 45 de la Constitution de donner le dernier mot à l'Assemblée nationale, surmontant ainsi l'opposition du Sénat dont le vote n'est plus nécessaire à l'adoption de la loi (L'art. 35 adopte une logique similaire lorsque la prolongation d'une opération militaire à l'étranger doit être accordée par le Parlement). Le Gouvernement est toutefois privé de cette possibilité s'agissant des révisions constitutionnelles (art. 89), des lois organiques relatives au Sénat (art. 46 al. 4) ou des lois organiques relatives au droit de vote et d'éligibilité des ressortissants d'un État membre de l'Union européenne aux élections locales (art. 88-3). Ces trois dispositions exigent en effet un vote en termes identiques par les deux assemblées, or l'article 45 alinéa 4 permet de se dispenser du vote du Sénat. Dans ces domaines, le Sénat dispose d'un véto qui explique notamment que de Gaulle ait choisi en 1969 de recourir à l'article 11 lorsqu'il a souhaité réformer en profondeur la seconde chambre.

On attend de la précision et au moins la mention des articles de la Constitution qui vous ont été utiles.

Un exemple est toujours un plus, mais il doit illustrer un argument.

S'agissant de la fonction de contrôle, un examen superficiel laisserait à penser que le bicamérisme est égalitaire. Députés et sénateurs peuvent créer des commissions d'enquête ou des missions d'information (dont celles sur les « affaires » Cahuzac ou Benalla, ou celle sur l'impact, la gestion et les conséquences de l'épidémie de coronavirus), auditionner les membres du Gouvernement et obtenir des réponses, écrites ou orales à leurs questions. Toutefois, l'esprit de ce contrôle est fondamentalement différent puisque seule l'Assemblée nationale peut contraindre juridiquement le Gouvernement à démissionner. Ainsi, même si le Gouvernement peut demander au Sénat l'approbation d'une déclaration de politique générale (art. 49 al. 4), un vote négatif ne saurait le renverser. À l'opposé, le refus de l'Assemblée nationale d'accorder sa confiance à un Premier ministre qui la sollicite provoque la démission de tout le Gouvernement. De même, seule l'Assemblée nationale peut voter une motion de censure.

Des illustrations sont attendues, évitez toutefois les approximations. Il s'agit ici de la commission d'enquête relative aux éventuels dysfonctionnements dans l'action du Gouvernement et des services de l'État, entre le 4 décembre 2012 et le 2 avril 2013, dans la gestion d'une affaire qui a conduit à la démission d'un membre du Gouvernement créée à l'Assemblée nationale et de la mission d'information sur les conditions dans lesquelles des personnes n'appartenant pas aux forces de sécurité intérieure ont pu ou peuvent être associées à l'exercice de leurs missions de maintien de l'ordre et de protection de hautes personnalités et le régime des sanctions applicables en cas de manquements, créée au Sénat.

Ces dispositions consacrent, comme pressenti, un bicamérisme inégalitaire au profit de la chambre dite basse.

QUESTION N° 2

L'article 45 de la Constitution du 4 octobre 1958

La Constitution du 4 octobre 1958 s'est construite autour de la rationalisation du parlementarisme en prévoyant des procédures qui permettent au Gouvernement de surmonter l'absence de majorité. L'article 45 est une pièce essentielle de cette nouvelle architecture. Son premier alinéa consacre la traditionnelle navette parlementaire en prévoyant que le texte sera examiné successivement par les deux assemblées jusqu'à son adoption en termes identiques. Les dispositions suivantes offrent au Gouvernement et à son chef, le Premier ministre, la maîtrise de la procédure en lui permettant, d'abord d'interrompre la navette, puis éventuellement de donner le dernier mot à l'Assemblée nationale.

Il s'agit de l'intérêt du sujet qui constituera le fil rouge de votre réponse, l'axe de votre démonstration.

Le 2e alinéa de l'article 45 offre au Premier ministre la possibilité d'interrompre la navette après deux lectures dans chaque chambre – une seule si la procédure accélérée est déclenchée – en convoquant une commission mixte paritaire (CMP). Composée de 7 députés et 7 sénateurs, sa mission est de dégager un compromis acceptable par les deux chambres.

On peut ici combiner études analytique et linéaire du texte, ce qui permet de n'oublier aucun mécanisme.

Les alinéas suivants envisagent la suite de la procédure de conciliation. Le 3ᵉ alinéa traite d'une première alternative : la réussite de la CMP qui parvient à dégager un texte de compromis. Le Gouvernement conserve la maîtrise de la procédure et peut alors décider de soumettre ce texte aux chambres pour approbation. De manière à ne pas dénaturer le compromis ainsi négocié entre sénateurs et députés, aucun amendement n'est recevable à ce stade... sauf accord du Gouvernement qui reste ainsi également maître du fond.

Le dernier alinéa de l'article 45 traite enfin de l'échec de la procédure de conciliation. Soit parce que la CMP n'a pas réussi à se mettre d'accord sur un texte, soit parce que le Gouvernement refuse de soumettre le compromis aux assemblées. En ce cas, après avoir organisé une nouvelle lecture dans chaque chambre, sans que celle-ci ait permis l'adoption d'un texte en termes identiques, le Gouvernement peut donner le dernier mot à l'Assemblée nationale qui votera seule le texte de loi. Une fois encore, il s'agit pour le Gouvernement d'une possibilité et non d'une obligation.

L'étude des limites est un passage obligé.

De manière à contrebalancer les pouvoirs importants du Gouvernement, la Constitution a prévu des limites matérielles : il lui est impossible d'utiliser les prérogatives de l'article 45 en matière constitutionnelle ou pour obtenir l'adoption d'une loi organique relative au Sénat. Dans ces cas, en effet, la Constitution exige que les assemblées se prononcent par un vote en termes identiques. Or l'article 45 permet de se passer du vote du Sénat, il ne peut donc pas être utilisé à ces occasions.

Une vision critique est toujours un plus, à condition de la fonder.

Malgré ces limites, les mécanismes de l'article 45 sont parfois décriés parce qu'ils conduisent le Parlement à légiférer dans l'urgence, voire sous la contrainte. Mais ils constituent une arme non négligeable lorsque, comme cela a été le cas depuis 2014, le Sénat est une chambre d'opposition. Celle-ci peut être surmontée par le Gouvernement qui donne le dernier mot à l'assemblée élue au suffrage universel direct.

QUESTION N° 3

L'immunité parlementaire

Il est essentiel de bien définir la notion et le but poursuivi par ce régime juridique dérogatoire.

Consacrée dès 1789 et définie à l'article 26 de la Constitution du 4 octobre 1958, l'immunité parlementaire assure aux membres du Parlement un régime juridique dérogatoire du droit commun dans leurs rapports avec la justice. L'immunité est une des traductions du principe de séparation des pouvoirs, elle protège à travers ses membres l'Assemblée contre les intrusions du pouvoir judiciaire, voire du pouvoir exécutif qui pourrait instrumentaliser les poursuites afin d'exercer des pressions sur le Parlement. Elle ne doit donc pas être perçue comme une atteinte à l'égalité devant la loi, mais comme une protection de l'indépendance des parlementaires, garante de l'état de droit.

Il est important de construire votre réponse et de montrer au correcteur que votre réflexion est structurée.

Traditionnellement, cette immunité recouvre deux réalités : **l'irresponsabilité et l'inviolabilité**. La première interdit de rechercher la responsabilité juridique d'un parlementaire à raison des opinions politiques exprimées au sein de la chambre. Elle est permanente : les propos et votes émis dans l'exercice des fonctions ne peuvent jamais donner lieu à poursuites ni à condamnation. Elle est également absolue : elle concerne tous les actes accomplis par le parlementaire « *dans l'exercice de ses fonctions* ». Les discours prononcés en dehors des assemblées ne bénéficient donc pas de l'irresponsabilité et sont ainsi susceptibles d'être réprimés s'ils constituent une injure ou une diffamation.

L'immunité garantit également l'inviolabilité de l'élu : « *Aucun membre du Parlement ne peut faire l'objet en matière criminelle ou correctionnelle d'une arrestation ou de toute autre mesure privative ou restrictive de liberté qu'avec l'autorisation du bureau de l'assemblée dont il fait partie. Cette autorisation n'est pas requise en cas de crime flagrant ou de condamnation définitive* » (art. 26 al. 2). La protection offerte n'est pas une impunité, elle n'empêche pas la poursuite du parlementaire ni la recherche d'éléments visant à établir sa culpabilité, mais soumet à un examen de la chambre la décision de limiter la liberté du parlementaire par une garde à vue, un contrôle judiciaire, voire une détention préventive. En effet, de telles mesures en restreignant la liberté éloignent l'élu de l'assemblée et l'empêchent d'exercer son mandat. Ainsi, en 2019, aucune intervention préalable de l'Assemblée n'a été requise avant de poursuivre Jean-Luc Mélenchon, député LFI, pour « actes d'intimidation contre l'autorité judiciaire, rébellion et provocation », suite à la perquisition houleuse des locaux de son parti en octobre 2018.

Les illustrations sont les bienvenues.

Contrairement à l'irresponsabilité, l'inviolabilité n'est pas absolue. D'une part, elle cède devant la flagrance ou face à une décision devenue définitive. D'autre part, l'Assemblée, plus précisément son Bureau, peut décider de lever l'immunité de l'un de ses membres.

En contrepartie de son pouvoir de lever l'immunité, l'assemblée peut obtenir une suspension des poursuites ou de la détention pour la durée de la session (art. 26 al. 3). L'Assemblée peut ainsi apprécier la nature et la gravité des faits et les mettre en balance avec les exigences de l'exercice du mandat. Si l'Assemblée décide, à l'issue d'une procédure spécifique et pluraliste de suspendre les poursuites ou la détention, sa décision s'impose aux autorités judiciaires et administratives.

Sujet 28

Dissertation juridique

Durée de l'épreuve : 3 heures

Aucun document n'est autorisé

Vous traiterez le sujet suivant :

« Le Conseil constitutionnel est-il un contre-pouvoir de la majorité parlementaire ? »

OBSERVATIONS DU CORRECTEUR (L.-M. Gutiérrez)

La principale difficulté du sujet réside dans sa conceptualisation théorique. Le travail de problématisation dans l'introduction est donc fondamental pour réussir l'exercice de dissertation. Il faut mobiliser des arguments solides à l'appui de votre démonstration et illustrer vos propos avec des éléments de doctrine et de jurisprudence. L'esprit critique sera toujours valorisé par votre correcteur.

En octobre 1981, lors du débat sur le projet de loi de nationalisation à l'Assemblée nationale, le député André Laignel fustige l'opposition parlementaire d'une phrase fort symbolique : « *Vous avez juridiquement tort car vous êtes politiquement minoritaire* ». En mêlant les registres juridique et politique, le député socialiste visait à clore, par un coup de tribune, la discussion autour d'une exception d'irrecevabilité soulevée par la droite en raison d'une prétendue inconstitutionnalité des nationalisations. Au-delà de son caractère anecdotique, cette phrase devenue célèbre traduit en filigrane un danger latent de nos systèmes démocratiques : la « *tyrannie de la majorité* » parlementaire, pour reprendre la formule consacrée en 1835 par Alexis de Tocqueville.

> La phrase est bien connue, même si elle ne correspond pas exactement à sa transcription dans le compte rendu de l'Assemblée nationale : v. 2e séance du 13 octobre 1981, p. 1730.

En substance, Tocqueville explique que les démocraties ont tendance à concentrer la « force sociale » dans les mains du Parlement en raison d'un lien fort, établi par l'élection, entre le peuple et ses représentants. Érigé sur cette idée de représentation, le corps législatif est censé exprimer solennellement, par l'intermédiaire de la loi, la volonté générale (cf. article 6 de la DDHC). Pourtant, la volonté générale n'est pas toujours unanime. Au sein des organes collégiaux, elle résulte des rapports de force et se concrétise, à défaut de consensus, par l'addition des volontés individuelles et la constitution de majorités ; peu importe qu'elles soient simples (le plus grand nombre de voix), absolues (la moitié des voix plus une) ou spéciales (*quorum* ou/et nombre minimum des voix exigés).

> Vous pouvez citer le nom de son ouvrage : *De la démocratie en Amérique* (1835).

Il semble donc que, de manière systématique et presque insurmontable, la concentration du pouvoir au sein du législatif ne favorise en réalité que la majorité parlementaire issue des élections ou consolidée dans la pratique politique au détriment de(s) minorité(s) parlementaire(s). Le constat de Montesquieu, dressé dans De l'esprit des lois, peut donc s'appliquer par analogie : « *c'est une expérience éternelle que tout homme qui a du pouvoir est porté à en abuser ; il va jusqu'à ce qu'il trouve des limites* ».

> Il s'agit d'un auteur classique de référence. Vous auriez pu expliquer son importance et la pertinence de sa théorie de séparation des pouvoirs.

En tant qu'observateur du système constitutionnel des États-Unis, Tocqueville précise que les juges américains disposent du pouvoir de se prononcer sur l'inconstitutionnalité des lois. Ce pouvoir forme dans la pratique un rempart fondamental contre la tyrannie des assemblées politiques. Au regard du contrôle de constitutionnalité qu'il exerce (*judicial review*), la doctrine présente le pouvoir judiciaire des États-Unis comme un contre-pouvoir capable de faire face aux abus du Congrès et d'assurer le respect de l'état de droit constitutionnel.

Vous auriez pu préciser que Tocqueville se montre réticent à l'idée de transposer un tel système en France.

La place des États-Unis dans l'introduction se justifie puisque la théorie des contre-pouvoirs trouve son origine dans ce pays.

Cette qualification semble pertinente au regard de la définition courante du terme contre-pouvoir : un pouvoir qui s'oppose ou fait équilibre à l'autorité établie. Il convient de préciser que ce terme trouve une application assez large dans les sciences sociales en ce qu'elle dépasse le seul cadre institutionnel. Selon le Professeur Elisabeth Zoller, l'idée de contre-pouvoir trouve son origine dans la littérature américaine des années 1950 ; elle cherchait à trouver de quoi équilibrer le pouvoir économique privé des grandes entreprises sur le marché. En revanche, le terme « contre-pouvoir » semble plus restreint en droit constitutionnel puisqu'il ne ferait référence qu'aux rapports existant entre des pouvoirs constitués. Il serait la traduction contemporaine du système classique américain connu sous la formule de *Checks and balances* (freins et contre-poids).

Bien, vous liez les différents éléments de l'introduction et évitez ainsi que celle-ci se résume à une succession plus ou moins scolaire de définitions.

À l'opposé du modèle américain, la France a témoigné d'une culture juridique de méfiance envers les juges. Ils n'ont jamais eu le droit de déclarer les lois inconstitutionnelles et se sont vus parfois refuser le statut de « Pouvoir judiciaire ». Le légicentrisme a été largement conforté par l'immunité juridictionnelle accordée à la volonté parlementaire exprimée dans la loi. En réalité, il a fallu attendre jusqu'en 1958 pour que le contrôle de constitutionnalité des lois puisse voir le jour, sous la Ve République, dans les mains du Conseil constitutionnel (ci-après le CC). Cette « révolution » dans l'histoire constitutionnelle française conduit à s'interroger sur la place institutionnelle du CC vis-à-vis des autres pouvoirs publics.

La contextualisation du sujet est bien nécessaire.

Ce terme est important pour votre sujet étant donné qu'il semble s'opposer au constitutionnalisme. Il fallait donc le définir. Le légicentrisme considère la loi comme la norme la plus importante dans l'ordre juridique en ce qu'elle est la seule expression de la souveraineté.

Il nous semble en effet que, du fait de sa fonction, le CC est le contre-pouvoir institutionnel par excellence de la majorité parlementaire. Il est possible de le démontrer à l'appui de deux critères évoqués par Montesquieu en vue de la modération des pouvoirs concurrents. D'une part, la faculté du CC d'empêcher des actes contraires à la Constitution (1). D'autre part, sa faculté de statuer sur des actes pour les rendre compatibles avec la Constitution (2).

Il est admissible d'utiliser une abréviation du nom d'une juridiction lorsque vous citez une jurisprudence. En revanche, vous devez éviter les abréviations lorsque vous mentionnez une institution dans une phrase.

1 • La faculté du Conseil constitutionnel d'empêcher des actes contraires à la Constitution

Montesquieu « *appelle faculté d'empêcher, le droit de rendre nulle une résolution prise par quelque autre* ». Face à la majorité parlementaire, le contrôle exercé par le CC vise à arrêter des actes contraires à la Constitution. Il sert comme garantie à la fois de l'équilibre politique (A) et des droits et libertés fondamentaux (B).

Cette phrase a le mérite de poser le cadre de votre démonstration.

A) La garantie de l'équilibre politique

Très tôt dans sa jurisprudence, le Conseil constitutionnel se place en tant qu'« organe régulateur de l'activité des pouvoirs publics » (Cons. const., 6 novembre 1962, n° 62-20 DC). Il joue un rôle d'arbitre dans la résolution des conflits entre les pouvoirs publics ainsi qu'entre la majorité et la minorité parlementaires.

a. Un contrôle en faveur du pouvoir exécutif dans une logique de rationalisation du parlementarisme

La Ve République se caractérise par la volonté de rationalisation du parlementarisme et par un renforcement du pouvoir exécutif. Le constituant craignait qu'à l'instar des IIIe et IVe Républiques, le Parlement mette à mal la stabilité gouvernementale. Le rôle initial attribué au CC semble donc favorable à l'exécutif puisqu'il s'agit de veiller au respect d'une logique institutionnelle qui donne une place prééminente à ce dernier. Michel Debré voyait d'ailleurs le CC comme une « *arme contre les déviations du régime parlementaire* ». L'expression de « chien de garde de l'exécutif » n'a donc rien d'étonnant.

Pour ce faire, la Constitution de 1958 sépare strictement le domaine de la loi (art. 34) du domaine réglementaire (art. 37). Le CC peut intervenir, au cours de la procédure législative, pour faire respecter cette séparation, « *en cas de désaccord entre le Gouvernement et le président de l'assemblée intéressée* » (art. 41). Il peut aussi déclarer, à la demande de l'exécutif, le caractère réglementaire d'une disposition législative en vue de sa modification par décret (art. 37 al. 2).

Bien, il faut toujours citer la norme.

b. Un contrôle à la portée des minorités dans une logique de pluralisme démocratique

Hans Kelsen soulignait en 1928 l'importance du juge constitutionnel au sein d'une démocratie : en raison du contrôle de constitutionnalité qu'elle exerce, la justice constitutionnelle « *est un moyen de protection efficace de la minorité contre les empiétements de la majorité* ».

Délocaliser le conflit du politique au juridique, en faisant appel à un arbitre, permet de détendre les tensions politiques et de trouver des solutions pacifiques dans le respect de la Constitution. S'inscrivant dans cette logique, la loi constitutionnelle du 29 octobre 1974 ouvre la saisine du CC à 60 députés ou 60 sénateurs. Cette révision permet donc à l'opposition parlementaire de contester la volonté du Gouvernement et de sa majorité.

Vous auriez pu approfondir sur le phénomène de « fait majoritaire ».

Le CC se détache ainsi du jeu politique. En tant que gardien de la Constitution, il s'érige comme garant du respect des droits et libertés.

Ce titre est trop vague pour être directif.

B) La garantie des droits et libertés fondamentaux

Le Conseil constitutionnel s'est transformé peu à peu en un protecteur des droits et libertés.

a. L'utilisation progressive d'un contrôle préventif de constitutionnalité

La ligne jurisprudentielle inaugurée en 1971 par la célèbre décision « liberté d'association » constitue indéniablement une rupture avec la volonté du constituant originaire. En élargissant au préambule de la Constitution de 1958 ses normes de référence, le CC y intègre, par effet de renvoi, les droits et libertés consacrés par la Déclaration de 1789, le préambule de la Constitution de 1946 et la Charte de l'environnement de 2004. Dans le contrôle préventif de la loi, avant sa promulgation, le juge constitutionnel se confronte directement avec le Parlement et indirectement avec l'exécutif, lorsqu'il est à l'origine de la loi attaquée, pour faire régner les droits fondamentaux. En censurant la loi inconstitutionnelle, le CC participe à la fonction législative, suivant la formule de Kelsen, en tant que « législateur négatif ».

Vous auriez pu approfondir votre analyse sur les conséquences dudit phénomène décrit.

Quelle est la signification de cette formule ?

Son rôle de gardien des droits et libertés a été confirmé et renforcé par le constituant dérivé.

b. La création récente d'un contrôle répressif de constitutionnalité

La loi constitutionnelle du 23 juillet 2008 introduit en France un contrôle répressif de constitutionnalité opéré, à partir du 1er mars 2010, par le CC sur les dispositions législatives qui porteraient « *atteinte aux droits et libertés que la Constitution garantit* » (art. 61-1). Par le biais d'un renvoi préjudiciel, baptisé par la loi organique n° 2009-1523 du 10 décembre 2009 « Question prioritaire de constitutionnalité », la saisine du juge constitutionnel n'est plus réservée aux autorités politiques mais peut aussi être à l'initiative d'une partie à un procès. La Constitution irrigue ainsi l'ensemble de l'ordonnancement juridique par la constitutionnalisation des branches du droit (tant privé que public).

Date d'entrée en vigueur de la loi organique de 2009 relative à la QPC.

Lesquelles ?

Après un double filtrage bien évidemment.

En fixant ses contours, le CC matérialise la suprématie du texte constitutionnel sur la majorité parlementaire et s'érige comme son contre-pouvoir par nature dans le sens où il est capable de l'arrêter. Son rôle de contre-pouvoir s'accentue en raison de sa faculté de statuer.

2 • La faculté du Conseil constitutionnel de statuer sur des actes pour les rendre compatibles avec la Constitution

Vous n'avez pas gardé les sous-divisions 1 et 2 dans la 2e partie. Il faut harmoniser la présentation formelle de votre copie.

Montesquieu « *appelle faculté de statuer, le droit d'ordonner par soi-même, ou de corriger ce qui a été ordonné par un autre* ». Le rôle du Conseil constitutionnel ne consiste pas seulement à arrêter l'action du législateur mais parfois aussi à la canaliser. Pour ce faire, il dispose d'un double pouvoir de correction (A) et d'injonction (B).

A) Le pouvoir de correction sur la loi

Le contrôle de constitutionnalité des lois ne peut conduire, en principe, qu'à deux types de décisions qui s'excluent mutuellement : soit une décision de conformité, soit une décision de non-conformité (totale ou partielle). Pourtant, le CC s'est autorisé, dans l'une de ces premières décisions (Cons. const., 24 juin 1999, n° 59-2 DC) une troisième voie à travers de décisions de conformité sous réserve.

Évitez les formulations trop catégoriques. Certaines hypothèses peuvent vous échapper.

La technique des réserves d'interprétation, déjà utilisée par d'autres Cours constitutionnelles (Allemagne, Espagne, Italie), permet au CC de neutraliser une loi qui pourrait potentiellement être contraire à la Constitution dans son application. Le juge subordonne la constitutionnalité de la loi au respect de l'interprétation qu'il en donne. Le CC a en effet précisé qu'« *il ne lui appartient de procéder à l'interprétation du texte qui lui est déféré que dans la mesure où cette interprétation est nécessaire à l'appréciation de sa constitutionnalité* » (Cons. const., 24 juillet 1991, n° 91-298 DC). Cette technique opère dans le cadre du contrôle *a priori* pour ne pas faire obstacle à la promulgation de la loi (e.g. déc. n° 68-35 DC 30 janvier 1968), mais aussi dans le contrôle *a posteriori* pour éviter l'abrogation d'une disposition législative en vigueur (e.g. Cons. const., 18 juin 2010, n° 2010-8 QPC)).

L'argument de droit comparé est bienvenu mais il faut l'approfondir avec des exemples précis.

La technique des réserves d'interprétation soulève de sérieuses interrogations sur le pouvoir normatif du juge constitutionnel. Il pourrait en effet l'utiliser pour réécrire la loi et se substituer au législateur en dépassant par ce fait son rôle d'un contre-pouvoir. Pour revenir à Tocqueville, « *mieux vaut encore accorder le pouvoir de chan-*

ger la Constitution du peuple à des hommes qui représentent imparfaitement les volontés du peuple, qu'à d'autres qui ne représentent qu'eux-mêmes ».

Cette difficulté semble moins présente dans l'exercice du pouvoir d'injonction.

B) Le pouvoir d'injonction à légiférer

Lorsqu'il est confronté à une loi contraire à la Constitution, le CC peut s'adresser à son auteur dans le but d'obtenir de celui-ci la correction de la situation irrégulière dont il est à l'origine. On peut envisager deux hypothèses dans lesquelles le juge constitutionnel prononce des injonctions en ce sens.

D'une part, le CC peut conditionner la constitutionnalité de la norme attaquée à sa régularisation postérieure de la part du législatif qui devra soit la compléter, soit la modifier dans le sens voulu par le CC (réserve d'interprétation directive). D'autre part, le CC peut déclarer la non-conformité de la disposition législative mais reporter dans le temps son abrogation (art. 62) dans l'attente d'une intervention de la majorité parlementaire. L'intervention du CC ne peut pas s'entendre ici comme une interférence illégitime dans l'exercice des prérogatives du législatif. Il reste dans son rôle de contre-pouvoir car il ramène le corps législatif dans les limites de ses compétences.

De manière structurelle, le Conseil constitutionnel se comporte comme un véritable contre-pouvoir de la majorité parlementaire qui se voit concurrencée et soumise à des contraintes constitutionnelles fortes.

Commentaire de décision

Sujet 29

Durée de l'épreuve : 3 heures

Aucun document n'est autorisé

Vous commenterez la décision suivante :

Cons. const., 16 juillet 1971, 71-44 DC

Le Conseil constitutionnel,

Saisi le 1er juillet 1971 par le président du Sénat, conformément aux dispositions de l'article 61 de la Constitution, du texte de la loi, délibérée par l'Assemblée nationale et le Sénat et adoptée par l'Assemblée nationale, complétant les dispositions des articles 5 et 7 de la loi du 1er juillet 1901 relative au contrat d'association ;

Vu la Constitution et notamment son préambule ;

Vu l'ordonnance du 7 novembre 1958 portant loi organique sur le Conseil constitutionnel, notamment le chapitre II du titre II de ladite ordonnance ;

Vu la loi du 1er juillet 1901 relative au contrat d'association, modifiée ;

Vu la loi du 10 janvier 1936 relative aux groupes de combat et milices privées ;

1. *Considérant que la loi déférée à l'examen du Conseil constitutionnel a été soumise au vote des deux assemblées, dans le respect d'une des procédures prévues par la Constitution, au cours de la session du Parlement ouverte le 2 avril 1971 ;*

2. *Considérant qu'au nombre des principes fondamentaux reconnus par les lois de la République et solennellement réaffirmés par le préambule de la Constitution il y a lieu de ranger le principe de la liberté d'association ; que ce principe est à la base des dispositions générales de la loi du 1er juillet 1901 relative au contrat d'association ; qu'en vertu de ce principe les associations se constituent librement et peuvent être rendues publiques sous la seule réserve du dépôt d'une déclaration préalable ; qu'ainsi, à l'exception des mesures susceptibles d'être prises à l'égard de catégories particulières d'associations, la constitution d'associations, alors même qu'elles paraîtraient entachées de nullité ou auraient un objet illicite, ne peut être soumise pour sa validité à l'intervention préalable de l'autorité administrative ou même de l'autorité judiciaire ;*

3. *Considérant que, si rien n'est changé en ce qui concerne la constitution même des associations non déclarées, les dispositions de l'article 3 de la loi dont le texte est, avant sa promulgation, soumis au Conseil constitutionnel pour examen de sa conformité à la Constitution, ont pour objet d'instituer une procédure d'après laquelle l'acquisition de la capacité juridique des associations déclarées pourra être subordonnée à un contrôle préalable par l'autorité judiciaire de leur conformité à la loi ;*

4. *Considérant, dès lors, qu'il y a lieu de déclarer non conformes à la Constitution les dispositions de l'article 3 de la loi soumise à l'examen du Conseil constitutionnel complétant l'article 7 de la loi du 1er juillet 1901, ainsi, par voie de conséquence, que la disposition de la dernière phrase de l'alinéa 2 de l'article 1er de la loi soumise au Conseil constitutionnel leur faisant référence ;*

5. Considérant qu'il ne résulte ni du texte dont il s'agit, tel qu'il a été rédigé et adopté, ni des débats auxquels la discussion du projet de loi a donné lieu devant le Parlement, que les dispositions précitées soient inséparables de l'ensemble du texte de la loi soumise au Conseil ;

6. *Considérant, enfin, que les autres dispositions de ce texte ne sont contraires à aucune disposition de la Constitution ;*

Décide :

Article premier : Sont déclarées non conformes à la Constitution les dispositions de l'article 3 de la loi soumise à l'examen du Conseil constitutionnel complétant les dispositions de l'article 7 de la loi du 1er juillet 1901 ainsi que les dispositions de l'article 1er de la loi soumise au Conseil leur faisant référence.

Article 2 : Les autres dispositions dudit texte de loi sont déclarées conformes à la Constitution.

Article 3 : La présente décision sera publiée au Journal Officiel de la République française.

OBSERVATIONS DU CORRECTEUR (A. Blandin)

Commenter un arrêt consiste à expliquer précisément une décision de justice et à en faire une appréciation critique.

De la même façon que pour le commentaire de texte, deux pièges sont à éviter : faire de la paraphrase, c'est-à-dire recopier les idées de l'arrêt sans les commenter ou faire une dissertation, c'est-à-dire se lancer dans une démonstration théorique en « oubliant » l'arrêt.

L'introduction doit contenir une « fiche d'arrêt » : faits, procédure, moyens des requérants, problème juridique, sens de la décision et motifs du juge.

En droit public, après la « fiche d'arrêt », on replace généralement l'arrêt dans un cadre plus large afin de dégager une problématique théorique.

L'introduction d'un commentaire d'arrêt doit commencer, comme vous le faites, par une accroche resituant le thème de l'arrêt ou son contexte et par une rapide présentation de l'arrêt (nom de la juridiction, date de l'arrêt, éventuellement formation de jugement).

Dans *Le Monde* du 23 juillet 1971, Pierre Viansson-Ponté écrit : « *la décision du Conseil constitutionnel ne lui sera pas pardonnée, et les juristes sont déjà au travail pour chercher, outre les moyens de la tourner, comment restaurer la docilité d'une institution jusqu'à présent si accommodante et soudain rebelle* ». Les prédictions du journaliste ne se réaliseront pas. Mais, il est exact que la décision n° 71-44 DC rendue par le Conseil constitutionnel le 16 juillet 1971 a inquiété certains autant qu'elle a enchanté d'autres. Si elle a enchanté, c'est, d'abord, parce qu'était en cause la liberté d'association.

S'agissant des faits, vous avez raison de vous en tenir aux éléments contenus dans l'arrêt. Au stade de la « fiche d'arrêt », vous ne devez pas ajouter d'informations supplémentaires, ni porter une appréciation sur ces faits.

Au mois de juin 1971, l'Assemblée nationale adopte, en dernière lecture, une loi modifiant celle du 1er juillet 1901 relative au contrat d'association. La loi adoptée a notamment pour objet d'instituer une procédure permettant de subordonner l'acquisition de la capacité juridique des associations déclarées à un contrôle préalable par l'autorité judiciaire de leur conformité à la loi.

Les étapes de la procédure et du problème juridique sont simplifiées pour les décisions du Conseil constitutionnel. S'agissant de la procédure, il suffit de préciser qui a saisi le Conseil constitutionnel et sur quel fondement : article 61 (contrôle de constitutionnalité des lois *a priori*), article 61-1 (question prioritaire de constitutionnalité), article 54 (contrôle des traités)… S'agissant du problème juridique, il faut indiquer ce que l'auteur de la saisine demande au Conseil constitutionnel de faire, en l'occurrence vérifier la conformité d'une loi à la Constitution ici. Le président du Sénat n'ayant pas développé d'arguments au soutien de sa saisine, à tout le moins ceux-ci ne figurant pas dans la décision, vous avez eu raison de sauter l'étape des moyens.

Le 1er juillet 1971, le président du Sénat saisit le Conseil constitutionnel, sur le fondement de l'article 61 de la Constitution, afin que ce dernier vérifie la conformité de ladite loi à la Constitution.

Le Conseil constitutionnel la déclare partiellement inconstitutionnelle. Il énonce, tout d'abord, « *qu'au nombre des principes fondamentaux reconnus par les lois de la République et solennellement réaffirmés par le préambule de la Constitution il y a lieu de ranger le principe de la liberté d'association* ». Il ajoute « *que ce principe est à la base des dispositions générales de la loi du 1er juillet 1901 relative au contrat d'association* » et qu'en vertu dudit principe « *les associations se constituent librement et peuvent être rendues publiques sous la seule réserve du dépôt d'une déclaration préalable* ». Il en déduit « *[qu'] à l'exception des mesures susceptibles d'être prises à l'égard de catégories particulières d'associations, la constitution d'associations, alors même qu'elles paraîtraient entachées de nullité ou auraient un objet illicite, ne peut être soumise pour sa validité à l'intervention préalable de l'autorité administrative ou même de l'autorité judiciaire* ». Il invalide, de ce fait, les dispositions précitées visant à subordonner l'acquisition de la capacité juridique d'associations déclarées à un contrôle préalable de l'autorité judiciaire.

S'agissant des motifs, c'est-à-dire des arguments du juge, vous pouvez, en effet, reprendre textuellement des passages du raisonnement du juge dans la « fiche d'arrêt ».

Par cette loi de 1971, dite loi Marcellin, le Gouvernement souhaitait contrôler plus étroitement les mouvements « gauchistes » en soumettant certaines associations à un contrôle *a priori*. En vertu de la loi de 1901, dont le contenu est rappelé par le Conseil constitutionnel, les associations se forment librement. Si elles souhaitent acquérir la capacité juridique, il leur suffit de faire une déclaration en préfecture. Un contrôle est possible, mais ne peut avoir lieu qu'*a posteriori*. La loi Marcellin avait pour objectif de permettre aux préfets de subordonner la délivrance du récépissé de la déclaration des associations leur « *apparaissant fondée sur une cause ou en vue d'un objet illicite* » à un contrôle du juge judiciaire.

C'est finalement la liberté d'association qui l'emporte devant le Conseil constitutionnel. Toutefois, le sens de sa décision n'était pas acquis d'avance. Au-delà du fait que le rapporteur sur cette affaire au Conseil constitutionnel, François Goguel, ne considérait pas la loi comme inconstitutionnelle, il y avait deux éléments d'incertitude. D'une part, la liberté d'association ne figurait pas dans le texte de la Constitution. D'autre part, le Conseil constitutionnel n'était qu'une jeune institution dont on ignorait la nature véritable et dont le mode de nomination faisait craindre une dépendance au pouvoir politique.

Que signifie donc la reconnaissance par celui-ci de la valeur constitutionnelle de la liberté d'association en 1971 ?

Votre problématique est correctement amenée.

La décision *Liberté d'association* marque, en réalité, à la fois, l'émergence, de ce qu'il est convenu d'appeler le bloc de constitutionnalité (1) et celle du Conseil constitutionnel en tant que juge constitutionnel véritable (2).

1 • L'émergence du bloc de constitutionnalité

En consacrant la liberté d'association, le Conseil constitutionnel reconnaît la valeur constitutionnelle au préambule de la Constitution (A) en même temps qu'il initie la création prétorienne de normes constitutionnelles (B).

Formulation un peu maladroite.

A) La valeur constitutionnelle du préambule de la Constitution

Vous pouvez effectivement utiliser l'acronyme habituel à la condition de l'avoir explicité une première fois.

Le Conseil constitutionnel voit dans la liberté d'association, issue de la loi de 1901, un principe fondamental reconnu par les lois de la République (PFRLR). Or, les PFRLR ne figurent pas dans le texte de la Constitution. C'est le préambule de la Constitution de 1946 qui y fait référence, auquel renvoie celui de la Constitution de 1958. Ce dernier dispose, en effet, que « *le peuple français proclame solennellement son attachement aux Droits de l'homme et aux principes de la souveraineté nationale tels qu'ils ont été définis par la Déclaration de 1789, confirmée et complétée par le préambule de la Constitution de 1946* ». La révision constitutionnelle du 1er mars 2005 ajoutera la référence « *aux droits et devoirs définis dans la Charte de l'environnement de 2004* ».

Toutefois, jusqu'à la décision Liberté d'association du 16 juillet 1971, on ignorait si le préambule de la Constitution et les textes auxquels il renvoyait avaient valeur normative au même titre que le corps de la Constitution.

Certes, des précédents semblaient l'indiquer. Dans les arrêts *Amicale des Annamites de Paris* de 1956 et *Société Eky* de 1960, le Conseil d'État avait apprécié la validité d'actes administratifs au regard de principes contenus respectivement dans le préambule de 1946 et dans la Déclaration des droits l'homme et du citoyen. D'ailleurs, la liberté d'association avait déjà été considérée comme un PFRLR dans l'arrêt *Amicale des Annamites de Paris*. Le Conseil constitutionnel avait également contrôlé la validité de normes conventionnelles au regard du préambule de la Constitution dans une décision du 19 juin 1970. Mais, il s'agissait d'une décision de conformité, dans laquelle le Conseil avait mentionné le préambule seulement dans les visas.

Il semble que l'expression doctrinale « bloc de constitutionnalité » ait été antérieure à la décision *Liberté d'association* et qu'elle était plutôt relative, au départ, au fait que le Conseil constitutionnel ait inclus dans les normes de référence de son contrôle les lois organiques et les ordonnances portant lois organiques. Néanmoins, il est exact qu'elle est aujourd'hui communément utilisée pour désigner la Constitution dans son ensemble.

En consacrant un PFRLR, *a fortiori* pour opérer une censure, le Conseil constitutionnel reconnaît, cette fois, explicitement la valeur constitutionnelle du préambule.

On parle, depuis la décision *Liberté d'association*, de bloc de constitutionnalité, dans la mesure où la Constitution comprend désormais aussi les textes auxquels renvoie son préambule.

Pour être exhaustif, il faut ajouter les normes constitutionnelles dégagées par le juge constitutionnel lui-même. Or, c'est également avec la décision *Liberté d'association* que le Conseil constitutionnel entame son œuvre prétorienne.

Le mot « création » peut paraître excessif, le Conseil constitutionnel considérant, lorsqu'il identifie une norme constitutionnelle ne figurant pas textuellement dans le bloc de constitutionnalité, qu'il ne fait que la dégager ou la révéler.

B) La création prétorienne de normes constitutionnelles

C'est bien le Conseil constitutionnel qui identifie la liberté d'association comme étant un PFRLR. Si le préambule de la Constitution de 1946 dresse une liste de droits économiques et sociaux, il ne définit pas les « PFRLR » auxquels il se réfère également.

Il s'agit plus exactement des « principes politiques, économiques et sociaux particulièrement nécessaires à notre temps ».

Vous auriez pu ajouter que le Conseil d'État a, lui aussi, dégagé, dans son arrêt Koné de 1996, un principe fondamental reconnu par les lois de la République, celui selon lequel il ne peut y avoir d'extradition pour des motifs politiques.

Il aurait été bienvenu de donner également un exemple d'objectifs de valeur constitutionnelle, lesquels ont la particularité de s'imposer aux pouvoirs publics, mais de ne pas être directement invocables par les individus.

Certes, le Conseil constitutionnel n'a pas créé ex *nihilo* la liberté d'association. Il l'a identifiée à partir de la loi de 1901. Cependant, il lui appartient de sélectionner, dans le corpus législatif républicain, les normes qui doivent être élevées au rang de PFRLR. Il y a nécessairement une part d'œuvre créatrice du juge constitutionnel, permettant à celui-ci de gonfler le bloc de constitutionnalité. La jurisprudence ultérieure montre que le Conseil constitutionnel fait, toutefois, un usage modéré des PFRLR, préférant baser son contrôle plus directement sur les textes constitutionnels. On ne relève, à ce jour, dans la jurisprudence du Conseil, qu'une dizaine de PFRLR parmi lesquels, par exemple, la liberté d'enseignement, l'indépendance de la juridiction administrative ou encore la proportionnalité des peines applicables aux mineurs. Il n'en demeure pas moins qu'en donnant vie aux « PFRLR », le Conseil constitutionnel crée de nouvelles règles constitutionnelles. L'examen de sa jurisprudence montre qu'il dégage aussi des « principes à valeur constitutionnelle » et des « objectifs de valeur constitutionnelle », même s'il cherche généralement à les rattacher à des normes constitutionnelles textuelles. La dignité de la personne humaine est, par exemple, un principe à valeur constitutionnelle dégagé à partir de la référence, dans la première phrase du préambule de la Constitution de 1946, à « *la victoire remportée par les peuples libres sur les régimes qui ont tenté d'asservir et de dégrader la personne humaine* ».

C'est l'ensemble de ces normes, textuelles et jurisprudentielles, qui forment aujourd'hui le bloc de constitutionnalité.

Votre transition est maladroitement rédigée.

La décision *Liberté d'association* marque donc l'émergence de ce dernier. Mais, elle révèle aussi le Conseil constitutionnel en tant que juge constitutionnel, les deux phénomènes étant néanmoins liés.

2 • L'émergence d'un juge constitutionnel

C'est avec la décision Liberté d'association que la justice constitutionnelle naît véritablement en France (A). Les réformes constitutionnelles ultérieures conforteront sa mise en place (B).

A) La naissance véritable du juge constitutionnel en France

L'ambiguïté avait présidé à la création du Conseil constitutionnel en 1958. Il semble qu'il ait été mis en place avant tout pour assurer le bon fonctionnement des mécanismes du parlementarisme rationalisé et veiller à ce que le Parlement ne les contourne pas. Le contrôle de constitutionnalité des lois, qui n'est pas sa seule fonction d'ailleurs, s'inscrivait dans cette perspective. L'objectif était de maintenir le législateur cantonné dans le domaine que l'article 34 de la Constitution lui avait assigné. Le Conseil constitutionnel avait été conçu comme une « *arme contre la déviation du régime parlementaire* », selon l'expression de Michel Debré. Au demeurant, on l'avait nommé « Conseil » et non point « Cour ».

Ce que vous écrivez dans ce paragraphe est exact. Mais, il faut partir des apports de l'arrêt. Vous tombez dans le piège de la dissertation.

À éviter dans le langage écrit.

La décision *Liberté d'association* du 16 juillet 1971 change la donne.

D'abord, parce qu'en censurant une loi portée par l'exécutif, le Conseil constitutionnel affirme son indépendance et se positionne en contre-pouvoir. Cela suscitera, d'ailleurs, la crainte d'un « Gouvernement des juges ».

Ensuite, parce que l'intégration du préambule de la Constitution dans les normes de référence de son contrôle lui permet désormais d'opérer ce contrôle au fond, au regard du respect des droits et libertés. En effet, la plupart des droits et libertés figurent dans les textes auxquels renvoie le préambule. Le corps de la Constitution comporte essentiellement des règles d'organisation des institutions, c'est-à-dire des règles de compétence et de procédure.

Or, un juge constitutionnel se doit, en principe, d'être à la fois indépendant par rapport au pouvoir politique et garant des droits et libertés. Le constitutionnalisme, dont la justice constitutionnelle est l'aboutissement, a effectivement consisté, pour une bonne part, à élever les droits et libertés au rang constitutionnel et à faire en sorte que la suprématie de cette dernière soit garantie par des organes indépendants du pouvoir exécutif comme du pouvoir législatif. S'agissant du contrôle de constitutionnalité des lois, cela a conduit, dans les pays ayant opté pour le modèle kelsénien, à la création des Cours constitutionnelles.

Expliquez brièvement ce qu'est le modèle kelsénien.

Si telle n'était pas forcément l'intention du constituant français au moment de la création du Conseil constitutionnel, la décision *Liberté d'association* a fourni à celui-ci l'occasion de s'affirmer comme Cour constitutionnelle.

Les réformes constitutionnelles ultérieures permettront à la justice constitutionnelle de se développer en France.

Ce titre est trop théorique pour un commentaire d'arrêt. Préférez, par exemple : « Un juge constitutionnel confirmé par les réformes ultérieures ».

B) Les réformes constitutionnelles ultérieures

La portée de la décision Liberté d'association eût été bien moindre si une réforme de la saisine du Conseil constitutionnel n'avait d'abord eu lieu en 1974.

La saisine du Conseil constitutionnel est obligatoire s'agissant des lois organiques, des propositions de loi référendaires et des règlements des assemblées parlementaires. Mais, s'agissant des lois ordinaires, il ne pouvait être saisi, facultativement, que par le président de la République, le Premier ministre, le président de l'Assemblée nationale et le président du Sénat. Un nombre limité d'autorités de saisine se concevait dans la logique d'un Conseil constitutionnel ayant principalement pour fonction de contenir le Parlement. En revanche, avec la décision *Liberté d'association* de 1971, le Conseil constitutionnel devenait le garant des droits et libertés. Cela eût été d'une piètre utilité s'il n'avait été que rarement saisi.

Formulation un peu lourde.

En 1974, le constituant ouvre la saisine du Conseil constitutionnel, s'agissant des lois ordinaires, à 60 députés ou 60 sénateurs, seuil suffisant pour permettre à l'opposition politique de saisir le Conseil constitutionnel. Le nombre de saisines augmentera considérablement à partir de 1974, ce qui permettra au Conseil de développer une jurisprudence protectrice des droits et libertés. L'élargissement de la saisine aura permis de réaliser pleinement la jurisprudence *Liberté d'association*.

Ce contrôle s'exerce plus précisément avant la promulgation de la loi par le président de la République (article 61 alinéa 2 de la Constitution).

La réforme constitutionnelle de 2008 rapprochera définitivement le Conseil constitutionnel des Cours constitutionnelles étrangères. Alors qu'il était une des rares juridictions constitutionnelles à ne pouvoir contrôler la constitutionnalité des lois qu'*a priori*, l'entrée en fonctionnement de la question prioritaire de constitutionnalité (QPC), en 2010, lui a donné la possibilité de contrôler des lois déjà en vigueur, à l'initiative des justiciables. Le dispositif de la QPC est, de plus, spécifiquement axé sur la protection des droits et libertés.

Un constat s'impose. Non seulement, l'audace du Conseil constitutionnel dans la décision *Liberté d'association* de 1971 lui a été pardonnée, mais la justice constitutionnelle s'est, depuis, définitivement implantée en France.

Commentaire de texte

Sujet 30

Durée de l'épreuve : 3 heures

Aucun document n'est autorisé

Vous commenterez le communiqué de presse du Conseil constitutionnel du 24 mai 2019 :

Dans le cadre de son examen a priori des lois sur le fondement de l'article 61 de la Constitution, sont publiés, depuis 1983, les textes des saisines à l'origine des décisions rendues par le Conseil constitutionnel. Depuis 1995, la même transparence existe pour les observations en réponse présentées devant celui-ci par le Gouvernement. Sur le site internet du Conseil constitutionnel, ces éléments sont traditionnellement accompagnés d'un communiqué de presse, d'un commentaire, d'un dossier documentaire, ainsi que de liens vers les dossiers législatifs des assemblées parlementaires.

En février 2017, le Conseil constitutionnel a en outre pris la décision de rendre publique sur son site internet la liste des « contributions extérieures », autrefois appelées « portes étroites », qui lui sont parfois adressées par des personnes physiques ou morales concernées par la loi soumise à son contrôle.

Il est apparu opportun au Conseil constitutionnel de porter désormais à la connaissance du public non seulement la liste de ces contributions mais aussi le texte même de celles-ci. Ces « contributions extérieures » seront ainsi consultables dans le dossier accompagnant sur le site internet du Conseil les décisions qu'il rend dans le cadre de son contrôle a priori. La seule réserve concernera les documents qui revêtiraient un caractère ordurier ou injurieux. Les contributions adressées spontanément au Conseil constitutionnel n'ayant pas le caractère de documents de procédure, le Conseil constitutionnel ne sera, comme antérieurement, pas tenu d'y répondre. Mais la nouvelle pratique retenue désormais par le Conseil constitutionnel s'insérera bien dans la logique d'ouverture qu'il a choisie.

OBSERVATIONS DU CORRECTEUR (A. Le Moal))

Sujet difficile parce qu'il n'est pas vraiment juridique : quelle est la valeur juridique d'un communiqué de presse ? Il nécessite donc une bonne connaissance du rôle du Conseil constitutionnel et de sa procédure, pour commenter le communiqué de manière juridique.

« *La création du Conseil constitutionnel manifeste la volonté de subordonner la loi, c'est-à-dire la volonté du Parlement, à la règle supérieure édictée par la Constitution. Il n'est ni dans l'esprit du régime parlementaire, ni dans la tradition française, de donner à la justice, c'est-à-dire à chaque justiciable, le droit d'examiner la valeur de la loi. Le projet a donc imaginé une institution particulière que peuvent seules saisir quatre autorités : le président de la République, le Premier ministre, les deux présidents d'assemblées* ». Lors de son discours devant le Conseil d'État, le

27 août 1958, Michel Debré a présenté les contours qu'allait prendre la Constitution de la Ve République. Parmi les apports de la Constitution du 4 octobre 1958, se trouve l'instauration du Conseil constitutionnel, institution chargée, au titre de l'article 61 de la Constitution, d'examiner la constitutionnalité des lois votées par le Parlement. Les règles d'organisation et de fonctionnement du Conseil constitutionnel sont, quant à elles, prévues par l'ordonnance n° 58-1067 du 7 novembre 1958 portant loi organique sur le Conseil constitutionnel, prise sur la base de l'article 63 de la Constitution. Le caractère relativement lacunaire de l'ordonnance concernant la procédure suivie devant le Conseil constitutionnel a amené l'institution à développer ses propres règles de procédure. Parmi les possibilités non-prévues initialement par les textes régissant le Conseil constitutionnel, se trouve la faculté, pour des tiers qui ne disposent pas de la faculté de saisir le Conseil constitutionnel dans le cadre du contrôle de constitutionnalité *a priori* d'une loi, de fournir au secrétaire général du Conseil constitutionnel, sous forme de mémoire, des arguments allant au soutien, ou à l'encontre, de la loi soumise au contrôle de constitutionnalité. C'est dans un article consacré à « L'accès des citoyens au juge constitutionnel », paru dans la revue *La vie judiciaire* en 1991, que le Doyen Georges Vedel a dévoilé cette pratique ; la pratique des contributions extérieures devant le Conseil constitutionnel, qu'il a nommé « portes étroites ». L'accès des citoyens au juge constitutionnel paraissait, en 1991, inenvisageable. En effet, au titre de l'article 61 de la Constitution, seuls le Premier ministre, le président de l'Assemblée nationale, le président du Sénat, ou, depuis 1974, soixante députés ou soixante sénateurs, pouvaient déférer une loi, avant son entrée en vigueur, au Conseil constitutionnel pour que ce dernier examine sa conformité à la Constitution. Certes, la loi constitutionnelle du 23 juillet 2008 a inséré dans la Constitution l'article 61-1, permettant à un justiciable de soutenir devant le Conseil constitutionnel qu'une loi porte atteinte aux droits et libertés que la Constitution garantit. Mais cette procédure était la seule manifestation officielle de la participation de tiers devant le Conseil constitutionnel, et ne s'applique pas au contrôle *a priori* des lois. La pratique des contributions extérieures était une procédure relativement confidentielle qui a pris de l'importance dans l'office du Conseil constitutionnel. Cependant, la confidentialité qui entourait la possibilité de soumettre au Conseil constitutionnel des arguments a pris fin le 24 mai 2019. Par un communiqué de presse, le Conseil constitutionnel a informé qu'il publierait dorénavant le contenu des contributions extérieures reçues, et ce, pour chaque décision. Il convient dès lors, de s'interroger sur la publicité du contenu des contributions extérieures à laquelle s'oblige le Conseil constitutionnel : cette publicité lui permet-elle de parachever son évolution en véritable juridiction et, partant, en cour constitutionnelle ? Cette notion reste à être définie, puisqu'il n'était pas dans l'esprit des rédacteurs de la Constitution de faire du Conseil constitutionnel une juridiction : d'ailleurs, les principes exposés à l'article 6 de la Convention européenne des droits de l'Homme, relatifs au droit à un procès équitable, ne s'appliquent pas devant le Conseil constitutionnel statuant avant l'entrée en vigueur de la loi. La publicité des documents nécessaires à l'élaboration de la décision du Conseil constitutionnel, dont font partie les contributions extérieures, est certes une étape importante dans la construction d'une avancée procédurale (1). Néanmoins, il convient de tempérer cette avancée et de la déconstruire, en ce sens que les contributions extérieures présentent une importance relative pour le contrôle de constitutionnalité des lois (2).

Vous oubliez le PdR ! Précisez que c'est depuis la loi constitutionnelle du 29 octobre 1974 que les parlementaires peuvent saisir le Conseil constitutionnel dans le cadre de son contrôle *a priori*.

Manque de précisions : comment s'appelle cette procédure ?

Le texte à commenter aurait dû être cité dès les premières lignes du commentaire.

L'introduction est relativement sommaire.

1 • La construction d'une avancée procédurale : la publicité des documents nécessaires à l'élaboration de la décision du Conseil constitutionnel

À la différence des procès administratifs ou judiciaires, le procès constitutionnel n'est pas public : cette procédure secrète a nécessairement dû s'accompagner de la publicité des documents concourant à la prise de décision par le Conseil constitutionnel (A). Le Conseil constitutionnel a procédé par étapes pour la publicité des documents servant à sa décision : la publication des contributions extérieures en est l'un des exemples symboliques (B).

A) Le développement des règles relatives à la publicité de la procédure devant le Conseil constitutionnel

En raison de l'absence de règles claires de procédure dans l'ordonnance du 7 novembre 1958 portant loi organique sur le Conseil constitutionnel, le Conseil constitutionnel a dû, de lui-même, façonner les règles de procédure dans le cadre de l'examen de constitutionnalité *a priori* des lois, et notamment celles relatives à la publicité de la procédure devant le Conseil constitutionnel. Le communiqué de presse rappelle à ce propos les différentes étapes : d'abord, depuis 1983, « les textes des saisines à l'origine des décisions rendues par le Conseil constitutionnel » sont publiés. Ensuite, depuis 1995, sont publiées « les observations en réponse présentées devant [le Conseil constitutionnel] par le Gouvernement ». Enfin, sans qu'une date ne soit donnée, le communiqué de presse rappelle que ces éléments sont accompagnés de divers documents : un communiqué de presse, un commentaire, un dossier documentaire ainsi que des liens vers les dossiers législatifs des assemblées parlementaires.

Le communiqué qualifie cette publicité de « transparence », qui sous-entendrait que les lecteurs de la décision détiennent toutes les informations concernant la prise de décision du Conseil constitutionnel : il est certes intéressant de pouvoir consulter les lettres de saisine du Conseil constitutionnel, et ainsi observer quels sont les arguments présentés et voir s'ils ont été retenus, tout comme il est intéressant d'observer les réponses du Gouvernement. En définitive, la publicité prévalait concernant les documents émanant des autorités compétentes, au titre de l'article 61 de la Constitution, pour saisir le Conseil constitutionnel : mais ce n'était pas le cas pour les interventions des tiers.

TB pour les rappels au texte.

B) Une reconnaissance par étapes du rôle des contributions extérieures dans le contrôle de constitutionnalité *a priori* des lois

Néanmoins, le secret demeurait concernant les tierces parties au procès constitutionnel, en ce sens qu'aucune reconnaissance officielle des contributions extérieures n'avait eu lieu. Cette reconnaissance a débuté en février 2017, lorsque le Conseil constitutionnel a pris « la décision de rendre publique sur son site internet la liste des "contributions extérieures" (...), qui lui sont parfois adressées par des personnes physiques ou morales concernées par la loi soumise à son contrôle ». Cette première étape de la reconnaissance officielle du rôle des contributions extérieures dans le contrôle de constitutionnalité *a priori* des lois pouvait certes, être considérée comme une véritable avancée concernant la transparence de l'office du juge constitutionnel, mais elle a pu être qualifiée d'insuffisante, en raison de l'absence de publicité du contenu de ces contributions extérieures. À cet effet, une association avait demandé au secrétaire général du Conseil constitutionnel que soit

Supprimez le terme « néanmoins », puisque son usage doit être réservé à la mise en perspectives de contradictions ; or, en début de partie, il n'y a pas encore d'arguments opposés.

CE, 11 avril 2019, 6e et 5e chambres réunies, « *Il n'appartient pas à la juridiction administrative de connaître des actes qui se rattachent à l'exercice par le Conseil constitutionnel des missions qui lui sont confiées par la Constitution ou par des lois organiques prises sur son fondement. Il en est ainsi de l'adoption ou du refus d'adopter des dispositions de son règlement intérieur sur le fondement de l'article 56 de l'ordonnance du 7 novembre 1958 portant loi organique sur le Conseil constitutionnel* ».

adopté, par le Conseil constitutionnel, un règlement intérieur visant à régir la procédure des contributions extérieures. En l'absence de réponse, l'association a saisi le Conseil d'État pour enjoindre le Conseil constitutionnel à adopter un tel règlement. Dans un arrêt du 11 avril 2019, le Conseil d'État a considéré qu'il ne lui appartenait pas de juger des actes relatifs aux missions du Conseil constitutionnel, dont l'adoption d'un règlement intérieur fait partie. L'autonomie dont dispose le Conseil constitutionnel dans son organisation, en raison, notamment, du caractère imprécis des textes qui le régissent, est donc protégée par le juge administratif. Quelques semaines plus tard, le 24 mai 2019, le Conseil constitutionnel a finalement modifié ses pratiques en décidant de publier le contenu des contributions extérieures une fois la décision rendue, sans exception, sauf celle, notable, des contributions extérieures qui pourraient être injurieuses. Cette avancée permet de s'interroger sur le rôle réel des contributions extérieures dans le cadre de l'élaboration de la décision du Conseil constitutionnel lors du contrôle de constitutionnalité *a priori* des lois soumises à son contrôle.

2 • La déconstruction d'une avancée procédurale : la relative importance des contributions extérieures pour le contrôle de constitutionnalité des lois

La publication du contenu des contributions extérieures reçues par le Conseil constitutionnel en soutien ou en opposition à la loi soumise au contrôle de constitutionnalité invite à s'interroger sur ses enjeux (A), dont la portée semble relative en raison de l'absence de caractère de « document de procédure » des contributions extérieures, comme le rappelle le Conseil constitutionnel dans son communiqué de presse (B).

Titre peu juridique, il faut qualifier.

A) Les enjeux de la publication du contenu des contributions extérieures

TB pour le rappel à l'expression utilisée par le communiqué.

La « logique d'ouverture » choisie par le Conseil constitutionnel l'a donc amené à publier le contenu des contributions extérieures reçues dans le cadre du contrôle *a priori* des lois. La publication de l'ensemble des contributions extérieures permet de mieux comprendre la participation de tiers au contrôle de constitutionnalité *a priori* des lois.

La première décision du Conseil constitutionnel assortie de la publication des contributions extérieures est la décision n° 2019-785 DC du 4 juillet 2019, Résolution modifiant le règlement de l'Assemblée nationale. Trois contributions ont été reçues par le Conseil constitutionnel : une introduite par un député président de groupe, une contribution présentée par deux députés, respectivement vice-président de l'Assemblée nationale et vice-président de la Commission des Lois de l'Assemblée nationale et une contribution présentée, au nom d'une association, par un Professeur de droit public. L'article 61 de la Constitution et l'article 17 de l'ordonnance du 7 novembre 1958 imposent la saisine du Conseil constitutionnel, par le président de l'Assemblée nationale, pour le contrôle du règlement de cette dernière. Mais, dans les cas où la saisine du Conseil peut être facultative, la pratique des contributions extérieures peut permettre aux parlementaires minoritaires, qui n'ont pu former un groupe de 60 députés ou 60 sénateurs, de soumettre au Conseil constitutionnel leurs arguments à l'encontre ou au soutien de la loi, contribution qui peut s'éloigner de la lettre de saisine initiale. Dans le cadre de la décision n° 2019-785 DC, relative au règlement de l'Assemblée nationale, l'intervention du vice-président de l'Assemblée nationale et du Vice-président de la Commission des Lois de l'Assemblée nationale, par une contribution extérieure, a donc sensiblement pris la forme d'une lettre de saisine « classique », qui s'apparente à un véritable document de procédure. Or, le Conseil constitutionnel reconnaît que les contributions extérieures n'en sont pas.

B) L'absence de caractère de « document de procédure » des contributions extérieures

La participation de tiers devant le Conseil constitutionnel n'engage aucunement le Conseil constitutionnel, en raison du fait que ces contributions ne sont pas des « documents de procédure », comme en témoigne l'absence de références aux contributions extérieures dans l'ordonnance du 7 novembre 1958 portant loi organique sur le Conseil constitutionnel. En effet, l'envoi de contributions extérieures au Conseil constitutionnel est le fruit d'une pratique qui s'est développée il y a une quarantaine d'années. En l'absence de caractère de « document de procédure », rien n'oblige le Conseil constitutionnel à répondre aux contributions extérieures et, partant, à les prendre en compte dans l'élaboration de sa décision, ou à y faire directement référence. C'est aussi cette absence de caractère procédural qui a sans doute amené le Conseil constitutionnel à non pas modifier son règlement intérieur pour donner un cadre aux contributions extérieures mais simplement l'acter par le biais d'un communiqué de presse.

Le Conseil constitutionnel ne s'oblige pas par une modification de son règlement intérieur mais par un simple communiqué de presse : cette souplesse témoigne de l'intérêt que porte le Conseil constitutionnel aux contributions extérieures. En effet, bien qu'il puisse les prendre en compte, le Conseil constitutionnel ne s'oblige pas à y faire référence ou à mobiliser toute leur argumentation, en raison du fait que pour le Conseil constitutionnel, seuls comptent les arguments relatifs à la constitutionnalité des lois contestées, et non pas ceux relatifs à l'opportunité de la loi votée. Les arguments juridiques prévalent sur les arguments politiques éventuellement présentés dans les contributions extérieures.

Point intéressant, qui aurait pu être développé en amont dans le commentaire.

Sujet 31

Commentaire de texte

Durée de l'épreuve : 3 heures

Aucun document n'est autorisé

Vous commenterez le 1er alinéa de l'article 3 de la Constitution du 4 octobre 1958 :

« La souveraineté nationale appartient au peuple qui l'exerce par ses représentants et par la voie du référendum. »

OBSERVATIONS DU CORRECTEUR (C. Cressent)

Le sujet se situe entre le commentaire de texte et la dissertation. Ainsi, l'étudiant pourra éclairer le texte de ses connaissances mais aussi aller plus loin dans les développements afin d'y développer un esprit critique. Malgré la formulation du sujet, le correcteur n'attend pas que l'étudiant confie son avis personnel sur la question.

« *Quinze constitutions en cent quatre-vingt-dix ans. La plus parfaite fut celle qui ne dura qu'un jour, en 1793* ». Par cette citation, François Mitterrand a voulu montrer les nombreux changements constitutionnels qui ont eu lieu au cours de l'Histoire française. Ces changements sont multiples, qu'il s'agisse de la forme du gouvernement, du type de régime choisi mais aussi de la nature de la souveraineté proclamée. La souveraineté est, selon Jean Bodin, « *le pouvoir de commander et de contraindre sans être ni commandé ni contraint* ». Le titulaire de la souveraineté peut varier d'une constitution à l'autre. Globalement, l'histoire constitutionnelle française retient trois types de souveraineté. La première est celle dite de droit divin ou royal, où la source du pouvoir est Dieu, retrouvée principalement lors des monarchies de droit divin, avant la Révolution puis dans la Charte octroyée de 1814.

Ensuite, la France a connu trois expériences de souveraineté populaire proclamée, en 1793, 1795 et en 1848. Elle a été théorisée par Jean-Jacques Rousseau dans son ouvrage *Du contrat social*. Selon lui, le peuple, entité concrète, est souverain. Cette souveraineté est indivisible, inaliénable et imprescriptible et le suffrage doit y être forcément universel. Dans ce système, l'électorat y est un droit. La souveraineté populaire engendre la démocratie directe, où les citoyens s'expriment directement sur chaque décision à prendre, qu'elle relève du pouvoir exécutif, législatif ou judiciaire. Bien évidemment, un tel système n'est possible que dans des États à la population réduite. Ainsi, Rousseau prévoit la possibilité de désigner des mandataires munis d'instructions afin de rendre l'exercice de cette souveraineté possible à n'importe quelle échelle. Ces mandataires pourraient donc être révoqués en cas de non-respect des instructions.

OUI ! C'est justement parce que l'électorat y est un droit que le suffrage est nécessairement universel.

Enfin, la troisième théorie de la souveraineté est celle de l'Abbé Sieyès, évoquée dans son ouvrage *Qu'est-ce que le Tiers état* ? reposant sur la souveraineté nationale. Selon lui, la Nation est une notion abstraite, composée des individus passés, présents et à venir, distincte des éléments qui la composent. Elle a donc besoin de représentants pour s'exprimer. L'électorat n'y est donc pas un droit mais une fonction. La souveraineté nationale est indivisible, inaliénable et imprescriptible.

Globalement, les différentes constitutions françaises ont souvent fait le choix de ce type de souveraineté, plus facile à mettre en œuvre. Toutefois, leur contenu, bien que proclamant l'une ou l'autre des deux dernières théories, a su s'adapter et a pu concilier les deux notions. C'est ainsi que les deux dernières constitutions ont pu opter, ou justement ne pas opter, pour l'une ou l'autre des théories en prévoyant une forme de souveraineté hybride : « la souveraineté nationale appartient au peuple » (article 3 C.). Cet article se situe dans le Titre Ier de la Constitution consacré à la souveraineté. Il diffère légèrement de celui présent dans la Constitution de 1946 en prévoyant que la souveraineté nationale s'exerce par le biais de représentants mais aussi par la voie du référendum alors que la Constitution de 1946 ne prévoyait le référendum qu'en matière constitutionnelle.

Évitez de dissocier par blocs les éléments constitutifs de l'introduction ; ils forment un tout. En effet, votre problématique découle de vos développements précédents et ne peut donc être mise à l'écart.

Les constituants de 1946 n'ont pas voulu opérer de choix entre les deux théories. Ceux de 1958 ont repris les idées de 1946, mais sont allés plus loin. Comment deux théories, en principe incompatibles, ont pu faire l'objet d'un compromis sous la forme de cet article 3 de la Constitution ?

Je comprends où vous voulez en venir mais peut-être auriez-vous pu développer un peu plus votre problématique.

La France est restée fidèle à ses principes en choisissant de maintenir son socle historique à travers un régime représentatif adapté (1). Toutefois, certains correctifs indispensables ont été mis en place en offrant au régime des allures de démocratie semi-directe (2).

1 • Le régime représentatif adapté : le socle préservé de la Ve République

Même si la France a opté, au cours des différents changements constitutionnels, pour l'une ou l'autre des théories, il existe presque toujours une constante : le régime représentatif. En effet, les constituants ont voulu privilégier le principe de réalisme et ont compris la nécessité d'agir par le biais de représentants (A). Cependant, la Ve République ouvre le droit de vote au plus grand nombre possible (B).

A) La nécessité d'agir par le biais de représentants

La population mondiale ne cesse de croître, les États sont de plus en plus peuplés. En 2018, la France comptait 67,2 millions d'habitants, dont 47,5 millions d'électeurs. Malgré quelques exceptions, comme la Suisse pour certaines décisions, les États ne seraient pas gouvernables si la souveraineté populaire était mise en place. Les constituants de 1958 avaient conscience, comme leurs prédécesseurs de 1946, de la nécessité pour un État comme la France de gouverner par le biais de représentants. Le Doyen Vedel, à ce sujet, estime que « *la Nation, comme Dieu, est muette et c'est l'Assemblée – Sibylle à Delphes - qui s'exprime à travers elle* ».

Expliquez votre citation.

D'ailleurs, le Conseil constitutionnel estime que la « *souveraineté ne peut être que nationale* » (Cons. const., 20 décembre 1976, n° 76-71 DC). Par l'utilisation de ce terme, les constituants permettent le maintien du mythe de la Nation, notion abstraite englobant les individus passés, présents et à venir, mais aussi celui de la loi comme expression de la volonté générale, pas uniquement des individus qui l'ont votée (article 34 C.). Concrètement, il s'agit pour les citoyens de désigner les parlementaires qui voteront donc les lois en leur nom, mais aussi le chef de l'État.

Oui ! L'idée est très intéressante !

Conformément à la logique de la souveraineté nationale, les représentants élus sont titulaires d'un mandat représentatif. L'article 27 de la Constitution interdit, dans ce sens, le mandat impératif.

Cette idée de nécessité d'élire des représentants va de pair avec une autre nécessité : celle d'offrir la qualité d'électeur au plus grand nombre.

B) L'attribution du droit de vote au plus grand nombre

La France a, à de nombreuses reprises, proclamé le suffrage universel. Toutefois, cette notion est assez floue et peut recouvrir des réalités différentes. Dans un premier temps, le suffrage a été proclamé par la Constitution montagnarde de 1793, mais celle-ci n'a jamais été appliquée. Ensuite, en 1848, le suffrage universel a de nouveau été proclamé, signifiant à l'époque suffrage universel masculin. De plus, certaines catégories de personnes étaient exclues du vote, comme les femmes, les militaires, ou encore les membres du clergé. Il faudra attendre 1944 pour que les femmes soient concernées par le droit de vote, 1945 pour les militaires.

La loi constitutionnelle du 3 juin 1958 imposait que dans la nouvelle Constitution seul le suffrage universel puisse être la source du pouvoir. La Constitution de 1958 est la plus aboutie concernant le suffrage universel. En effet, l'article 3 prévoit que « *sont électeurs, dans les conditions déterminées par la loi, tous les nationaux français majeurs des deux sexes jouissant de leurs droits civils et politiques* ». Ainsi, actuellement, pour être électeur en France, il faut être majeur, ce qui signifie avoir 18 ans depuis 1974, être de nationalité française, jouir de ses droits civils et politiques et être inscrit sur les listes électorales. La loi du 23 mars 2019 de programmation de la justice a même permis aux majeurs sous tutelle de voter. Et depuis 1992, les citoyens de l'Union européenne vivant en France peuvent participer aux élections locales et européennes.

> Bon réflexe de donner du sens au texte par vos connaissances.

Il s'agit de l'universalisation du suffrage. L'électorat devient un droit, comme le postule la théorie de la souveraineté populaire. L'hybridation entre les deux théories se fait dès lors déjà ressentir. En réalité, la souveraineté appartient au peuple qui l'exerce dans le cadre géographique et politique de la Nation. Cela continue d'exclure certains individus présents sur le territoire dès lors qu'ils ne possèdent pas la nationalité française mais cela s'explique par la nature des questions en jeu.

> Bien ! Vous avancez plusieurs arguments pour répondre au sujet.

Finalement, l'article 3 de la Constitution fait le choix d'adapter le régime représentatif aux exigences de la souveraineté populaire en y ajoutant un correctif de taille : le référendum, expression de la souveraineté populaire.

> Vos titres mériteraient d'être retravaillés. Vos facilités de langages sont acceptables pour l'annonce du plan mais vos titres peuvent être améliorés pour synthétiser vos idées.

2 • Les correctifs indispensables aux allures de démocratie semi-directe

Carré de Malberg considère le référendum comme le « *complément suffisant à l'idée de représentant* ». La Ve République opère donc un choix double : celui d'allier représentants et appel direct au peuple (A). Toutefois, la France ne peut être qualifiée de démocratie directe et cet ajout du référendum reste à nuancer (B).

> Vous pourriez reformuler cela : soyez plus clair ! Dites tout de suite pourquoi il doit être nuancé pour que le correcteur comprenne de lui-même que vous êtes en train de nuancer votre propos.

A) L'appel direct à la voix du peuple

Le référendum est une question fermée posée aux citoyens permettant l'adoption d'un texte. Il est prévu à l'article 11 de la Constitution, mais il est aussi évoqué dans d'autres articles de la Constitution, principalement l'article 88-5 sur l'adhésion d'un État à l'UE ou encore à l'article 89 concernant la révision de la Constitution. L'idée ici, est de laisser la possibilité au peuple de s'exprimer directement sur des points très précis, des questions essentielles dans le but de protéger le peuple afin qu'il ne sombre pas dans le populisme.

Ces trois types de référendums ne sont en réalité que très peu utilisés au cours de la Vᵉ République. En effet, seulement huit référendums se sont déroulés sur le fondement de l'article 11, un seul sur le fondement de l'article 89 de la Constitution et aucun au titre de l'article 88-5. Par ailleurs, pour ces différents référendums, c'est le président de la République qui donne la parole au peuple.

Par le référendum, le constituant de 1958 offre la possibilité aux citoyens de s'exprimer directement, et ce, en plus du droit qui leur est donné d'élire leurs représentants. Ainsi, la France opte pour l'hybridation des deux formes de souveraineté en respectant, d'une part, les fondements du régime représentatif, expression de la souveraineté nationale, et en permettant, d'autre part, de demander directement l'avis des Français, expression de la souveraineté populaire. Toutefois, cet impact et cette utilisation du référendum restent limités et se pose donc la question du réel poids de la souveraineté populaire dans le régime français.

Enfin, le référendum d'initiative partagée ne constitue pas, comme on peut l'entendre, un référendum d'initiative populaire. La procédure doit être lancée par une initiative de 1/5ᵉ des parlementaires soutenus par 1/10ᵉ des électeurs. Finalement, la place octroyée aux électeurs reste faible et soumise au bon vouloir des parlementaires.

B) Une souveraineté populaire limitée ?

Le référendum constituant, dans le cadre de l'article 89, ne peut intervenir que dans le cas où les deux assemblées ont voté le texte de la loi de révision en des termes identiques. De plus, il ne peut intervenir ni lorsqu'il est porté atteinte à l'intégrité du territoire, ni pendant que l'article 16 est mis en place, ni en période d'intérim. Le constituant a également prévu une limite matérielle, la forme républicaine du gouvernement ne pouvant faire l'objet d'une révision. Ainsi, la parole est bien donnée au peuple, mais cette parole reste très limitée par différents interdits. Par ailleurs, la consultation populaire ne sera obligatoire que si la révision est à l'initiative du Parlement. S'il s'agit d'une révision à l'initiative de l'exécutif, le président de la République dispose d'une alternative qui est le vote final par le Congrès. Il n'a que très rarement soumis la révision constitutionnelle à l'approbation du peuple, alors même que la lettre de la Constitution laisse entendre qu'il s'agirait de la règle.

La révision constitutionnelle du 23 juillet 2008 a pu un temps nourrir les espoirs des partisans d'une initiative populaire du référendum. En effet, celle-ci instaure le référendum d'initiative partagée (Art. 11 al. 3 C.), dont l'objet reste très limité (réformes économiques, sociales, environnementales et la ratification de traités qui pourraient avoir des incidences sur le fonctionnement des institutions) et la procédure qui y est attachée est assez complexe. Comme évoqué précédemment, 1/5ᵉ des parlementaires déposent une proposition de loi, dont la conformité sera contrôlée par le Conseil constitutionnel, dans un délai d'un mois. Cette proposition doit recueillir un soutien d'au moins 1/10ᵉ des citoyens inscrits sur les listes électorales dans un délai de 9 mois. Ensuite, le Conseil constitutionnel doit vérifier que le nombre de soutiens requis est atteint. Dès lors, la proposition doit être examinée, au moins une fois, par les deux chambres dans un délai de 6 mois. Si tel n'est pas le cas, le président de la République la soumet au référendum. Si en juin 2019 des parlementaires ont initié une proposition de loi référendaire, pour contrer la privatisation des Aéroports de Paris, celle-ci n'a pas réuni le nombre de soutiens populaires nécessaires. On remarque ainsi que si les représentants peuvent toujours éviter la consultation du peuple, celui-ci peut également refuser d'être questionné.

Vous devez citer l'article dans le corps du texte pour être le plus rigoureux possible.

Peut-être auriez-vous pu aussi évoquer le droit de pétition (même si sa portée est très limitée).

Ici, l'apport positif de la copie réside dans le fait que le sujet n'est pas abordé de manière classique. L'étudiant ne s'est pas lancé dans une approche téléologique, en recherchant la volonté du Constituant, mais s'est attaché à envisager les conséquences pratiques d'une affirmation paradoxale.

Il apparaît ainsi que l'usage du référendum est devenu marginal. Constat qui nous conduit à nuancer le régime dit hybride qu'est la France. Il n'est pas l'alliance parfaite entre souverainetés nationale et populaire. La France est un régime représentatif, où le droit de vote est offert au plus grand nombre, dans lequel quelques techniques de démocratie directe ont été introduites, mais qui ne sont finalement que très peu utilisées. Néanmoins, la voix du peuple, lorsqu'on la laisse s'exprimer, est intouchable selon le Conseil constitutionnel. En effet, celui-ci refuse de contrôler la constitutionnalité d'une loi adoptée par référendum, qu'il soit constituant ou législatif, car elle « *constitue l'expression directe de la souveraineté nationale* » (Cons. const., 6 novembre 1962, décision n° 62-20 DC). Ainsi, ne peut-on pas estimer que le dernier mot peut revenir au peuple si on lui offre la possibilité de s'exprimer ?

Questions à réponses courtes

Sujet 32

Durée de l'épreuve : 1h30

Aucun document n'est autorisé

Vous répondrez en 50 lignes maximum aux questions suivantes portant sur la participation des citoyens au fonctionnement des institutions de la Ve République :

1 Le référendum d'initiative partagée

2 Les modes de scrutin

3 Le suffrage

OBSERVATIONS DU CORRECTEUR (T. Delanlssays)

La méthodologie des questions à réponse courte doit être maîtrisée. On doit y trouver une définition des termes du sujet, sa problématisation et des réponses synthétiques et concises. De plus, il faut toujours commencer les réponses par une phrase d'accroche ; exemplifier l'argumentation ; être précis dans les notions et dates.

QUESTION N° 1

Le référendum d'initiative partagée

Le référendum d'initiative partagée, dit « RIP », est un type particulier de référendum législatif prévu à l'article 11 de la Constitution. Il a été créé par la révision constitutionnelle de 2008, complétée par la loi organique du 6 décembre 2013. Il entre officiellement en vigueur le 1er février 2015. Mais la procédure du RIP est longue et complexe limitant la participation du peuple. Pour être efficace et constituer un véritable instrument démocratique, il doit être modifié.

L'initiative de ce référendum appartient exclusivement aux membres du Parlement et non aux citoyens. En effet, la proposition de loi doit être issue d'au moins un cinquième des parlementaires, soit au moins 185 députés et/ou sénateurs, rejetant ainsi toute forme d'initiative populaire. Ensuite, la proposition est contrôlée par le Conseil constitutionnel qui vérifie le nombre requis de signatures, le respect des conditions des alinéas 3 et 6 de l'article 11 de la Constitution (domaines, exclusions) et sa constitutionnalité générale. En cas de conformité, il faut le soutien d'au moins un dixième du corps électoral, soit environ 4,7 millions d'électeurs. Ce soutien est recueilli sous forme électronique sur un site internet dédié ou dans des points d'accès spécifiques pendant une période de neuf mois, aux termes de laquelle le Conseil constitutionnel vérifiera le nombre requis de soutiens tout en veillant à leur régularité. Par la suite, le référendum n'est pas de droit. Il faut en effet que la

Il faut mettre une phrase d'accroche, souvent la référence à un auteur ou un texte juridique (citation par exemple).

Indiquez la date précise : 23 juillet 2008.

Soulignez qu'il s'agit de la problématique du sujet.

Précisez : « proposition de loi référendaire ».

Il faut indiquer le délai : un mois au maximum.

Exclusion à l'issue de l'examen de la proposition de loi par le Parlement, près d'un an après !

Un peu fort ! Il faudrait écrire « l'intérêt limité ».

proposition de loi ne soit pas examinée pendant une durée de six mois par le Parlement ; le président de la République devant alors la soumettre obligatoirement au référendum. Dans le cas contraire, la procédure s'arrête. On voit donc que le RIP est une procédure très complexe au point d'exclure la participation des citoyens au processus législatif.

Cette complexité souligne la quasi-inutilité de cette procédure. D'une part, elle est beaucoup trop longue (près d'un an et demi), ce qui vide l'intérêt d'une action législative rapide, d'autant que le contexte (juridique, économique, etc.) évolue rapidement. D'autre part, elle peut rapidement être « tuée dans l'œuf », au niveau des soutiens. En effet, l'exemple du RIP concernant la privatisation d'ADP, déclenchée le 10 avril 2019, est révélateur car n'ayant obtenu qu'un peu plus d'un million de signatures au 13 mars 2020, loin du nombre requis. C'est pourquoi une réforme est nécessaire pour rendre vraiment effective cette procédure. Le projet de réforme constitutionnelle du 29 août 2019 prévoit une modification des modalités de déclenchement du RIP avec un abaissement du nombre de parlementaires à un dixième et des citoyens à un million, ces derniers pouvant même être à l'initiative d'une « proposition de texte de loi ». Mais la réforme n'a pas encore été débattue au Parlement.

QUESTION N° 2

Les modes de scrutin

Oui, bien de commencer avec une accroche en lien avec le sujet.

Montesquieu disait, dans son traité De l'esprit des lois, qu'« *il est aussi important d'y régler comment, par qui, à qui, sur quoi, les suffrages doivent être donnés* ».

Bonne définition.

Oui, c'est la problématique du sujet.

Les modes de scrutin définissent les règles et techniques dans l'organisation du vote, le décompte des suffrages et la proclamation des résultats au sein d'une collectivité. C'est en somme le « mode de calcul » permettant de désigner le vainqueur d'une élection. Cette thématique, cruciale en démocratie, invite à s'interroger sur les effets des modes de scrutin sur le régime représentatif après avoir analysé ses différentes manifestations.

Précisez : « dans une circonscription ».

Il faut donner des exemples concrets pour illustrer vos propos ! Le scrutin majoritaire uninominal à un seul tour caractérise les élections législatives au Royaume-Uni. Celui à deux tours, les élections présidentielles et législatives en France.

Chaque État détermine les modes de scrutin des élections des représentants aussi bien au niveau national que local. On peut les regrouper en fonction de deux grandes catégories basées, l'une sur le nombre d'élus, et l'autre sur celui des voix. D'une part, on distingue classiquement le scrutin uninominal, où le vote ne porte que sur un seul candidat, du scrutin de liste où le vote porte sur une liste de candidats. D'autre part, il y a le scrutin majoritaire et le scrutin proportionnel (ou représentation proportionnelle). Dans le système majoritaire, on attribue un ou plusieurs sièges au candidat ou à la liste qui ont eu le plus grand nombre de voix. Il peut y avoir un ou deux tours. La représentation proportionnelle vise à répartir les sièges entre les listes au prorata des suffrages. Ce système est le plus répandu en Europe pour les élections au niveau national. Il est possible que ces modes de scrutin se combinent entre eux comme en Allemagne pour le Bundestag avec la « proportionnelle personnalisée ».

Le choix du mode de scrutin a des conséquences certaines. Le scrutin majoritaire a tendance à moins bien représenter la diversité de l'offre politique tout en favorisant le bipartisme, du moins les grands partis politiques. Mais ce mode de scrutin permet de dégager une majorité législative stable et homogène, assurant *a priori* l'efficacité de l'action politique. Au contraire, le scrutin proportionnel donne une représentation un peu plus exacte de la pluralité des opinions, mêmes mineures, favorisant ainsi une certaine justice électorale. Toutefois, outre sa complexité, ce mode de scrutin peut empêcher des majorités législatives stables, compte tenu du nombre important de partis politiques. Une division trop prononcée de l'assemblée réduit l'efficacité politique. C'est pourquoi ce système implique souvent des coalitions solides au risque d'aboutir à une instabilité gouvernementale comme sous la IVe République.

> Oui en effet. Il y avait une grande instabilité politique du fait de majorités de coalition faibles aboutissant à de nombreux renversements de gouvernements.

En définitive, les divers modes de scrutin orientent la manière d'appréhender la démocratie représentative d'un État et résultent de choix stratégiques des dirigeants.

QUESTION N° 3

Le suffrage

L'article 3 de la Constitution du 4 octobre 1958 dispose que « *le suffrage peut être direct ou indirect [...]. Il est toujours universel, égal et secret* ». Le suffrage exprime la volonté de l'électeur lors d'une consultation électorale. Un État démocratique suppose que ses citoyens soient en mesure d'exercer au mieux leur fonction de désignation des représentants voire de décision dans le cadre d'un référendum. C'est pourquoi il existe des principes reconnaissant et encadrant le suffrage, en général au niveau constitutionnel. Mais il faut se demander comment le suffrage permet-il de garantir le caractère démocratique d'un régime politique.

> Bien, bonne référence pour la phrase d'accroche.

> Oui, c'est une problématique intéressante.

En premier lieu, le corps électoral doit être le plus étendu possible pour assurer une représentation pertinente. On distingue le suffrage universel, qui permet à tous les citoyens de voter, du suffrage restreint limitant le droit de vote à une catégorie d'individus en fonction de certains critères, comme la fortune (suffrage censitaire) ou l'instruction (suffrage capacitaire). En France, dès la Constitution de 1791, le suffrage a été censitaire, avec des parenthèses en 1793 et de 1799 à 1814, jusqu'en 1848 et l'avènement du suffrage universel mais uniquement masculin. Il faut attendre l'ordonnance du 21 avril 1944 pour que la condition liée au sexe soit supprimée et que le suffrage universel intègre le vote des femmes.

> Qu'entendez-vous par « corps électoral » ? Indiquez : « à savoir l'ensemble des électeurs ».

> Soyez plus précis et indiquez la nature des régimes : en 1793, le régime de la Convention basé sur la souveraineté populaire mais non appliquée ; en 1799 le Consulat et de 1804 à 1814/1815 le Premier Empire. Le suffrage censitaire a été réintroduit par les Chartes constitutionnelles de 1814 et 1830 instituant la monarchie.

> Même remarque.

En second lieu, il ne doit pas y avoir de discriminations entre électeurs et de pressions diverses. Ainsi, chaque électeur a le même poids que les autres et son vote est anonyme. En tout état de cause, le découpage électoral doit être pertinent et légitime. En France, le Conseil constitutionnel impose un « découpage essentiellement démographique » dans la délimitation des circonscriptions.

> Oui très bien.

> Oui, bon exemple.

> Il faut mentionner la référence de la décision, au moins l'année et le nom : Cons. const., 1985, *Loi sur l'évolution de la Nouvelle-Calédonie*, n° 85-196 DC.

Enfin, le suffrage joue sur la légitimité des élus en fonction de son caractère direct ou non. En cas de suffrage direct, la légitimité du représentant est élevée car étant désigné directement par les électeurs, sans intermédiaire. C'est le cas en France pour le président de la République ou les députés à l'Assemblée nationale. Dans le suffrage indirect, le représentant, désigné par d'autres élus, a une moindre légitimité. Par exemple, le Sénat, où les membres sont élus de cette manière, possède moins de pouvoirs que l'Assemblée nationale, sans doute du fait leur moindre légitimité.

> Attention ! Le suffrage indirect ne justifie, et n'implique, pas nécessairement des pouvoirs réduits ! Par exemple, les pouvoirs du président de la République en France n'ont pas augmenté en 1965 suite à son élection au suffrage universel direct.

Sujet 33

Commentaire de texte

Durée de l'épreuve : 3 heures

Aucun document n'est autorisé

Vous traiterez le sujet suivant :

Jean-Paul Sartre « La constitution du mépris », *L'Express*, n° 378, 11 septembre 1958, repris dans *Situations V*, *Gallimard*, 1964, p. 102-112.

On nous a dit que nous allons voter : on nous ment. Arrachons le tissu de grands mots qui couvrent un crime : le 28 septembre ne sera pas un jour d'élection, mais de violence. Et la violence, c'est nous qui la subissons.

D'abord qui a proposé ce plébiscite ? Personne. On l'impose à la nation souveraine. Il fondra sur nous comme un voleur. Et n'espérons pas nous en tirer par le silence : s'abstenir, c'est voter à l'aveugle pour la majorité, quelle qu'elle soit.

J'entends bien qu'on n'aura pas, en France du moins, le droit de regard sur notre bulletin. Après ? Il y a d'autres contraintes, d'autres truquages. La liberté d'un vote serait hasardeuse si elle n'était défendue que par un isoloir. En fait, ce sont les institutions, d'ordinaire, qui la garantissent. Et les mœurs. Le retour périodique des consultations électorales protège le citoyen contre l'incertitude et la précipitation. La pluralité des partis oblige chacun d'eux à expliquer son programme inlassablement. Bref, l'électeur donne son avis dans les formes reçues, il a ses points de repères, ses habitudes, la nouveauté ne le désoriente pas tant qu'elle se manifeste dans le cadre de la tradition politique. Mais notre Référendum, lui, jouit du charme douteux des impromptus. Le rapport du neuf à l'ancien s'est renversé. On a commencé par piétiner nos institutions, rien n'en reste que des miettes ; et puis l'on nous propose cette vieillerie, une charte royale.

L'électeur, égaré dans le no man's land qui sépare la république défunte de la future monarchie, doit décider seul et sans recours. C'est tout ou rien ; tout : le roi Charles XI. Rien : le retour à cette Quatrième dont personne ne veut plus. J'accepterai toutes les exigences du général de Gaulle ou je retomberai dans le néant. N'y a-t-il pas d'autre solution ? « Je ne veux pas le savoir, répond le prétendant. Vous adoptez la mienne ou je m'en vais. » Une sournoise propagande nous égare à dessein par le jeu des assimilations : le personnel de la défunte Quatrième vous écœure, donc vous avez en horreur la démocratie, donc vous voulez la monarchie gaulliste.

[...]

On dit qu'Ulysse seul avait la force de tendre son arc ; ainsi, le général de Gaulle a seul au monde l'orgueil nécessaire pour entrer dans le rôle de Président providentiel. Je ne crois pas en Dieu, mais si dans ce plébiscite je devais choisir entre Lui et le prétendant actuel, je voterais plutôt pour Dieu : Il est plus modeste. Il réclame tout notre amour et notre infini respect, mais je me suis laissé dire par des prêtres qu'Il nous aimait en retour et qu'Il respectait infiniment la liberté du plus misérable. Notre futur monarque, lui, exige aussi qu'on le respecte, mais je crains fort qu'il ne nous respecte pas. En un mot, Dieu a besoin des hommes et le général de Gaulle n'a pas besoin des Français.

Ou plutôt si. Il l'a dit : « J'ai grand besoin de votre confiance. » Mais cette confiance, il lui suffira que nous la lui donnions une fois, une seule fois, le 28 septembre. Ce jour-là, si tout va comme il veut, nous nous confierons à l'homme qui nous manifeste la méfiance la plus soutenue et qui prétend nous adopter la Constitution du mépris. L'Assemblée populaire est flanquée d'un Sénat réactionnaire. Elle est privée de la faculté de choisir elle-même et dans son sein ses ministres. On lui refuse, ou presque, celle de renverser le Gouvernement qu'on lui impose. On réduit la durée de ses sessions, on se réserve la licence de dissoudre ou de la mettre en vacances sous des prétextes mal définis. Français, comprendrez-vous que c'est à nous, à nous tous, que l'on dénie tous ces droits ? Le Référendum de 1958 me rappelle un mot de Marx qui remonte à cent ans : « le suffrage universel, disait-il, n'apparut en 1848 que pour se supprimer aussitôt ».

[...]

Si les « oui » devaient l'emporter, juger de ce qui suivrait. Mais sans même tenir compte de l'avenir, il serait indigne de voter sous la menace. Puisque nous n'avons pu l'éviter, ce plébiscite truqué, nous n'avons qu'une réponse à faire : « non ». Mais ne tombons pas dans le dernier piège. Ne soyons pas « l'esprit qui toujours nie ». On a fait exprès de nous acculer au refus pur et simple : regroupons-nous et donnons un sens à ce refus. Que notre « non » à la monarchie signifie « Assemblée constituante ». Au général de Gaulle et à ceux qui l'entourent, nous dirons : « Sur un point, nous sommes d'accord avec vous : la quatrième République est morte et nous entendons bien ne pas la ressusciter ! Mais ce n'est pas à vous qu'il appartient de faire la cinquième République. C'est au peuple français lui-même dans sa pleine et entière souveraineté.

OBSERVATIONS DU CORRECTEUR (N. Demontrond)

Sartre était connu pour ses fortes prises de position (de Gaulle le comparant même à Voltaire). Le texte à commenter l'illustre. Ainsi, la difficulté du sujet était de prendre ses distances par rapport à ce texte engagé, voire pamphlétaire. Il ne faut pas hésiter à critiquer un texte et en montrer les lacunes ; à condition bien sûr de faire reposer ses arguments sur des considérations proprement juridiques (et surtout pas politiques, même si le droit constitutionnel peut y inciter). Une telle rigueur est particulièrement attendue des juristes.

« *Pourquoi voulez-vous qu'à 67 ans, je commence une carrière de dictateur ?* ». de Gaulle posait cette question lors de son retour au pouvoir en 1958. En effet, certains craignaient le retour du général, et parmi eux, il y avait Jean-Paul Sartre.

Jean-Paul Sartre est un intellectuel communiste français du XXe siècle. Il a notamment guidé le mouvement existentialiste français après la Seconde Guerre mondiale. Il est connu pour ses nombreuses prises de position.

L'article proposé en est une. Il a été publié dans le magazine L'Express, le 11 septembre 1958, puis repris dans *Situations V* en 1964. La première date correspond à la campagne référendaire relative à la Constitution proposée par de Gaulle pour instaurer une Cinquième République. La seconde date – 1964 – se situe à une période pendant laquelle la Ve République s'ancre dans le paysage institutionnel français. Charles de Gaulle est président de la République depuis 1958. Il a fait modifier la Constitution par référendum en 1962 pour prévoir l'élection du chef de l'État au suffrage universel direct.

> État avec une majuscule. Il s'agit de la personne morale et non d'une situation.

Dans son article, Jean-Paul Sartre critique la Constitution proposée par De Gaule. Il critique non seulement son contenu mais aussi la manière dont elle est soumise à l'approbation du peuple français. Plus précisément, il s'en prend à la personne du général de Gaulle.

> de Gaulle.

L'intérêt de ce texte est donc de chercher à comprendre ce que Jean-Paul Sartre reproche à de Gaulle et à la Cinquième République, alors même que celle-ci n'a pas encore été adoptée. Malgré la critique de Sartre, la Constitution fut adoptée par le peuple français. Il faut aussi s'interroger sur le fait de savoir si ces reproches sont justifiés à la lumière de la pérennité qu'a connue la Ve République par la suite.

La question se pose donc de savoir comment et pourquoi Sartre critique-t-il la Cinquième République proposée par de Gaulle ?

> Il faut privilégier une présentation plus serrée de l'introduction. L'ensemble de la présentation doit tenir en un paragraphe ou deux.

L'auteur est d'accord quant à la mort de la IVe République et la nécessité d'en changer (1). Mais la Constitution gaullienne ne lui convient pas en ce qu'elle apparaît comme une charte royale (2).

1 • Une Quatrième République morte à remplacer

Jean-Paul Sartre conteste la procédure de changement de Constitution conduite par Charles de Gaulle (A). Il critique aussi et surtout l'organisation du plébiscite par de Gaulle (B).

Il faut accompagner ce terme spécifique de sa définition pour l'employer et surtout le distinguer du référendum.

A) La contestation de la procédure de changement de Constitution

Sartre affirme que « *le personnel de la défunte Quatrième vous écœure* ». En effet, ce personnel était plus intéressé par la course aux portefeuilles ministériels qu'à la résolution des problèmes. Il y avait une forte instabilité gouvernementale : 21 gouvernements en moins de 12 ans. Il n'y avait pas de majorité parlementaire et l'exécutif manquait de moyens pour faire contrepoids.

N'hésitez pas à citer le texte pour montrer que vous le commentez toujours. Vous pouvez ici citer « *le retour à cette Quatrième dont personne ne veut plus* ». Cela permet d'ajouter du liant entre vos paragraphes.

Pour changer de constitution, la loi du 3 juin 1958 fut adoptée. Le Parlement se mit en congé et une loi conférant les pleins-pouvoirs à de Gaulle lui permit de palier à ce retrait. La loi du 3 juin fixe des conditions de forme et de fond pour encadrer le pouvoir du général. Cette loi permet de justifier légalement le passage de la IVe à la Ve République. La Constitution fut écrite par un comité interministériel et un comité d'experts pendant l'été 1958.

On pallie quelque chose et non à quelque chose. De plus, pallier prend deux « L » dans ce cas (il ne s'agit pas d'un palier d'appartement).

À tout le moins il faudrait que vous disiez que ces conditions de fond sont au nombre de cinq, ce qui démontre vos connaissances.

Sartre appelle à faire une nouvelle constitution grâce à la mise en place d'une assemblée constituante. Cela rappelle celles qui ont pu être instaurées pour rédiger les Constitutions lors de la Révolution française ou encore celles faites pour rédiger les deux Constitutions de 1946. Même si les différents courants politiques des Français semblent y être davantage représentés, cela risque de conforter ou d'amener un régime d'assemblée. Pour de Gaulle, au contraire, il s'agissait de mettre un terme à la prépondérance des assemblées en renforçant l'Exécutif.

En 1946, il n'y a qu'une Constitution effectivement instaurée. L'autre a été rejetée et est restée à l'état de projet. C'est donc un projet de constitution et une Constitution qui ont été écrites en 1946 ; et non deux Constitutions.

À définir. Le régime d'assemblée un régime dans lequel tous les pouvoirs émanent de l'assemblée législative.

Finalement, le projet de Constitution obtint plus de 85 % d'approbation populaire. Les raisons en étaient davantage politiques (liées à de Gaulle, à la Guerre d'Algérie et à l'errance de la IVe) qu'à des considérations constitutionnelles. C'est ce qui amène Sartre à reprocher un plébiscite.

B) La critique du recours au plébiscite

Le référendum du 28 septembre était prévu par la loi du 3 juin 1958. Sartre se trompe alors en affirmant que personne n'a proposé ce plébiscite et qu'il est imposé aux Français. De Gaulle recommença les plébiscites en 1962 ou encore en 1969. Il y a eu ainsi 4 référendums organisés par de Gaulle. Chacun fut une question de confiance posée au peuple par de Gaulle qui menaçait de sa démission en cas de résultat négatif.

Il faut définir ce terme de plébiscite. Le plébiscite consiste pour de Gaulle à menacer de se retirer s'il n'est pas approuvé. Ainsi, la personne qui pose la question prime la question elle-même.

Pour Sartre, cela lui rappelle une phrase de Marx concernant 1848. C'est une référence à l'élection du Président au suffrage universel direct. Fort de ce mode d'élection, Louis-Napoléon Bonaparte se servit du référendum pour asseoir son pouvoir en recourant aux plébiscites. De Gaulle jouissait d'un grand prestige grâce à son rôle durant la Seconde Guerre mondiale. Il restaura aussi l'élection du président de la République au suffrage universel direct en 1962.

Il faut préciser le contexte constitutionnel : il s'agit de la Seconde République.

Sartre admet que l'électeur bénéficie de certaines garanties, « *qu'on n'aura pas, en France du moins, le droit de regard sur notre bulletin* ». En effet, l'article 3 de la Constitution prévoit que le suffrage est « toujours universel, égal et secret ». L'article suivant garantit le pluralisme des partis. Le Conseil constitutionnel veille au respect de la régularité des scrutins et plus généralement à leur sincérité.

Attention aux anachronismes. La pluralité des partis est prévue à l'article 4 de la Constitution depuis 2008. En 1958, l'article était plus succinct.

Anachronique. Le Conseil constitutionnel n'est pas encore instauré pour l'adoption de la Constitution de 1958.

Mais Sartre dénonce que la liberté de vote est contrainte, subit « d'autres trucages ». de Gaulle chercherait à déstabiliser le peuple pour orienter son vote. La pièce maîtresse de cette entreprise est le choix alarmiste laissé par de Gaulle : voter pour lui ou laisser le chaos s'installer. Grâce à ce moyen, Sartre y voit la montée sur le trône de Charles XI.

2 • La proposition d'une charte royale

Pour Jean-Paul Sartre, la Constitution de 1958 lui semble instaurer une monarchie pour de Gaulle (A). Celle-ci se fait notamment au détriment du Parlement (B).

A) L'instauration d'une monarchie gaullienne

De Gaulle est comparé à un roi et son régime à une monarchie. La place prépondérante du président de la République sous la Cinquième a pu la faire assimiler à une monarchie républicaine. Mais la comparaison avec les monarchies parlementaires européennes contemporaines montre vite que ces régimes laissent en réalité une place symbolique au monarque.

Mais Sartre ne compare pas avec ces monarchies mais avec celle de la Restauration de 1814-1815. C'est la raison pour laquelle il fait référence à une charte royale et attribue à Charles de Gaulle le titre de Charles XI, comme s'il était le successeur de Charles X qui voulait museler le Parlement.

Le président de la République est la clé de voûte des institutions selon Michel Debré. Il récupère des pouvoirs de l'exécutif. Cette vision du Président apparaît dès 1946 dans le discours de Bayeux de de Gaulle. Sartre voit dans le président de la Ve République, un « président providentiel ». Pourtant, l'article 5 de la Constitution prête à interprétation entre un rôle d'arbitre du Président ou de conducteur de l'Exécutif. De Gaulle, qui avait une haute estime de lui-même, en profita. Certains iront jusqu'à parler de régime semi-présidentiel pour la Ve République.

Opinion personnelle. Ou bien est-ce celle de l'auteur et dans ce cas, il faut savoir prendre ses distances.

À définir : il s'agirait d'un régime entre celui parlementaire et celui présidentiel ; dans lequel le Gouvernement est responsable (comme dans un régime parlementaire) mais le président exerce le pouvoir exécutif (comme dans un régime présidentiel).

En 1962, la présidentialisation du régime s'accentue avec l'élection du président de la République au suffrage universel direct. Cela établit une relation directe entre le président et le peuple. Puis en 2000, le quinquennat est instauré pour offrir des élections plus périodiques comme l'aurait voulu Sartre. De plus, dès 1958, le Président n'était plus élu par le Parlement mais par un collège électoral élargi. L'objectif était de concourir à la rationalisation du Parlement.

Vous surinterprétez.

C'est maladroit. Ce n'est pas le Parlement en tant qu'organe qui est rationalisé mais le fonctionnement du régime. C'est donc le parlementarisme ou le régime parlementaire qui est rationalisé.

B) La rationalisation du Parlement

Sartre critique la rationalisation du Parlement voulue par le constituant de 1958. Le Sénat réactionnaire dont parle Sartre n'est que la réintégration parmi les institutions du Sénat tel qu'il existait sous la IIIe République. Effectivement, il s'était discrédité par ses prises de position conservatrices. Il fut alors rabaissé sous la IVe République à n'être qu'un Conseil de la République à simple rôle consultatif. Puis il reprit certaines prérogatives avec la réforme de 1954. Le Sénat de la Ve République est donc le prolongement de cette évolution. Il permet de contrebalancer l'Assemblée nationale par l'obligation faite de voter dans les mêmes termes chaque texte de loi.

Les ministres ne sont effectivement plus choisis par l'Assemblée nationale en son sein. L'article 8 de la Constitution prévoit que le président de la République élit le Premier ministre. Celui-ci ne provient plus forcément de l'Assemblée, comme

Nomme. Le Premier ministre ne prend pas son poste suite à une élection mais à une nomination.

Renverser. C'est l'Assemblée nationale qui est dissoute.

par exemple Georges Pompidou, Raymond Barre ou Dominique De Villepin. L'Assemblée nationale peut toujours dissoudre le Gouvernement mais selon des procédures plus complexes qu'auparavant, afin de garantir une stabilité gouvernementale. L'article 49 alinéa 2 prévoit que la motion de censure n'est votée que 48 heures après son dépôt et il faut la majorité absolue de la chambre et non la majorité simple.

La durée des sessions est réduite à deux fois par an, une à l'automne et une au printemps. Contrairement à ce que dit Sartre, il n'y a pas que le Gouvernement qui décide de leur durée, même s'il est prépondérant. Le Gouvernement ou la majorité du Parlement peut décider de faire des sessions extraordinaires. Mais il faut reconnaître que le Général de Gaulle a refusé, en 1960, une demande qui lui était adressée par la majorité des députés, s'attribuant un véritable pouvoir discrétionnaire en la matière. L'objectif était de rationaliser le Parlement en le contraignant dans le temps. Depuis 1995, il n'existe plus qu'une session par an (d'octobre à juin). De plus, le Gouvernement dispose d'une mainmise importante sur l'organisation de l'ordre du jour et la réunion des assemblées. La réforme constitutionnelle de 2008 a tenté de rééquilibrer cela en offrant plus de pouvoir de décision au Parlement.

Il faut définir ce qu'est ce droit. Il s'agit de pouvoir renouveler le Parlement (ou du moins la Chambre basse) en organisant de nouvelles élections législatives.

Comme le relève Sartre, le président de la République récupère le droit de dissolution qu'il peut utiliser de manière relativement libre en vertu de l'article 12. Il lui suffit juste de recueillir, sans forcément les suivre, les avis du Premier ministre et des présidents des deux chambres. Ce droit de dissolution était tombé en désuétude après la crise du 16 mai 1877. La IVe République tenta de le réhabiliter en vain.

Oui, et n'hésitez pas à utiliser les termes juridiques correspondants. Il s'agit d'avis simples.

Il faut expliquer comment à travers les procédures mises en œuvre. Il faut que deux crises ministérielles surviennent dans une période de 18 mois et l'accord de la Chambre haute n'est plus requis.

Cependant, Sartre oublie certains éléments de rationalisation du Parlement comme la mise en place du Conseil constitutionnel, la définition du domaine de la loi à l'article 34 ou encore l'apparition du fait majoritaire.

Anachronique. Le fait majoritaire n'apparaît qu'en 1962 et le texte date de 1958 ; d'où l'importance de ne jamais oublier l'époque du texte.

Cette sous-partie est trop longue par rapport aux précédentes.

Cas pratique

Sujet 34

Durée de l'épreuve : 3 heures

Aucun document n'est autorisé

À l'aide de vos connaissances, vous résoudrez le cas pratique suivant :

Suite au projet de révision constitutionnelle annoncé, un journaliste vient vous consulter en tant que juriste afin de l'éclairer sur d'éventuelles erreurs ou maladresses commises dans le texte qu'il s'apprête à publier. Le voici :

« Réduction du nombre de parlementaires, scrutin à la proportionnelle, limitation du cumul des mandats dans le temps, suppression de la Cour de justice de la République, assouplissement du référendum d'initiative partagée, création d'une chambre du futur… Emmanuel Macron a lancé le chantier de la révision constitutionnelle.

Si le paquet législatif en projet a été présenté par le gouvernement en Conseil des ministres, le 28 août 2019, personne ne saurait prédire avec certitude ses conditions de vote.

L'article 3 de la Constitution stipule : « La souveraineté nationale appartient au peuple qui l'exerce par ses représentants et par la voie du référendum ». Un texte modifiant la Constitution peut donc être adopté de trois façons : par les représentants via l'article 89 alinéa 3 de la Constitution à la majorité des 3/5e des parlementaires réunis en Congrès à Versailles, ou par référendum via l'article 89 alinéa 2 ou l'article 11.

L'exécutif n'a pas encore précisé la voie qu'il empruntera. Il n'est pas exclu que le projet fasse l'objet d'un référendum si aucun accord ne parvenait à être trouvé avec le Sénat pour faire adopter le texte au Congrès ».

Vous le corrigerez et lui expliquerez en détail les maladresses commises en essayant de suivre au maximum la trame du texte.

OBSERVATIONS DU CORRECTEUR (B. Toudic)

Face à un cas pratique, l'étudiant doit faire preuve de pédagogie, d'organisation, de clarté et d'esprit de synthèse. Suivez une trame logique répondant parfaitement à votre cheminement de pensée. Soyez didactique en expliquant « étape par étape » sur quelles bases se fonde la révision constitutionnelle ? Comment sera-t-elle examinée ? Qu'est ce qui est novateur dans cette révision constitutionnelle ? Enfin, a-t-elle des chances d'aboutir ? Si le plan n'est pas obligatoire pour appréhender ce type d'exercice, il permet de structurer parfaitement le cheminement de pensée de l'étudiant : il est donc vivement conseillé.

Il eut été opportun de définir ce terme comme l'existence de limites procédurales et substantielles à l'exercice du pouvoir. Tous, citoyens, représentants et gouvernants, sont soumis au droit.

La révision constitutionnelle, autrement dit, le fait d'apporter des modifications au texte fondateur de l'ordre juridique étatique, fait l'objet d'un encadrement constitutionnel précis. Destinée à modifier la loi fondamentale d'un État, sa procédure est étroitement encadrée au nom du respect de l'état de droit. Elle correspond à un juste équilibre à trouver entre « souplesse » (auquel cas la Constitution peut être modifiée facilement avec le risque d'abus conduisant à la perte de sa solennité) et « rigidité » (une Constitution figée, incapable d'évoluer avec pour seule issue, le changement total de Constitution). La Constitution de 1958 semble avoir résolu ce dilemme.

Les notions sont très bien définies, l'accroche bien ficelée, bons réflexes !

Le cas pratique qui nous est soumis traite de ces questions. Il va s'agir d'éclairer le journaliste sur les contours de la révision constitutionnelle, afin de corriger ses « maladresses » rédactionnelles. Pour ce faire, il s'agira de délimiter le champ de la révision constitutionnelle (1), puis de rappeler les fondements constitutionnels et les procédures concernées par ladite révision (2) et enfin, il sera question d'anticiper les suites de la révision constitutionnelle amorcée (3).

Plan clair et cohérent, le raisonnement est bien amené.

1 • La délimitation du champ de la révision constitutionnelle

De prime abord, il convient de se focaliser sur le champ de la révision constitutionnelle. À cet égard, le terme de « *paquet législatif* » est employé maladroitement. Une révision constitutionnelle concerne, comme son nom l'indique, le champ constitutionnel et non législatif. Il est correct, en revanche, de dire que le gouvernement s'engage à une série de mesures pour un « *renouveau de la vie démocratique* » correspondant à trois niveaux de normes, qu'il convient de caractériser.

Prenez le temps de définir les notions que vous mobilisez. Le fait majoritaire s'obtient par la combinaison de plusieurs facteurs entraînant une majorité à l'Assemblée nationale et par extension la stabilité gouvernementale : le mode de scrutin majoritaire au suffrage universel direct et la concordance des élections présidentielle et législatives depuis la réforme du quinquennat.

Certaines mesures, comme l'instauration d'une dose de proportionnelle à l'Assemblée nationale, pourront être introduites par la loi ordinaire, comme le précise l'article 34 de la Constitution : « *La loi fixe également les règles concernant le régime électoral des assemblées parlementaires* ». Elle est adoptée à l'issue de la navette parlementaire, par un vote en termes identiques dans chacune des assemblées. Il faut préciser qu'il s'agit d'une « dose de proportionnelle » contrairement au « scrutin proportionnel » comme annoncé dans l'article. L'idée est d'injecter 20 % de proportionnelle sans rompre avec l'idée de fait majoritaire, inhérente à la stabilité gouvernementale française.

Il est intelligent de faire des références au texte constitutionnel.

D'autres, comme la réduction du nombre de députés ou la limitation des mandats dans le temps nécessiteront une loi organique, dont les modalités sont régies à l'article 25 de la Constitution. La loi organique se voit confier par la Constitution la précision de certaines de ses dispositions. Elles sont adoptées selon la procédure législative ordinaire avec quelques particularités : quinze jours au minimum doivent s'écouler entre le dépôt du projet ou de la proposition de loi organique et son examen par la première assemblée saisie. Si l'Assemblée nationale se voit confier le dernier mot, la loi organique ne pourra être adoptée qu'à la majorité absolue des membres de l'Assemblée et enfin, ce dernier mot est impossible s'agissant des lois organiques qui concernent le Sénat ou l'éligibilité des citoyens européens aux élections municipales.

Attention à la limite du hors sujet. Vous êtes très pointilleux mais vous en omettez l'essentiel : le contrôle obligatoire du Conseil constitutionnel s'agissant des lois organiques (articles 46 et 61 de la Constitution).

Enfin, les autres réformes comme l'abaissement du seuil du référendum d'initiative partagée, la création du conseil de la participation citoyenne, la suppression de la Cour de justice de la République ou l'inscription de dispositions propres à la « Corse » dans la Constitution, devront passer par une loi constitutionnelle.

2 • Le rappel des fondements constitutionnels et procédures concernées

Partant de ce champ d'application, il faut ensuite caractériser les fondements constitutionnels permettant de réviser la Constitution. Le jargon juridique imposera de veiller à la formulation des termes : si le contrat « stipule », la loi et la Constitution « disposent ». En l'état, il est indiqué que le texte modifiant la Constitution peut être modifié de trois manières. La première, correspondant à l'article 89 alinéa 3 est correcte. La révision est actée lorsque « la petite loi » obtient finalement la majorité des 3/5e des parlementaires réunis en Congrès. La deuxième, correspondant à l'adoption référendaire via l'article 89 alinéa 2 se justifie mais doit être précisée. Le référendum ne peut intervenir qu'après l'adoption du texte en termes identiques, à la majorité simple, dans chacune des assemblées. Pour résumer, si le texte constitutionnel est respecté à la lettre, le Président ne peut se passer de l'accord préalable des chambres pour toute révision constitutionnelle.

TB pour la maîtrise du langage juridique. Le juriste doit faire preuve de rigueur : un terme peut rarement en remplacer un autre.

Attention à la répétition du mot « modification ».

Une fois encore, excellent pour le jargon juridique employé !

L'initiative de la révision émane du pouvoir exécutif pour un « projet » ou des membres du Parlement pour une « proposition ». À aucun moment il n'est précisé à l'article 89 que le président de la République propose à lui seul une révision. La proposition lui est théoriquement faîte par le Premier ministre, à lui de relayer cette initiative ou non. Le président de la République nécessite de jurer le concours de son Premier ministre pour initier une révision, chose acquise grâce au fait majoritaire (plus problématique en période de cohabitation) et vice et versa, le Premier ministre a besoin de l'aval présidentiel : il s'agit d'un acte soumis au contreseing. Si l'initiative émane de parlementaires, le référendum devra être adopté selon les modalités propres à l'article 89 alinéa 2. À l'inverse, s'il s'agit d'un « projet de révision », le président de la République pourra décider discrétionnairement de passer par l'un ou l'autre alinéa de l'article 89, comme c'est le cas en l'espèce sur le projet de révision constitutionnelle tendant au renouveau de la vie démocratique.

Idem, prenez le temps de définir les notions que vous mobilisez...

Le texte à publier, tel qu'il est présenté, fait état d'une révision constitutionnelle par l'article 11. Il faut, à cet égard, distinguer entre légalité et pratique constitutionnelle. La Constitution fixe exclusivement ses conditions de révision à l'article 89 de celle-ci. L'article 11 ne concerne que le champ législatif, correspondant au référendum législatif. Si le général de Gaulle en 1962 a pu recourir à cet article 11 s'agissant de la révision des conditions d'élection du président de la République (article 6 de la Constitution), passant d'un collège de grands électeurs au suffrage universel direct, ce contournement des assemblées fit l'objet de vives critiques chez les constitutionnalistes. Le Conseil constitutionnel, chargé de veiller au contrôle de la constitutionnalité des lois, dans sa décision 62-20 du 6 novembre 1962 s'est refusé à apprécier la constitutionnalité des lois qui, « *adoptées par le peuple à la suite d'un référendum, constituent l'expression directe de la souveraineté nationale* ». Le Conseil constitutionnel est donc resté muet sur ce subterfuge en contradiction avec le texte constitutionnel, prônant ainsi l'effet « *réparateur* » du peuple souverain, par l'acceptation de ce référendum. Mais sa décision n° 2000-21 REF Hauchemaille fait un premier pas sur l'admissibilité d'un tel contrôle en concédant pour la première fois la possibilité de connaître du décret par lequel le président de la République décide de soumettre un projet de loi au référendum, fixe la date de la consultation et son organisation. On pourrait alors se demander si Emmanuel Macron pourrait aujourd'hui tenter ce subterfuge du référendum constituant par le référendum législatif en toute impunité.

Excellente méthode, cela vaut en effet pour l'ensemble de la Constitution de la Ve République.

Vous gagneriez à mettre en avant le référendum de 1969 et le refus du peuple souverain.

Les jurisprudences sont bien mobilisées et synthétisées.

3 • L'anticipation des suites de la révision constitutionnelle amorcée

Bien pour cette référence constitutionnelle.

Tout à fait, d'autant plus que le recours à d'autres mécanismes type 49 al. 3 par exemple, est proscrit. La matière constitutionnelle, relevant du pouvoir constituant dérivé ne doit être ni accélérée ni bousculée.

Enfin! Il fallait le préciser bien avant, vous aviez déjà évoqué le terme de « fait majoritaire » à deux reprises…

Comme indiqué précédemment, si le texte constitutionnel est parfaitement respecté, le président de la République ne saurait se passer de l'accord préalable de chacune des deux chambres du Parlement. Le projet de révision constitutionnelle devra être adopté en termes identiques avant même le passage en Congrès ou par voie référendaire. Aucune procédure de conciliation type commission mixte paritaire n'est prévue (l'article 45 ne s'applique pas s'agissant des révisions constitutionnelles) et l'Assemblée nationale ne dispose pas du dernier mot. Cela crée la possibilité d'une « navette illimitée » en matière constitutionnelle (bien qu'il existe des mécanismes de conciliation informels).

Or, si l'Assemblée nationale s'avère conquise par l'effectivité du fait majoritaire (mode de scrutin majoritaire au suffrage universel direct et concordance des élections présidentielles et législatives depuis la réforme du quinquennat), il faudra compter sur un Sénat majoritairement composé des républicains (LR), réticent à ladite réforme. Or, sans Sénat, la réforme ne peut aboutir qu'il s'agisse de l'article 89 alinéa 3 mais également 89 alinéa 2. Il faut rappeler que la voie référendaire mise en place par ce dernier article n'a été mise en œuvre qu'une seule fois lors de la réforme du quinquennat en 2000. Les autres révisions constitutionnelles ont été réalisées dans le cadre de l'article 89 alinéa 3 via le Parlement réuni en Congrès ou par exception, comme étudié précédemment, par le général de Gaulle en 1962 et en 1969 (cette dernière ayant été avortée). Si d'aventure, Emmanuel Macron décidait de recourir à l'article 11, il faudrait d'une part, que le Conseil constitutionnel ne censure pas ce procédé en amont, et d'autre part, que les citoyens français approuvent ladite réforme. La dérive plébiscitaire du référendum et la faible popularité d'Emmanuel Macron ne militent pas en faveur de la réussite de la réforme escomptée.

Commentaire comparé

Sujet 35

Durée de l'épreuve : 3 heures

Aucun document n'est autorisé

Vous commenterez de manière comparée les deux lois constitutionnelles du 10 juillet 1940 et du 3 juin 1958.

Texte 1 : Loi constitutionnelle du 10 juillet 1940 (dite « des pleins pouvoirs au Maréchal Pétain »), JORF du 11 juillet 1940

L'Assemblée nationale a adopté, le président de la République promulgue la loi constitutionnelle dont la teneur suit :

Article unique. — *L'Assemblée nationale donne tout pouvoir au gouvernement de la République, sous l'autorité et la signature du maréchal Pétain, à l'effet de promulguer par un ou plusieurs actes une nouvelle constitution de l'État français. Cette constitution devra garantir les droits du travail, de la famille et de la patrie.*

Elle sera ratifiée par la Nation et appliquée par les Assemblées qu'elle aura créées. La présente loi constitutionnelle, délibérée et adoptée par l'Assemblée nationale, sera exécutée comme loi de l'État.

Fait à Vichy,

le 10 juillet 1940

Albert Lebrun par le président de la République, le Maréchal de France, président du Conseil, Philippe Pétain

Texte 2 : Loi constitutionnelle du 3 juin 1958 portant dérogation transitoire aux dispositions de l'article 90 de la Constitution, JORF du 4 juin 1958, p. 5326

Article unique. — *Par dérogation aux dispositions de son article 90, la Constitution sera révisée par le gouvernement investi le 1er juin 1958 et ce, dans les formes suivantes : le gouvernement de la République établit un projet de loi constitutionnelle mettant en œuvre les principes ci-après :*

1° Seul le suffrage universel est la source du pouvoir. C'est du suffrage universel ou des instances élues par lui que dérivent le pouvoir législatif et le pouvoir exécutif ;

2° Le pouvoir exécutif et le pouvoir législatif doivent être effectivement séparés de façon que le gouvernement et le Parlement assument chacun pour sa part et sous sa responsabilité la plénitude de leurs attributions ;

3° Le gouvernement doit être responsable devant le Parlement ;

4° L'autorité judiciaire doit demeurer indépendante pour être à même d'assurer le respect des libertés essentielles telles qu'elles sont définies par le préambule de la Constitution de 1946 et par la Déclaration des droits de l'Homme à laquelle il se réfère ;

5° La Constitution doit permettre d'organiser les rapports de la République et des peuples qui lui sont associés. Pour établir le projet, le gouvernement recueille l'avis d'un comité consultatif où siègent notamment des membres du Parlement désignés par les commissions compétentes de l'Assemblée nationale et du Conseil de la République. Le nombre des membres du comité consultatif désignés par chacune des commissions est au moins égal au tiers du nombre des membres de ces commissions ; le nombre total des membres du comité consultatif désignés par les commissions est égal aux deux tiers des membres du comité.

Le projet de loi arrêté en Conseil des ministres, après avis du Conseil d'État, est soumis au référendum. La loi constitutionnelle portant révision de la Constitution est promulguée par le président de la République dans les huit jours de son adoption.

La présente loi sera exécutée comme loi de l'État.

Fait à Paris, le 3 juin 1958.

Par le président de la République, René Coty

Le président du Conseil des ministres, Charles de Gaulle

Le ministre d'État, Guy Mollet

Le ministre d'État, Pierre Pflimlin

Le ministre d'État, Félix Houphouët-Boigny

Le ministre d'État, Louis Jacquinot

Le garde des Sceaux, ministre de la Justice, Michel Debré.

OBSERVATIONS DU CORRECTEUR (L. Gonot)

Original, rarement proposé, le commentaire comparé de textes juridiques ne présente pourtant qu'une apparente difficulté méthodologique. La forme d'un commentaire comparé est similaire à celle d'un commentaire d'un texte unique. Contrairement à l'exercice de la dissertation qui doit permettre à l'étudiant de fournir une démonstration propre, l'essence du commentaire réside dans une explication éclairante et critique de la démonstration d'un autre que soi, l'auteur. En ce sens, citer le ou les textes à commenter est essentiel. Cela permet d'éviter l'écueil redouté de la dissertation. Attention toutefois, le plan d'un commentaire comparé de textes doit *toujours* révéler une analyse simultanée des textes portés à votre connaissance, *jamais* successive. Le plan ne doit jamais comporter une analyse d'un seul texte dans la première partie puis de l'autre texte dans la seconde.

Sur le fond, ces deux lois constitutionnelles nécessitent une parfaite maîtrise de la notion de pouvoir de révision de la constitution, en l'occurrence celui des Constitutions des IIIe et IVe République. Si elles ont permis d'instaurer des régimes antagonistes : la dictature d'une part, la démocratie d'autre part, leur procédure d'adoption les rapproche à s'y méprendre, le second incarnant un sosie convaincant du premier.

Excellente accroche ! Sachez que l'auteur est néanmoins controversé, ce qui peut déplaire à certains correcteurs.

« *Jamais je n'aurais pu croire que deux fois dans mon existence on me demanderait de déléguer la fraction de pouvoir que je détenais et – qui mieux est – jamais je n'aurais pu envisager que pour la deuxième fois, celui qui me le demanderait serait celui-là même qui m'avait puni pour avoir accordé une première fois cette délégation* ». C'est en ces termes que Jean-Louis Tixier-Vignancourt s'exprime devant l'Assemblée nationale, le 2 juin 1958, lorsqu'il vote les pleins pouvoirs au général de Gaulle alors qu'il avait été frappé d'indignité nationale pour avoir procédé au même vote le 10 juillet 1940 à la faveur cette fois, du maréchal Pétain.

L'étude de ce sujet porte sur la loi constitutionnelle du 10 juillet 1940, adoptée par l'Assemblée nationale et promulguée par le président de la République Albert Lebrun, laquelle confie les pleins pouvoirs au maréchal Pétain pour doter l'État français d'une nouvelle Constitution et la loi constitutionnelle du 3 juin 1958, adoptée par l'Assemblée nationale et le Conseil de la République, promulguée par le président de la République René Coty, qui permet au gouvernement investi le 1er juin 1958 de réviser la Constitution du 27 octobre 1946.

Ces deux lois naissent d'un contexte de crise, celui de la guerre. En juin 1940, la France accuse la prise du Nord par l'armée allemande. Le maréchal Pétain, souvenir héroïque de Verdun, est appelé à présider le Conseil, le 16 juin 1940. Il milite pour la cessation des hostilités, traduit par la signature d'un armistice, le 22 juin, à Rethondes. En mai 1958, la crise insurrectionnelle algérienne a mené au Putsch d'Alger et ne trouve pas d'issue politique. Le gouvernement Pflimlin est impuissant et démissionne le 28 mai de la même année. René Coty recourt au « plus illustre des Français », le général de Gaulle, pour résorber la crise et son gouvernement est investi le 1er juin. L'objectif affiché est limpide : restaurer l'autorité de l'État affaibli par les défaites.

Bien, l'introduction doit situer les textes, les replaçant dans leur contexte.

Le Parlement confie ainsi de manière analogue son pouvoir constituant dérivé, sa compétence de modifier la Constitution, à deux gouvernements personnifiés qui ont tous deux pour souhait de créer un nouvel ordre juridique. Comparer ces textes juridiques, revient à s'interroger, en premier lieu, sur leur légalité. Le Parlement pouvait-il déléguer son pouvoir de révision au Gouvernement ? Si la réponse est positive, l'explication revient à affirmer que le régime de Vichy a existé positivement alors même que l'ordonnance du 9 août 1944 lui ôte toute légalité, le reléguant aux gouvernements de fait. Cela rend valide, l'état dictatorial qui a opéré en France de 1940 à 1944. C'est la raison pour laquelle, afin d'éviter une éventuelle dictature, la rédaction de la loi du 3 juin 1958 apporte beaucoup de soin à l'encadrement qu'elle opère du pouvoir constituant afin de préserver la République, ce qui était absent en 1940.

Expliquez ce terme, afin de distinguer le jugement de valeur, qui est prohibé, de la référence au droit positif.

La problématique est bien posée et le sens de votre propos clairement établi.

Si juridiquement les lois constitutionnelles du 10 juillet 1940 et du 3 juin 1958 sont légales (1), leur objet diffère en ce que l'une condamne tandis que l'autre protège l'État républicain (2).

1 • Une analogie possible : la légalité des lois constitutionnelles

Affirmer la légalité des lois constitutionnelles du 10 juillet 1940 et du 3 juin 1958 suppose que leur procédure d'adoption ait été respectée (A) et que la thèse de la subdélégation soit rejetée (B).

A) Une procédure de révision respectée

Les Constitutions des IIIe et IVe Républiques répondent toutes deux à la définition de la constitution rigide. La révision de la constitution, qui consiste en une modification de tout ou partie du texte constitutionnel, est organisée selon une procédure spécifique prévue par la constitution elle-même contrairement à la constitution souple qui prévoit sa modification par l'adoption d'une simple loi ordinaire. La stabilité et la pérennité du texte constitutionnel expliquent le choix de la rigidité.

Préférez évoquer les lois constitutionnelles de la IIIe République.

La IIIe République a organisé sa révision à l'article 8 de la loi du 25 février 1875 relative à l'organisation des pouvoirs publics. Il prévoit que l'initiative de la révision appartient aux chambres législatives spontanément ou à la demande du président de la République. La loi de révision ne pourra être adoptée qu'à la majorité absolue des membres composant l'Assemblée nationale (réunion de la Chambre des députés et du Sénat). L'« Assemblée nationale a adopté », le 10 juillet 1940, avec 569 voix « pour » le projet de loi constitutionnelle. En dépit de la déchéance de soixante députés communistes par la loi du 20 janvier 1940 et de l'absence d'autres députés qui n'ont pas réussi à rejoindre Vichy (seuls 649 suffrages ont été exprimés), la condition d'un vote acquis à la majorité absolue des membres de l'Assemblée est largement vérifiée. En effet, l'Assemblée compte alors 846 parlementaires, la majorité absolue des membres s'élève donc à 424 (50 % des membres +1), nombre largement dépassé par les 569 voix favorables dénombrées.

Par ailleurs, l'article 2 de la loi du 14 août 1884 a parfois été brandi en ce qu'il modifie l'article 8 C. et prévoit une limite matérielle à la révision constitutionnelle, selon laquelle la forme républicaine du Gouvernement ne peut faire l'objet d'une révision. Or, le texte du 10 juillet 1940 préserve au moins pour un temps les apparences et ne méconnaît pas cette disposition constitutionnelle puisqu'il précise que « *l'Assemblée nationale donne tout pouvoir au gouvernement de la République* ». Malgré l'illégalité rétroactive de cette loi, en 1940, la loi constitutionnelle est légale.

La régularité de la procédure d'adoption de la loi constitutionnelle du 3 juin 1958 a également été soulevée en ce que le délai minimum de trois mois entre l'adoption de la résolution prévoyant la révision par l'Assemblée nationale et sa transmission au Conseil de la République n'aurait pas été respecté. Cependant, si le texte précise qu'il est porté « dérogation transitoire aux dispositions de l'article 90 de la Constitution », ce n'est pas tant pour méconnaître les dispositions de cet article que pour rappeler que le processus de révision de l'article 90 C. était en cours. Inachevé mais engagé depuis 1955, il était question de simplifier la procédure de révision, jugée lente et complexe à mettre en œuvre. La loi constitutionnelle du 3 juin 1958 n'a alors pas méconnu les délais fixés par l'article 90 C. mais prend acte de la résolution adoptée par l'Assemblée nationale le 27 mai 1958, rappelant l'actualité de la révision amorcée de cet article.

Ainsi, les lois du 10 juillet 1940 et du 3 juin 1958 ont-elles été adoptées selon une procédure conforme au droit en vigueur, celle de la subdélégation de compétence en revanche, se pose avec un intérêt justifié.

B) Une subdélégation de compétence contestée

Bien, vous prenez soin de débuter les argumentations par une définition, seul moyen de construire une argumentation solide et pertinente.

Prohibée en droit constitutionnel, la subdélégation consiste en une délégation d'une compétence qui a déjà été déléguée. En l'occurrence, le détenteur du pouvoir constituant est le peuple. Le peuple, en adoptant la Constitution, accepte de déléguer cette compétence au Parlement. La Constitution de la IIIe République précise que c'est le Parlement réuni en Assemblée nationale qui est compétent pour réviser la Constitution. De manière similaire, ce sont l'Assemblée nationale et le Conseil de la République qui sont habilités par le peuple à modifier le texte constitutionnel en vertu de l'article 90 C.

Or, la loi du 10 juillet 1940, d'une part, prévoit que « *L'Assemblée nationale donne tout pouvoir au gouvernement de la République, sous l'autorité et la signature du maréchal Pétain, à l'effet de promulguer par un ou plusieurs actes une nouvelle constitution* ». La loi du 3 juin 1958, d'autre part, indique que « *la Constitution sera révisée par le gouvernement investi le 1er juin 1958* ». Dans les deux textes, on assiste à une subdélégation de la compétence du Parlement de réviser la Constitution au gouvernement. Les deux lois constitutionnelles pourraient être illégales. Toutefois, la thèse de la subdélégation est réfutée par un double argument, l'argument juridique et l'argument démocratique.

En premier lieu, l'argument juridique plaidé par Georges Vedel, consiste à affirmer que les lois du 10 juillet 1940 et du 3 juin 1958 s'analysent comme des lois de révision de la procédure de révision de la Constitution. Puisqu'elles respectent la procédure des articles 8 de la loi du 25 février 1875 et 90 de la Constitution de 1946, une telle délégation de compétence est parfaitement possible.

En second lieu, l'argument démocratique, avancé notamment par Olivier Duhamel consiste à admettre une « rétro-validation par le peuple ». Ces lois sont légales parce que l'acte constituant, une fois achevé, est « ratifié par la Nation » pour la loi du 10 juillet 1940 et « soumis au référendum » pour la loi du 3 juin 1958. Cette thèse permet d'ailleurs d'invalider, *in fine*, le régime de Vichy, puisqu'il n'a jamais soumis son projet de constitution à l'onction populaire.

La légalité de ces deux lois étant admise et expliquée leur rapprochement cesse cependant lorsque l'on appréhende leur objet.

2 • Une divergence marquée : l'objet des lois constitutionnelles

Le plan ressemblances/différences peut apparaître simpliste. Mais il est en l'occurrence parfaitement justifié et adapté. En outre, les intitulés sont bien choisis pour insister sur ce qui rassemble ces deux textes et ce qui les oppose.

Poursuivant un objectif identique, celui de créer une nouvelle constitution, les lois constitutionnelles du 10 juillet 1940 et du 3 juin 1958 se singularisent sur l'encadrement du pouvoir constituant opéré (A) ainsi que sur le régime politique instauré, protégeant, de manière antagoniste, la République (B).

A) Un encadrement inégal du pouvoir constituant

Lors d'une conférence de presse du 19 mai 1958, le général de Gaulle s'exclame : « *Croyez-vous qu'à 67 ans, je vais commencer une carrière de dictateur ?* ». En effet, le parallèle entre Vichy et l'avènement de la Ve République a de quoi inquiéter. Les deux lois ont pour objet de « créer une nouvelle Constitution ». Toutefois, la première a certainement nourri les craintes des seconds qui ont fait preuve de prudence en encadrant fortement le pouvoir constituant du gouvernement du 1er juin.

La loi du 10 juillet 1940 n'a posé aucune limite au pouvoir du maréchal Pétain si ce n'est « *garantir les droits du travail, de la famille et de la patrie* ». Pourtant, une disposition de l'article unique aurait pu alerter. Le maréchal avait prévu de pourvoir « l'État français » et non « la République française », d'une nouvelle constitution.

À l'inverse, cinq conditions de fond sont mentionnées dans la loi du 3 juin 1958. Le texte doit garantir le suffrage universel comme source du pouvoir, la séparation des pouvoirs, le principe de responsabilité du gouvernement devant le Parlement, l'indépendance de l'autorité judiciaire et les liens avec les peuples associés à la République ; il devra, qui plus est, être soumis à l'avis d'un comité consultatif composé de parlementaires. Ces conditions ne surprennent pas en ce qu'elles poursuivent l'intention constituante du général de Gaulle affirmée dès 1946 dans son discours de Bayeux, conservant la nature parlementaire du régime – chère à Michel Debré - tout en donnant au pouvoir exécutif renforcé les moyens de rationaliser le Parlement.

Ces dispositions ont toutefois nourri la controverse sur la date de naissance d'une Ve République. A-t-on vraiment créé un nouvel ordre juridique en 1958 ? Autrement dit, le texte de 1958 ne serait-il pas qu'une révision de la Constitution du 27 octobre 1946 ? Cette interrogation perdure, certains affirment que la Ve République est bien née en 1958 alors que d'autres la datent en 1962, lorsque la Constitution a été révisée par le biais détourné de la procédure de l'article 11 C. pour instaurer l'élection du président de la République au suffrage universel direct. Michel Debré lui-même s'était posé la question, en 1958, en déclarant « *S'il n'y avait pas les pouvoirs du Sénat, l'incompatibilité des fonctions ministérielles et la réglementation détaillée de la motion de censure, on pourrait dire que rien dans ce qui est contenu dans le projet n'est nouveau* ».

Le développement est pertinent même si l'on attendait, puisque vous envisagez les conditions de fond, que vous étudiiez les conditions de forme posée par ces deux textes.

Il manque une transition ici !

B) Une protection contradictoire de la République

Malgré un rapprochement incontestable entre ces deux lois constitutionnelles, il est un point sur lequel aucune discussion n'est possible : le régime politique instauré. La loi du 10 juillet 1940 a conduit à la négation de la République pendant près de quatre ans, suspendant l'application des lois constitutionnelles de 1875, alors que la démocratie a perduré et s'est épanouie en 1958. Le maréchal Pétain n'a pas élaboré de nouvelle constitution contrairement à la loi du 3 juin 1958 qui a permis l'élaboration et l'adoption par référendum de la Constitution du 4 octobre.

« Charge » est au singulier dans l'art. 40 C.

Le 9 août 1944, une ordonnance rétablit la légalité républicaine sur le territoire français et considère comme nuls et non avenus tous les actes pris par le gouvernement Pétain depuis 1940, en commençant par déclarer l'illégalité à l'origine de la loi constitutionnelle du 10 juillet 1940. Au total, douze actes constitutionnels sont supprimés du paysage juridique, parmi lesquels se trouvaient les réformes du mode de désignation du chef de l'État, de ses compétences. « *Au-delà de la Constitution ne subsiste que du fait* » souligne R. Carré de Malberg, le régime de Vichy est finalement reclassé parmi les gouvernements de fait, son existence positive est reniée.

La lecture des lois du 10 juillet 1940 et du 3 juin 1958 permet de rendre compte de la subtilité et de l'importance des enjeux soulevés par le droit constitutionnel. La loi du 10 juillet atteste d'un certain imbroglio juridique justifié par la dérive démocratique auquel il a conduit. Adopté légalement, le texte devient illégal à la Libération pour être déclaré illégal à l'origine en restaurant le principe de la légalité républicaine. À l'inverse, la Constitution de la Ve République est née d'une illégalité, le coup d'État du 13 mai 1958, mais dans la légalité de la loi du 3 juin 1958. Entre légalité et illégalité, le cœur de la démocratie balance.

PEFC
10-31-3532
Certifié PEFC
Ce produit est issu de forêts gérées durablement et de sources contrôlées
www.pefc-france.org
IMPRIM'VERT®

Imprimé en France sur des papiers provenant majoritairement de l'Union européenne et issus de forêts gérées durablement par Sepec numérique
1, rue de Prony - ZA des Bruyères
01960 Peronnas

Imprimeur certifié

Achevé d'imprimer en Octobre 2020
Numéro d'impression : N21275200910
Dépôt légal : Octobre 2020